The Arrival Kit

A Guide for Your Journey in the kingdom of God

터치 셀그룹 커리큘럼 교재

새로운 삶 시리즈 3권

실천

새로운 삶 시리즈 3권 실천

지은이 | 랄프 네이버
옮긴이 | 정진우
초판 1쇄 펴낸날 | 2000년 7월 10일
개정판 23쇄 펴낸날 | 2007년 8월 31일
등록번호 | 129-81-80357
등록일자 | 2005년 1월 12일
등록처 | 서울시 강남구 대치동 963-3 반석빌딩 2층
발행처 | 도서출판 NCD

값 7,500원
ISBN 978-89-89028-14-7 ISBN 978-89-89028-10-9(전 8권)

▪ 잘못되거나 파손된 책은 구입하신 서점에서 교환해 드립니다.

도서출판 NCD

주소 | 경기도 고양시 일산구 장항동 578-16 나동
주문 | **영업부** | (일산) 031-905-0434 팩스 031-905-7092
본사 | **편집부** | (강남) 02-538-0409 팩스 02-566-7754
한국 NCD 지원 • 코칭 | 02-565-7767 팩스 02-566-7754

도서출판 NCD는 '자연적으로 성장하는 더 좋고 많은 교회 번식 운동' 을 펼치고 있는 한국NCD와 크리스천코칭센터 및 이와
관련된 기관들의 사역을 문서로 지원하는 출판사입니다.

한국 NCD는 현재 전 세계 6대주 66개국 10,000개 교회 4,200만 자료로 검증된 설문 조사 자료를 토대로 하여 한국에서 8가
지 질적 특성을 중심으로 교회의 건강을 진단할 뿐만 아니라 더 많은 교회들이 건강하게 세워질 수 있도록 지속적으로 자료 및
도구 제공, 훈련, 세미나, 컨설팅, 코치 사역, 세계 선교, 지역 및 정보 네트워크를 위해 사역하고 있는 국제적인 전문 사역 기관
입니다.

※ 보다 자세한 사항은 홈페이지를 참고하세요.

CONTENTS
CONTENTS

Five Keys to Effective Spiritual Growth

차   례

새로운 삶 시리즈 3권:실천

인사말

하나님 나라에 오신 것을 환영합니다.

안녕하세요, 저는 랄프 네이버(Ralph W.Neighbour, Jr)라고 합니다. 저는 사도 바울의 편지들을 읽으면서, 바울이 자신의 개인적인 경험들을 많이 기록했다는 것을 알게 되었습니다. 그래서 저도 사도 바울처럼 저의 삶을 여러분과 직접 나누기 위해 이 교재를 썼습니다. 제 안에 계신 예수님은 여러분 안에도 계시며, 또 그분은 우리를 하나 되게 하십니다. 앞으로 많은 시간을 함께 보내면서 여러분과 아주 가까운 친구가 되고 싶습니다.

저는 미국에서 태어났지만 주님은 저를 싱가포르에서 몇 년 간 살게 하셨습니다. 제 중국식 이름의 뜻은 '행복한 아저씨' 입니다. 중국인 친구들이 "이봐, 랄프 아저씨!"하며 불러댔습니다. 여러분도 저를 그렇게 불러주시길 바랍니다. 앞으로 11주 동안 저는 여러분께서 그리스도인의 삶에 대해 배울 수 있도록 길잡이가 되어 드리겠습니다. 우리들의 시간을 좀더 보람있게 보내기 위해서 다음 사항들을 따라 주시기 바랍니다.

- 6~17페이지를 지금 곧 읽으시기 바랍니다. 이것은 매우 중요합니다.
- 그리고 일주일에 다섯 번 매일 정해진 시간과 장소에서 저와 만나 주시기 바랍니다.
- 하루에 최소한 15분은 우리들의 만남을 위해 사용해 주시기 바랍니다. 원하신다면 더 오래 만나도 좋습니다.
- 항상 성경책을 준비하시기 바랍니다. 우리는 많은 성경 구절들을 찾아볼 것입니다.
- 필기도구를 준비하셔서 모든 질문들의 답을 성심껏 기록해 주시기 바

랍니다.

- 교재 안에 있는 암송 구절표를 잘라 내시기 바랍니다.
- 일주일에 성경 두 구절씩을 암송하시고 이미 암송한 구절들을 복습하시기 바랍니다.

저는 여러분이 이미 어떤 셀그룹에 속해 있으리라고 생각합니다. 여러분의 후원자는 여러분의 주간 훈련 시간(Weekly Equipping Times)을 위해 이 책의 뒤에 있는 제안들을 활용할 것입니다.

준비되었습니까?
자, 이제 시작해 봅시다.

하나님 나라에 오신 것을 환영합니다

당신은 자신의 삶이 만족스럽지 않기 때문에 예수님을 따르기로 결정하셨습니까? 아니면 더 나은 길을 찾고 계셨습니까? 어쩌면 당신은 아주 성공적으로 살아왔을지도 모릅니다. 아무런 심각한 문제도 없이 평탄한 삶을 살아왔을 수도 있습니다. 그럼에도 불구하고 무엇인가 부족함을 느낄 수 있습니다. 아마도 당신은 내적 공허감에 지쳐 있을지도 모릅니다.

이런 질문을 자신에게 해 본 적이 있습니까? *"이것이 인생의 전부인가?"*

이제 당신은 최고의 선물을 받았습니다. 새롭고 영원한 생명입니다. 예수님을 영접하기 전에, 당신은 얼마나 많은 일들을 하나님의 인도하심 없이 해 오셨습니까? 이 새로운 삶이 어떤 것인지 당신은 아직 상상도 못하실 것입니다. *과거의 삶들은 당신을 새롭게 준비시키지 못합니다.*

제가 알고 있는 어떤 사람은 아주 비싼 컴퓨터를 산 후에도 그 컴퓨터에 대한 사용 지침서를 읽지 않았습니다. 그 결과, 그 컴퓨터는 많은 기능이 있음에도 불구하고 마치 쓸모 없는 기계처럼 되어 버렸습니다. 그는 얼마 동안 컴퓨터의 이곳 저곳을 눌러 보다가는 한쪽 구석으로 밀어 놓았습니다. 그가 만일 사용 지침서를 읽어 보았다면 그 다양한 기능에 깜짝 놀랐을 것입니다. 이 얼마나 슬픈 일입니까? 당신은 예수님 안에서의 새로운 삶을 이렇게 취급하지 마시기 바랍니다. 성경이 바로 당신의 삶의 지침서입니다. 우리는 지금부터 함께 여행하면서 어떻게 이 지침서를 사용하는지 배우게 될 것입니다.

최고의 삶을 누리십시오

당신은 걱정, 질투, 누려움, 짜증, 지루함, 분노, 고통, 그리고 불행에서 자유로워질 준비가 되셨습니까? 당신은 *"그건 불가능하다!"*고 생각하십니까? 아닙니다! 가능합니다. 예수님 안에 있는 당신의 새로운 삶이 이것을 가능케 합니다. 이것은 바로 그리스도인이 되었을 때 누리는 하나의 특권입니다. 많은 그리스도인들은(아마도 당신이 아는 많은 분들도) 이 교재에서 말하고 있는 진리를 경험하지 못하고 있습니다. 이러한 사람들에 의해 예수님의 능력이 평가되어서는 안 됩니다. 그 대신 하나님의 자녀로서 당신이 갖고 있는 가능성을 생각하시기 바랍니다.

당신은 과거의 삶에서 참 행복을 발견하셨습니까?

당신이 열심히 노력해 왔다는 것은 저도 잘 압니다. 그러나 그 노력이 얼마나 지속되있습니까? 저는 당신이 성실한 사람이라는 것을 압니다(당신 자신도 그것을 알기 바랍니다). 그러면 무엇이 잘못되었습니까? 당신은 참 행복이 외부로부터 온다고 생각하십니까? 혹 이렇게 생각해 보신 적은 없습니까? 만일 … 하다면 나는 정말 행복할 것이다.

내 몸이 건강하다면…

돈이 더 많다면…

내 경력이 더 낫다면…

내 학교 성적이 더 좋다면…

내가 다른 부모 밑에서 컸다면…

내가 다른 사람과 결혼했다면…

(또는 이 외의 다른 것들을 생각하고 있습니까?)

**아래의 조건들 중에서 당신에게 참 행복과 평안을
준다고 생각해 온 것들에 표시해 보십시오**

☐ 새 차 ☐ 좋은 집 ☐ 학위 ☐ 해외 여행 ☑좋은 영화 ☐ 믿을 만한 친구 ☐ 개인 사업체 ☐ 승진 ☐ 자녀 ☐ 새 가구 ☐ 좋은 음식 ☐ 낚시 ☑명성 ☐ 권력 ☐ 존경 ☐ 성공적인 증권 투자 ☐ 새 옷 ☐ 건강 ☐ 새 도시로 이사 ☐ CD 플레이어 ☐ 음악회 표 ☐ 성적 만족 ☐ 파티 ☐ 사냥 ☐ 컴퓨터 ☐ 자전거 여행 ☐ 볼링 ☐ 등산 ☐ 살 빼는 것 ☐ 예쁜 얼굴 ☐ 아름다운 몸매 ☐ 단단한 근육 ☐ 몸무게를 늘리는 것 ☐ 쵸콜릿 ☐ 평등함 ☐ 가정의 안정 ☐ 자유함 ☐ 내적인 조화 ☐ 아름다운 세상 ☐ 성숙된 사랑 ☐ 나라의 안정 ☑사회적 승인 ☐ 지혜 ☐ 자립 ☐ 창조적인 삶 ☐ 자제력 ☐ 안정된 삶 ☐ 나를 지원해 주는 사람 ☐ 노후 대책

모든 불행의 원인

당신은 해결 방법을 알고 싶습니까?

이 방법은 너무 간단해서 삶의 이러한 심각한 문제에 적용되지 않는다고 생각할지도 모릅니다. 당신의 행복하지 못한 모습 뒤에는 단 하나의 근본적인 이유밖에 없습니다.

 아래 질문에 답해 보십시오.
당신은 주위의 사람들이나 환경이 당신의 기대에 미치지 못할 때 불행하다고 느끼십니까?

☐ 예
☐ 아니오

문세의 원인을 아시겠습니까? 불행을 초래하는 것은 바로 당신의 기대입니다!

만나기로 약속한 사람이 약속 시간에 나타나지 않을 때 당신은 화가 납니다. 친구가 약속해 놓고 지키지 않을 때, 당신은 실망합니다!

두려움, 질투, 걱정, 짜증, 분노, 슬픔, 싫증, 미움 등은 당신의 기대의 결과이며 이 감정들이 당신을 불행하게 만듭니다. 사람과 환경에 의존하는 평안은 일시적일 뿐입니다.

왜 당신은 당신의 행복을 어떤 사람이나 사건들을 통해서 얻으려고 합니까? 인생의 외부 세계에서 일어나는 사건들은 항상 당신을 불행하게 만듭니다. 평화란 단지 순간적으로만 느껴지는 것이라는 사실을 알게 될 것입니다.

잘못 설계된 우리의 삶

컴퓨터는 많은 기능을 가지고 있습니다. 어려운 수학 문제를 푸는 천재적인 기능부터 출판 인쇄를 할 수 있는 기능까지 다양한 기능을 갖추고 있습니다. 그러나 컴퓨터가 작동하기 위해서는 그러한 일을 할 수 있는 프로그램이 필요합니다.

당신은 태어나면서부터 당신의 삶 속에 만들어진 프로그램(정신적 습관과 가치관들)에 대해서 생각해 본 적이 있습니까? 당신은 자신도 모르는 사이에 그런 것들을 갖고 있습니다.

예를 들어, 우리가 갓난아기였을 때, 크게 소리를 지르면 누군가 우리에게 관심을 갖는다는 것을 깨닫습니다. 물론 어른이 되어서도 그렇게 하는 사람들이 있지요! 좀더 자라서는 부모님들이 서로를 대하는 모습을 보면서 "나도 저렇게 해야지" 또는 "나는 절대 저렇게 하지 않을 거야!"라고 생각합니다. 우리의 가치관은 대부분 수두를 앓는 것같이 생겨납니다. 당신은 그 가치관이 어디서 생겼는지는 모르지만 언제 갖게 되었는지는 확실히 압니다!

다음의 가치관들을 어디서 갖게 되었는지 생각해 보십시오.

가치관	출처 : 사람 또는 ?
열심히 일하는 것	아버지
이 닦는 것	삼촌
당신이 믿는 것에 대한 확신	아버니
화를 다루는 것	할아니
남을 용서해 주고자 하는 것	Bible , Jesus
원숙한 사랑	God
인생의 의미	아버지
자제심(self-control)	아버지

당신이 받아들여야 할 참된 가치관들은?

더 많은 돈이나 권력, 자유 시간이나 성적 만족, 또는 더 많은 '무언가' 를 갖는 것이 행복한 삶이라고 생각하십니까? 당신은 얼마나 많은 '것들' 을 이미 갖고 계십니까? (그리고 얼마나 많은 것들을 버리셨습니까?)

열심히 노력하여 '원하던 것' 을 얻었을 때 행복감을 느끼지만, 다른 한편으로는 그것을 금방 잃어버릴까 봐 염려하지는 않았습니까? 또는 이미 갖고 있는 물건의 새로운 모델이 나왔을 때 어떤 기분이 듭니까?

당신은 '항상' 행복하십니까?

그렇지 '않을' 것입니다. 그래서 당신은 새로운 삶을 살기 위해 예수 그리스도께로 나온 것입니다. 그렇지요? 당신은 삶을 만끽하고 싶어합니다. 그것이 바로 당신의 새로운 삶입니다.

당신은 이제 첫발을 내디뎠습니다. 당신은 지금 '책 한 페이지' 를 넘긴 것이 아니고 당신의 인생에서 새로운 장을 연 것입니다. 정말로 새로운 것입니다.

어떤 남자가 자기 삼촌에게서 비싼 다이아몬드 반지를 받았습니다. 그는 이 다이아몬드를 도둑맞을까 봐 밤낮으로 걱정했습니다. 얼마 안 돼서 그의 얼굴은 형편 없이졌습니다. 그의 친구가 물었습니다. "무슨 일인가?" 그는 말했습니다. "글쎄, 백만 불이 넘는 다이아몬드가 생겼다네. 그런데 그것을 도둑맞을까 하는 두려움 속에서 살고 있어." 그의 친구가 말했습니다. "내가 도와주지. 자, 은행으로 가세." 그들은 은행에서 보관함을 빌렸습니다. 다이아몬드는 두꺼운 철벽 안에 안전하게 보관되었습니다. 그 남자는 비로소 편안한 마음으로 휴식을 취할 수 있었습니다.

이것은 바로 당신에게도 일어났던 일입니다. 지금까지 당신이 갖고 있던 값비싼 삶을 하나님의 독생자의 보호하심에 맡기는 것입니다. 이제 당신은 처음으로 휴식을 취할 수 있습니다. 당신은 당신의 전부를 그에게 맡길 수 있습니다.

내려놓기 : 내가 쥐고 있으면
힘들 수 밖에 없다.

하나님 나라에서 살게 되신 것을 축하합니다

외국에 들어갈 때 당신이 제일 먼저 해야 할 일은 여권을 보이고 비자를 받는 일입니다. 당신이 모든 자격을 구비했다면 입국이 허용될 것입니다.

당신이 십자가 앞에 나아와 예수님의 보혈로 당신의 죄를 깨끗케 해달라고 간구했을 때 당신은 하나님 나라에 들어갔습니다. 당신이 그렇게 하기 전에는 에베소서 2장 12절에서 "그리스도 밖에 있었고… 세상에서 소망이 없고 하나님도 없는 자"였다고 사도 바울은 기록하고 있습니다.

빌립보서 3장 20절에는 "오직 우리의 시민권은 하늘에 있는지라"고 기록되어 있습니다. 당신은 이제 '하나님 나라의 시민' 입니다. 당신은 세상에 산다고 해서 하나님 나라의 시민권을 포기한 사람처럼 살아왔습니까?

예수님께서는 하나님 나라에 대해서 108번에 걸쳐 말씀하셨습니다. 그만큼 강조하신 것입니다. 그러므로 당신이 하나님 나라에 대하여 배우는 것은 매우 중요합니다. 왜냐하면 당신은 이 땅에서의 나머지 삶과 앞으로의 영원한 삶을 하나님 나라에서 보낼 것이기 때문입니다. 당신이 기억해야 할 중요한 사실 몇 가지가 있습니다.

'하나님의 나라' 란 단어는 '통치' 를 의미합니다

당신이 **하나님 나라**에 대해 배울 때마다 **통치**라는 단어로 대치하십시오. 왕은 그 나라의 모든 것 — 사람, 땅, 각종 보물 등 — 을 갖고 있습니다. 그는 모든 것을 소유하고 통치합니다.

우리 주님은 우리의 구세주일 뿐만 아니라 왕중왕으로서 우리를 통치하십니다. 누가복음 1장 31~33절에서 천사가 마리아에게 이렇게 말합니다.

"보라 네가 수태하여 아들을 낳으리니 그 이름을 예수라 하라 저가 큰 자가 되고 지극히 높으신 이의 아들이라 일컬을 것이요 주 하나님께서 그 조상 다윗의 위를 저에게 주시리니 영원히 야곱의 집에 왕 노릇하실 것이며 그 나라가 무궁하리라". 왕 되신 예수님이 우리를 통치하십니다.

오늘날, 하나님 나라는 그리스도께서 통치하시는 모든 곳에 존재합니다

누가복음 17장 21절에서 예수님이 설명하시기를 하나님 나라를 어느 지역에서 찾으려 하는 자는 결코 찾지 못한다고 하셨습니다. 그는 "하나님의 나라는 너희 안에 있느니라"고 말씀하셨습니다. 예수님께서 우리의 삶에 들어오실 때, 그는 우리 안에서 통치하십니다. 따라서 오늘날의 하나님 나라는 예수 그리스도를 우리 삶의 주인이라고 고백하는 모든 자들로 이루어졌습니다. 요한계시록 1장 6절에서 예수님께서는 "아버지 하나님을 위하여 우리를 나라의 제사장으로 삼으셨다"고 말씀하십니다. 따라서 당신이 하나님 나라 안에 있을 뿐만 아니라 하나님 나라도 당신 안에 있습니다. 왜냐하면 왕 되신 예수님께서 당신 안에 계시기 때문입니다.

미래에는 하나님께서 통치하시는 나라가 나타날 것입니다

하나님께서는 이 지구 가운데 자신의 영광스런 나라를 완성하실 것입니다. 베드로는 "주의 날이 도적같이 오리니 그날에는 하늘이 큰 소리로 떠나가고 체질이 뜨거운 불에 풀어지고 땅과 그 중에 있는 모든 일이 드러나리로다 … 그날에 하늘이 불에 타서 풀어지고 체질이 뜨거운 불에 녹아"진다고 기록하고 있습니다(벧후 3장 10~12절). 이사야서 65장 17절에 하나님께서 "보라 내가 새 하늘과 새 땅을 창조하나니"라고 말씀하셨습니다.

우리의 왕께서 이 땅에서 그의 나라를 통치하시기 위해서 곧 오실 것입니다. 우리는 마지막 때에 살고 있습니다. 사라질 것들에 우리의 시간을 낭비해서는 안 됩니다. 이것이 하나님 나라 안에서의 삶이 그토록 중요한 이유입니다. 앞으로 11주 동안 당신은 하나님 나라 안에서의 새로운 삶을 어떻게 누릴 것인지에 대해 배우게 될 것입니다.

당신은 먼저 이 세상에서 기능을 발휘하도록 태어났습니다

당신은 태어날 때부터 당신 주위에 있는 환경에 적응할 수 있는 모든 감각기관들을 갖고 태어났습니다. 당신은 소리를 들을 수 있었고, 맛과 냄새를 맡을 수 있었습니다. 당신은 어머니의 음성을 구별할 수 있었습니다. 또한 당신은 희미하지만 불빛을 볼 수 있었고, 그것은 차츰 분명하게 보이기 시작했습니다. 그리고 얼마가 지난 후에는 무엇이든지 손에 쥘 수 있게 되었습니다. 그 후로 당신은 기어다니기 시작했고 결국에는 걷게 되었습니다. 그리고 당신은 또한 당신의 부모가 하는 말들을 흉내내기 시작했습니다.

당신의 육체적 감각들의 조화가 당신의 몸을 특정한 일에 쓸 수 있도록 만들었습니다. 그리고 당신은 생각할 수 있는 능력이 생겼습니다. 당신은 어린아이에서 젊은이로, 그리고 마침내는 어른으로 성장하는 인생의 과정을 겪게 됩니다. 적당한 시기에 재생산의 기능이 갖춰지게 됩니다. 이것은 당신으로 하여금 당신을 닮은 사람들을 만들 수 있게 합니다.

이 모든 것들과 함께 당신은 또한 책임감 있는 사람이 되어 갑니다. 당신의 기술과 역량에 적합한 과제들이 당신에게 맡겨집니다. 당신은 곧 자신이 특별한 사람이란 것을 깨닫게 됩니다. 또한 당신의 **가치**가 자신이 **이루어 놓은 일들**에 달려 있다고 믿게 됩니다. 그렇게 되면 당신은 사탄의 세계에

15

간힌 희생자입니다.

사탄의 나라에서의 삶은 당신에게 모든 악을 노출시킵니다. 아마도 당신은 사기와 배신으로 인한 많은 상처들을 갖고 있을지도 모릅니다. 또한 죽음의 위협을 받는 심한 고통을 겪었을지도 모릅니다. 당신은 다른 사람들에 대한 불신감을 배웠고 또한 친구들이 나를 실망시키지 않을까 항상 걱정하게 됩니다. 당신은 이 땅에서 성공하려면 내 자신을 스스로 보호해야 한다고 믿게 됩니다. 또는 어떤 사람들처럼 사치스런 물건들이나, 성적인 쾌락 또는 마약 등을 통해서 당신의 욕망을 채우기도 합니다.

당신은 그리스도의 나라에서 살기 위해 새로 태어났습니다

당신이 십자가 앞에 나와 당신의 삶의 소유권을 예수님께 맡겼을 때에도 당신은 아직 하나님 나라에서 살기에 필요한 만큼 영적으로 준비가 되어 있지 않았습니다. 다음 성경 구절을 한번 생각해 보십시오.

"그 때에 너희는 그리스도 밖에 있었고 이스라엘 나라 밖의 사람이라 약속의 언약들에 대하여 외인이요 세상에서 소망이 없고 하나님도 없는 자이더니"(엡 2 : 12)

요한복음 3장 3절에서 예수님께서는 니고데모에게 "*진실로 진실로 네게 이르노니 사람이 거듭나지 아니하면 하나님 나라를 **볼** 수 없느니라*"고 말했습니다. 마태복음 13장 15절에서는 "*이 백성들의 마음이 완악하여져서 그 귀는 **듣기**에 둔하고 **눈은 감았으니***"라고 말씀하셨습니다.

당신이 다시 태어났다는 것은 영적인 탄생을 뜻합니다. 그래서 전혀 새로운 영적인 감각기관이 형성되었습니다. 그 새로운 영적 감각기관은 당신으로 하여금 하나님 나라에서 새로운 기능을 발휘하게 할 것입니다. 당신의 삶에서 처음으로 하나님의 아들의 음성을 듣게 됩니다. 당신은 이제 영원한 것을 보게 되었으며, 영적인 생활을 하며, 하나님의 자녀들 사이에 사용되는 하나님 나라의 언어로 말을 하게 됩니다.

당신은 사탄의 공격으로 하나님 나라의 삶이 어떻게 무력화되는지를 배워야 합니다. 당신은 그리스도의 권세로 하나님 나라를 만들어 갈 것인지를 배워야 합니다. 당신의 친구들과 당신이 사랑하는 사람들을 왕이신 예수님께 인도할 '영적 아버지'가 될 것입니다. 예수 그리스도께서 구주로 통치하시는 초자연적인 영원한 하나님의 세계로 그들을 초대하는 큰 기쁨을 누릴 것입니다.

자! 준비되셨습니까?
그럼 이제, 우리의 여행을 시작해 볼까요?

내가 어떻게 하느냐에 따라 하나님 나라가 파괴(해지는지) 영향스럽게 타는지가 궁금해있다.

새로운 삶 시리즈 3권 : 실천

제1주 : 하나님 나라의 삶

 금주의 주제 : 나의 새 가족
오늘의 주제 : 모든 아기들에게는 가족이 있다

성경 읽기 : 에베소서 2장 19~22절

하나님의 계획하심에 따라 모든 아기들에게는 가족이 있습니다. 아기에게는 어머니, 아버지 그리고 많은 친척들이 있습니다. 만약 아기들이 그들을 먹이고 보살펴 줄 어머니와 아버지 없이 태어난다면 어떻게 될까요? 아기들은 태어나는 순간부터 그들을 사랑해 주고 보살펴 줄 부모가 있어야 합니다(*불행히도 많은 사람들에게 그것은 다만 이상일 뿐 그렇지 못할 때가 많습니다. **당신의** 삶은 어떠합니까?*)

당신이 그리스도인이 되면 새로운 가족(영적인 가족을 뜻합니다)의 세계로 들어가는 것입니다. 디모데전서 3장 15절에서 사도 바울은 "*만일 내가 지체하면 너로 하나님의 집에서 어떻게 행하여야 할 것을 알게 하려 함이니 이 집은 살아 계신 하나님의 교회요, 진리의 기둥과 터이니라*"고 말합니다. 초대교인들은 즉시 10~15명의 가정 셀을 구성하였습니다. 그들은 모임을 위해서 특별한 건물을 사용한 것이 아닙니다. 그 대신 그들은 이 집 저 집으로 다니면서 음식을 나누고 서로를 격려하였습니다. 그들은 서로의 필요에 대하여 민감하였습니다.

시간이 흐르면서, 하나님의 사람들은 가족적인 모임에서 한 조직으로 변해갔습니다. 교회는 한 조직이 되었습니다. 수세기를 거쳐 점차적으로 하나님의 사람들의 가족생활은 '교회'라고 불리는 공식적인 빌딩에서의 수많은 모임으로 대치되었습니다.

셀그룹 커리큘럼 새로운 삶 시리즈 3권:실천

Consequently, you are no longer foreigners and aliens, but fellow citizens with God's people and members of God's household, built on the foundation of the apostles and prophets, with Christ Jesus himself as the chief cornerstone. In him the whole building is joined together and rises to become a holy temple in the Lord. And in him you too are being built together to become a dwelling in which God lives by his spirit

사실상 '교회'라는 단어를 건물을 의미하는 데 사용해서는 절대 안됩니다. 교회라는 단어는 헬라어에서 비롯되었는데 '부름을 받은 사람들'이라는 뜻입니다. 하나님의 계획은 교회의 첨탑으로 상징되는 나라를 세우는 것이 아니라 구원 받은 사람들 사이에 특별한 관계를 세우는 것입니다.

✍ 에베소서 2장 19~22절에서 건물은 무엇이라고 불립니까? 당신의 생각과 같은 것에 표시하십시오.

☐ 땅 위에 세워진 한 건축물

19

☑ 그리스도가 거하실 처소가 된 사람들
☐ 성경 말씀이 분명치 않다. 둘 다 맞을 수 있다.

오늘날 그리스도인들은 좀더 성경적으로 자신들을 재구성하고 있습니다. 소그룹 혹은 '셀(Cell)' 이 온 지구에 형성되고 있습니다. 모든 생명체는 셀로 시작됩니다. 교회도 마찬가지입니다. 여러분은 물론 모든 셀 조직이 함께 모여서 찬양하고, 예배하고, 성경을 가르치는 회중예배에도 참석하겠지만, 여러분의 삶은 가족 단위, 곧 셀그룹에 초점이 맞춰질 것입니다.

당신의 셀그룹은 당신의 필요한 부분을 함께 도와주고, 특별하게 섬기기를 원하는 한 사람에 의해 인도될 것입니다. 앞으로 당신도 성장하면 셀리더로서 다른 사람들을 돌보게 될 것입니다. 셀그룹은 15명이 넘지 않을 것이며 당신은 모든 구성원들이 당신과 함께 영적인 여정을 가고 있다는 것을 곧 발견할 것입니다. 어떤 멤버는 강한 그리스도인일 것이고 어떤 멤버는 약한 그리스도인일 것입니다(어떤 멤버는 큰 바윗덩어리 같은 문제를 갖고 있을 수도 있습니다). 당신은 그들이 그리스도인으로서 성장하는 모델인가 아니면 방해 때문에 성장하지 못하는 모델인가 관찰하십시오.

당신 자신도 그들과 함께 성장할 것입니다. 어린아이가 부모나 형제 자매가 하는 행동을 보고 배우듯이, 당신도 다른 멤버들이 어떻게 하나님을 섬기며 또 각자의 필요를 위해 힘쓰는지 등을 보며 자신의 그리스도인으로서의 삶을 발전시켜 나갈 것입니다.

그리스도인 중에서 가장 성숙한 분들은 '사도' 또는 '선지자' 라고 불렸습니다. 에베소서 2장 20절에서 보듯이 그들은 성도들의 *머리도* 아니고 지배자도 아니고 오히려 성도들을 지원하는 *기초가* 되는 것입니다. 물론 가장 중요한 모퉁이돌은 예수님 자신입니다.

에베소서 2장 19~22절을 다시 잘 읽으시고 아래 질문에 답하십시오.
만약 확실한 답을 할 수 없으면, 당신의 후원자와 토의하십시오.

1. '성도들과 동일한 시민' 이란 말은 당신에게 무엇을 뜻합니까?

나 자신을 christian이라고 생각해도 나의
회방 때문에 성도 (God's people) 이라는 말에
그다지 책임감없이 살았던 것 같다.
나를 하나님의 사람이라고 하시는 말 같다
= 이미 구원 받음. 본받, 구별됨.

2. 19절에 '하나님의 권속' 이라는 말과 21절에 '건물마다' 라는 말은 어떻게
   그 의미가 부합됩니까?   (the whole building)

하나님의 권속 = 가족. 하나님의 자녀.
건물마다 = 각 각의 믿는 자들이
christian들이 각각 연결된 것은 하나님 안에서
한 가족처럼 (과 같다) 우리가 가족 구성원이 혼인,
혈연등으로 묶여있듯이 ① 안에서 ①의 보혈로 우리들
앙자 삼으심으로 한 가족이 됨.

3. 22절에 의하면 하나님은 어디에 거하십니까?
   (네, 그것은 바로 **당신을** 가리키는 말**입니다**.)

너희도 성령 안에서 하나님이 거하실 처소가
되기 위하여 = (우리) 자신.

제1주 : 하나님 나라의 삶

 2일

금주의 주제 : 나의 새가족
오늘의 주제 : 자라는 데는 시간이 필요하다

성경 읽기 : 히브리서 5장 11 ~ 14절

당신은 이제 막 그리스도인이 되셨습니까? 그렇다면 당신의 *신체적인 성장과 영적인 성장*을 비교해 보십시오. 신체적으로는 성숙한 어른이라도 아직 영적으로는 어린아이입니다. 당신의 하나님 나라에 대한 감각들이 아직은 발달되지 못한 것입니다.

육신적으로는, 유아로부터 성인이 되기까지 대략 20년 정도 걸립니다. 영적인 성장도 *역시* 시간이 걸립니다. 그러나 *신체적 성장*과는 달리, 영적 성

장은 모두가 다 같은 속도로 성장하지는 않습니다. 더 나아가서, 성경 공부는 하지만 믿음은 서로 나누지 않는 등, 어느 한쪽으로 치우쳐 성장하는 사람들을 당신은 보게 될 것입니다.

제가 어렸을 때 목사인 저의 아버지는 저를 아버지가 설교하시는 곳에 데리고 가신 적이 있었습니다. 그때 참석한 한 사람을 저는 잊을 수 없습니다. 세 살 정도의 몸집이었으나 이 '어린아이'는 얼굴에 수염이 많이 있었습니다. 사실 그는 *32세*였지만 그의 신체나 사고는 그가 세 살 때 성장을 멈췄던 것입니다. 이것은 그리스도인 가운데서도 일어날 수 있는 일입니다. 또한 그들은 적절한 성장을 못할 수도 있습니다.

오늘 히브리서의 기자는 독자들로 인해 낙심하고 있습니다. 5장 11~12절에서 무엇이 그들의 문제였다고 봅니까?

그들의 듣는 것이 _들으려고 해석하는 것이 어려우니라_

그들은 _젖_ 이나 먹고 _단단한 식물_ 은 못 먹는다.

육신의 나이로는 그가 그리스도인으로서 얼마나 성숙한가를 말할 수 없습니다. 어떤 사람은 수년 간 그리스도인이었을지라도 몇 달밖에 안 된 신자같이 자라지 못할 수도 있습니다.

먼저, 당신은 영적인 젖을 소화시켜야 합니다

아기들은 젖을 먹다가 점차적으로 단단한 음식을 먹게 됩니다. 히브리서 기자는 단단한 음식을 먹기까지 발전하지 않으면 성장이 멈추어 버릴 수 있다고 말합니다! 13~14절에서 우리가 취할 음식과 우리를 자라게 하는 정확한 처방을 주고 있습니다. 그는 우리가 '*의에 대한 가르침*'을 마시기 시작해야 한다고 말하고 있습니다. 우리가 그렇게 하는 것이 *'선과 악을 구별'* 하는 훈련인 것입니다.

당신도 알다시피, 하나님 나라 밖에서 살 때, 당신은 선과 악을 구별할 능력을 개발하지 못했습니다. 이것은 중요한 문제입니다. 창세기에서, 하나님은 *'그의 형상대로'* (창 1 : 27) 아담과 하와를 만드셨습니다. 그때는, 선과 악을 구별할 필요가 없었습니다. 그들은 하나님 나라에 있었고, 하나님은 그들을 악의 존재로부터 보호하셨습니다. 사실상 하나님은 그들에게 *"선악을 알게 하는 나무의 실과는 먹지 말라 네가 먹는 날에는 정녕 죽으리라"* (창 2 : 17)고 명확하게 말씀하셨습니다.

그런데 사탄이 그들을 유혹했습니다. 창세기 3장 5절에 사탄이 그들을 파멸하기 위해 사용한 말을 보시기 바랍니다. *"너희가 그것을 먹는 날에는 너희 눈이 밝아 하나님과 같이 되어 선악을 알 줄을 하나님이 아심이라."* 그것은 물론 터무니없는 거짓말이었습니다! (사탄은 거짓의 아비입니다. 당신은 그가 진실을 말하리라고 절대로 믿지 마십시오!)

아담과 하와는 선과 악을 아는 *지식*을 얻었을 뿐만 아니라 악의 결과도 배우게 되었습니다. 바울은 *"그들의 미련한 마음이 어두워졌다"*고 말했습니다. 우리가 이 세상에 태어났을 때, 우리 안에는 선과 악을 구별할 수 있는 도덕법이 있습니다. 그러나 우리의 타락한 상태는 우리로 하여금 의도적으로 그 지식을 억누르게 합니다.

당신은 선과 악을 구별할 수 있는 능력없이 하나님 나라에 들어 왔습니다

당신의 전 생애 동안, 당신은 그 능력을 억누르며 살아 왔습니다. 한 살된

아이가, 어머니가 보지 않을 때, 가위를 집는 것을 본 적이 있습니까? 어머니가 그 장면을 보았을 때 왜 놀라겠습니까? 그것은 그 아이가 가위의 사용법을 알지 못하기 때문입니다. 만약 가위로 눈을 찌른다면 돌이킬 수 없는 비극을 초래하기 때문입니다!

당신은 하나님 나라에 사는 첫 순간부터 선과 악을 구별하는 것을 배우는 것이 필요합니다. 이것이 당신의 삶에서 첫 번째로 갖춰야 하는 영적 능력입니다. 그러나 그것은 저절로 되는 것은 아닙니다. 당신은 의로움을 가르쳐 주는 '신령한 젖'으로부터 영양을 공급받아야 합니다. 베드로전서 2장 2절에서 말하듯이 *"갓난아이들같이 순전하고 신령한 젖을 사모하라 이는 이로 말미암아 너희로 구원에 이르도록 자라게 하려 함이라."* 여기서 '젖'이린 말은 성경 말씀을 가리킵니다.

어떤 이는 "배우자 이외의 사람과 성관계를 갖는 것이 뭐가 잘못이냐"며 대수롭지 않게 말합니다. 사실상 이 세상에서는 이 말이 옳을 수 있습니다. 이것은 흔히 일어나는 일입니다. 개인적인 '욕구'를 만족시키는 것이 잘하는 것같이 보입니다. 그러나 자신의 만족을 위해 다른 사람을 이용한 결과는 악입니다. 왜냐하면 그것은 다른 사람을 배려하지 않은 것이기 때문입니다.

아기들은 우유를 스스로 먹을 수 없습니다. 아기가 우유병을 스스로 들기까지는 여러 주가 걸립니다. 다른 사람이 우유를 먹여 주어야만 합니다. 그렇기 때문에 셀그룹에 참여하는 것은 하나님 나라의 삶에 있어서 매우 중요합니다. 당신은 당신에게 젖을 먹일 더 성숙한 사람들을 신뢰해야만 합니다.

새로운 삶 시리즈 3권:실천

제1주 : 하나님 나라의 삶

3일 금주의 주제 : 나의 새 가족
오늘의 주제 : 누가 '아버지' 인가?

성경 읽기 : 요한일서 2장 12~14절

 이 구절에 의하면 하나님 나라에서 사는 사람들의 성장의 세 단계는 무엇입니까?

시작의 단계 : 우리가 그의 이름으로 사랑을 받음, 아버지를 앎 지방아이

그 다음 단계 : 악한 자를 이김 강하고 D의 말씀이 너희 안에거함 청년

마지막 단계 : 태초부터 계신 이를 앎. 아버

이번 주 마지막 3일 동안 당신의 셀그룹 멤버들에 대하여 생각해 보고자 합니다. 영적으로, 어떤 사람들은 다른 사람들보다 더 자랐을 것입니다. 당신은 생활 방식과 가치관을 관찰함으로써, 각자의 삶에 그리스도의 현현하심이 얼마나 역사하고 계시는지에 대한 통찰력을 얻을 수 있습니다.

당신은 요한일서 2장 12~14절 말씀을 참고하여 위의 질문에 적당한 답을 하셨습니까? 시작의 단계는 아이의 단계요, 그 다음 단계는 청년의 단계요, 마지막 단계는 아버지의 단계입니다. 우리는 먼저 아버지의 단계를 생각해 보고자 합니다. 왜냐하면 아버지의 단계가 가장 관찰하기에 좋은 모델이기 때문입니다 (*'아버지'* 는 영적인 의미에서 남자와 여자를 **다** 포함합니다).

아버지는 독특한 점을 갖고 있습니다.

13절에서 '아버지'의 특성이 무엇입니까?
"… 너희가 태초부터 계신 이를 _알았음_ "

14절에서 "아이들"에 대하여는 무엇이라고 말합니까?
"… 아이들아 내가 너희에게 쓴 것은 너희가 아버지를 _알았음._ "

여기에 흥미있는 사실이 있습니다. '아이들'이나 '아버지들'이나 하나님 아버지를 압니다. 거기에는 무언가 이 두 부류 모두가 알고 있는 점이 있습니다. 왜냐하면 왕 되신 하나님을 모르고는 하나님 나라에 들어갈 수 없기 때문입니다. 그런데 우리가 어떤 사람을 안다고 할 때 몇 가지 다른 점이 있을 수 있습니다. 예를 들어, "갈프 아저씨, 유엔의 사무총장이 누군지 아세요?" 하고 당신이 묻는다면, 저는 대답하기를 "그래요, 텔레비전에서 보아서 알지요!"라고 대답할 것입니다.

또는 "랄프 아저씨, 룻 네이버를 아세요?" 하고 묻는다면, 저는 "그래요, 저는 그 여자를 알아요. 그녀는 나와 여러 해를 함께 한 사랑하는 제 아내인 걸요!"라고 대답할 것입니다.

당신은 그 차이점을 알 수 있습니까? 어떤 사람과 오래 함께 할수록 당신은 그 사람을 더 잘 알 것입니다. 시편 25편 4절에서 시편기자는 "여호와여 주의 도를 내게 보이시고 주의 길을 내게 가르치소서"라고 말합니다. 아버지들은 "나는 주님과 오랫동안 함께 하였기 때문에 충분히 주의 도를 압니다. 주님은 나의 삶을 통해서 다른 사람들을 섬기도록 해 주셨습니다. 나는 하나님의 임재가 어떤 것인지를 알며 하나님께 경배하는 것이 어떤 것인지도 압니다. *나는 주님의 도를 압니다."* 라고 말할 수 있는 사람들입니다.

영적인 아버지들에 대해 가장 중요한 일

어느 사전에 의하면 아버지는 *'재생산하는 남자'* 라고 정의합니다. 당신의 셀그룹 멤버들과 사귀며 또한 교회에서 다른 사람들을 만날 때, 잃은 양을 그리스도께 인도하는 사람들을 관찰해 보십시오. 그들이 하나님 나라의 진정한 아버지들입니다. 당신은 성경을 많이 알고, 기도도 많이 하는 이들을 발견할 것이며 당신은 그 사람들이 '아버지' 로서의 자격이 충분하다고 생각할 것입니다. 그러나 아버지가 되는 마지막 시험은 *재생산입니다!*

🖐 그리스도가 당신의 주님이심을 알도록 당신을 인도한 사람은 누구입니까? 그 이름을 아래에 적으십시오.

____김 와 선_____

✏ 이 분이 바로 '영적 아버지' 입니다. 당신은 이런 분을 몇이나 더 알고 계십니까? 3 사람

_____   _____

가서 그들과 함께 시간을 보내십시오. 그리스도의 영이 그들 안에서 움직이고 계십니다. 그들은 다른 사람들을 하나님의 나라로 인도하도록 사용되고 있습니다. 만약 그리스도를 알고 또 당신과 사귀려고 시간을 할애하는 '아버지'들이 아니었다면 당신은 아직도 사탄의 어둠에서 헤매고 있을 것입니다.

요한복음 1장 41절에서 우리는 12제자의 하나인 안드레를 만나게 됩니다. 그는 예수님을 만나자마자 그의 형제 시몬을 찾아가서 "우리가 메시야를 만났다"라고 전했습니다. **안드레는 자신의 친 형제를 전도할 수 있는 영적인 아버지와 같은 사람이었습니다!**

제1주 : 하나님 나라의 삶

4일 금주의 주제 : 나의 새 가족
오늘의 주제 : 누가 '청년'인가?

성경 읽기 : 요한일서 2장 13~14절 ; 에베소서 6장 11~17절

 요한일서 2장 13~14절에서 '청년'의 자격은 무엇입니까?
(맞는 답에 모두 표시하십시오.)

☑ 그들은 악한 자를 이겼다.

☑ 그들은 강하다.

☑ 하나님의 말씀이 그들 안에 있다.

☐ 위의 보기가 모두 틀리다.

☑ 위의 보기가 모두 맞다.

가장 좋은 운동선수는 10대 후반이나 20대 초반의 사람들일 것입니다. 그들의 근육은 잘 발달되었고 경험도 쌓을 만큼 쌓았습니다. 이와 같이, 영적인 '청년'도 영적인 어린 시절을 지냈고 사탄과의 결투도 겪었습니다. 어떤 사람이 "내적 전투를 이해하기 전에는 외적 전투를 할 수 없다"고 말했습니다. 우리는 흔히 이것을 '약점'이라고 말하는데 '사탄은 견고한 진(Stronghold)'이라는 다른 용어를 사용합니다.

견고한 진은 어둠의 세력이 조종하는 잘 위장된 장소입니다. 물론 어둠의 세력이 모든 것을 지배하지는 못합니다. 다만 *견고한 진* 안에서만 조종할 수 있습니다. 이 단어는 성경에서 18번이나 사용되었는데 이는 모두 '견고한 진' 안에 숨어서 벌이는 전투를 뜻했습니다. 이 단어는 아직까지 사탄이

지배하는 내적 상태에 머물러 있는 그리스도인을 나타내는 데에 사용되기
도 합니다.

바울은 고린도후서 10장 4절에서 "우리의 싸우는 병기는 육체에 속한 것
이 아니요 오직 하나님 앞에서 견고한 진을 파하는 강력이라"고 말했으며,
그는 다음 절에서 이 '견고한 진'이 무엇인지 설명합니다. "모든 「이론」을
파하며 하나님 아는 것을 대직하여 「높아진 것」을 다 파하고 모든 생각을
사로잡아 그리스도에게 복종케"하는 것입니다. 괄호 안에 있는 말은 헬라
어 문자대로의 표현이며 '견고한 진'은 우리의 모든 생각에 관여한다는 것
을 볼 수 있습니다. '높아진 것'은 창세기 11장 4절에서 "성과 대를 쌓아 대

새로운 삶 시리즈 3권 : 실천

꼭대기를 하늘에 닿게 하여 우리 이름을 내고 지면에 흩어짐을 면하자"고 말한 사람들에게 해당되는 말입니다. 사탄의 계략은 그리스도인이 하나님을 의심하게 하고 또한 예수 그리스도 대신 자기 자신을 높이도록 만드는 것입니다. 우리가 그를 용납하면 그는 우리의 마음을 두려움, 회의 그리고 의심으로 채울 것입니다.

오늘 당신이 겪는 두려움을 표시해 보십시오.

☐ 내가 사랑하는 사람에게 나쁜 일이 일어날 것이다.

☐ 내 직업에 문제가 있다 : 나는 경제적인 어려움을 당할 것이다.

☐ 내가 해야 할 일들을 잘할 수 있을까?

☐ 나는 무서운 병으로 죽을 것이다.

☐ 내 삶은 다른 사람들 보기에 무가치하다.

당신의 두려움이 위의 종목들에 포함되어 있습니까? 없다면 아래의 빈칸에 적어 보십시오.

_____

_____

_____

'견고한 진' 은 종종 정욕, 자존심, 쓴뿌리, 용서하지 못함, 불만, 질투, 탐심, 미움, 그리고 그와 비슷한 감정들을 포함하고 있습니다. 당신이 하나님 나라에 들어오기 전에는, 이와 같은 것들이 항상 당신의 생각 속에 있었을 것입니다. 그리스도는 당신이 이러한 것들로부터 자유로워지기를 원하십니다. 당신은 더 이상 이 '견고한 진' 때문에 흔들릴 필요가 없습니다.

✎ 에베소서 6장 14~17절에 '청년' 이 사탄을 대했을 때 지켜야 할 6개의
지침이 있습니다. 그 지침들을 아래에 적어 보십시오.

그러므로 서서 진리로 너의 허리띠를 띠고 의의 흉상검을 붙이고
평안의 복음이 준비한 것으로 신을 신고
모든 것 위에 믿음의 방패를 가지고 이로써 능히
악한 자의 모든 불화살을 소멸하고
구원의 투구와 성령의 검 곧 하나님의 말씀을
가지라

주 : 갑옷은 원래 방어용입니다. 그래서 전사의 등쪽을 보호해 주는 것은 아무
것도 없습니다. 왜 그렇습니까?

☐ 사탄은 절대 우리의 뒤에서 공격하지 않는다.
☐ 우리는 사탄에게 등을 돌리지 않는다.
☑ 그리스도는 이미 우리의 싸움을 이기셨다.
☐ 위의 보기가 모두 맞다.
☐ 위의 보기 중 하나는 틀리다.

Salvation

Righteousness

truth

Faith
; extinguish
all the flaming
arrows of the evil one

the Spirit
; the Word
of God.

Readiness
that comes from
the gospel of peace

제1주 : 하나님 나라의 삶

금주의 주제 : 나의 새 가족
오늘의 주제 : 누가 '사랑하는 자녀들' 인가?
성경 읽기 : 갈라디아서 4장 19절 ; 에베소서 4장 15절 ;
데살로니가전서 2장 7~8절

'사랑하는 자녀들' 은 특별한 사람들입니다. 그들은 전적인 신뢰감과 순수함을 갖고 있습니다. 동시에 그들은 경험이 없기 때문에 옳은 판단력이 부족합니다. 그들은 자기들의 행동의 결과를 모르고 위험한 환경에 들어갈 수도 있습니다. 그들은 자신의 세계를 알 때까지, 계속적인 도움이 필요합니다.

갈라디아서 4장 19절에서 사도 바울은 '사랑하는 자녀들' 인 성도들에게 말하고 있습니다. 그는 자신을 분만의 고통을 받는 여성에게 비유하고 있습니다. 그 분만의 고통은 그들 안에 있는 그리스도의 '형상' 을 이루고자 하는 갈망 때문에 일어납니다. 그런데 갈라디아서 2장 20절에서 바울은 "그리스도는 내 안에 사신다"고 말했습니다. 그는 어떤 뜻에서 그리스도의 '형상' 을 그들 안에 이루어야 한다고 말합니까?

그는 충만한 예수 그리스도의 성품이 아직도 그들의 삶 속에서 성장하지 못하였다는 것을 알았습니다. 에베소서 4장 15절에서 그는 성숙함이 어떻게 이루어지는지 가르쳐 줍니다. *"오직 사랑 안에서 참된 것을 하여 범사에 그에게까지 자랄지라 그는 머리니 곧 그리스도라."*

성경 공부는 '사랑하는 자녀' 로 자라게 하는 매우 중요한 부분입니다. 그

나의 자녀들아 너희 속에 그리스도의 형상을
이루기까지 다시 너희를 위하여 해산하는 수고를
하노니

러나 그것은 '사랑 안에서 참된 것' 을 말하는 믿음의 동료들과의 관계가 포
함되어야 합니다. '어린아이' 들의 생활에는 그들을 사랑하는 다른 사람들
의 도움이 없이는 이해할 수 없는 것들이 많이 있습니다. 당신의 새 가족(셀
그룹 안에서) 중에는 하나님의 조명하심으로 당신의 필요를 보게 될 형제나
자매도 있을 것이며 그들은 전심으로 당신을 성장하도록 도와줄 것입니다.
성경은 서로를 '세운다' (edify : 교화하다)라고 합니다. 새신자들은 '청년'
과 '아버지' 들이 여러분 셀그룹에서 여러분에게 필요한 부분들을 도와주리
라고 기대하셔도 됩니다.

오직 사랑안에서 참된 것을 하여 범사에 그에게까지
자랄지라 그는 머리니 곧 그리스도라.
범법과 비윕이 이미 판정하였으나 지금은 것을 막을
자가 없어 그 중에서 옮겨질 때까지 하리라.

그 때에 불법한 자가 나타나리니 주 예수께서 그 입의
김으로 그를 죽이시고 강림하여 나타나심으로
폐하시리라.

새로운 삶 시리즈 3권 : 실천

바울은 데살로니가전서 2장 7절에서 "오직 우리가 너희 가운데서 유순한 자 되어 유모가 자기 자녀를 기름과 같이 하였으니"라고 기록하고 있습니다. 당신의 셀그룹 식구들은 바로 당신의 하나님 나라의 가족입니다. 그들은 그리스도가 당신 안에 형성되도록 도와줍니다. 데살로니가전서 2장 8절에서 바울은 진정한 신앙인의 자세를 표현했습니다. "우리가 이같이 너희를 사모하여 하나님의 복음으로만 아니라 우리 목숨까지 너희에게 주기를 즐거함은 너희가 우리의 사랑하는 자 됨이니라."

아래 항목 중에서 당신이 그리스도 안에서 자라가기 위해 다른 사람의 도움이 필요한 부분에 표시하십시오.

□ 거짓 가르침과 사교로부터의 보호
□ 당신이 하나님의 자녀라는 확신
□ 당신의 삶에 남아 있는 '구습'을 제거하는 방법
□ 문제로 고심할 때의 격려
□ 세례(침례)와 성찬의 의미를 배움
□ 말씀을 아는 '아버지'들로부터의 충고
□ 육신이 아플 때 치유를 위한 기도
□ 고통과 재해가 왔을 때의 위로
□ 다른 것들(구체적으로) : _____

바울은 새신자들의 삶을 위한 특정한 필요들에 대해 자주 언급합니다. 예를 들면 그는 그리스도인이 되려면 많은 규칙을 지켜야 한다는 가르침에 대해 염려하고 있습니다. 그는 그러한 그릇된 가르침에 강력하게 반대하고 있습니다. 그는 또 새신자들이 성령의 은사를 개인의 즐거움으로 잘못 사용하지 않도록 가르칩니다. 그는 연약한 그리스도인들이 그리스도의 지체로부터 떨어져 나가 당을 짓는 것을 볼때 번민하였습니다. 그는 성적인 부정에 대하여 공개적으로 말하였습니다. 또한 그는 새신자들에게 끊임없이 '어머니' 역할을 했습니다.

사도 바울의 염려를 더 알기 위해 당신 스스로 공부해 보시지 않겠습니까? 바울 서신에는 그리스도 안에서의 새로운 삶에 적용할 수 있는 많은 것들이 담겨 있습니다. 당신은 사도 바울의 여러 글들이 바로 지금 당신의 삶에 대하여 적절하게 지적하고 있다는 데에 놀랄 것입니다.

당신은 어떤 아이가 아이스크림을 맛있게 먹고 있는 것을 본 적이 있습니까? 어떤 어른이 와서 그 아이에게 "내게도 좀 주겠니?" 하고 물었을 때 그 아이가 인상을 찌푸리며 주기를 거절한다면 그는 이기적인 아이입니다. 그러나 그 아이가 기꺼이 아이스크림을 나누어 준다면 주는 사람이나 받는 사람 모두에게 큰 기쁨이 생길 것입니다!

마찬가지로, 당신이 성경을 읽고 받은 은혜를 셀그룹 모임에서 나누십시오. 그렇게 함으로써 다른 사람을 축복하는 첫 단계를 배우게 될 것입니다. 기억하십시오. 주님이 당신에게 말씀하실 때, 그분께서 당신에게 무엇을 주시든지 그것은 *다른 사람*을 복 주시기 위한 것입니다. 우리는 **모두** 가족 안에서 '세우는' 자들입니다. 자꾸 받으려고만 하지 말고 베풀 수 있도록 하십시오. 그리스도인의 삶은 처음부터, 주님께서 내게 주신 것을 다른 사람에게 베풀어야 한다는 것을 배워야 합니다. 주님과의 교제 그리고 말씀을 통해 받은 은혜를 서로 나누는 것은 다른 사람을 성장하도록 도와주는 것을 배우는 '첫걸음' 입니다. *한 번 시도해 보십시오! 그들도 기뻐할 것입니다!*

새로운 삶 시리즈 3권 : 실천

제2주 : 하나님 나라의 삶

중요!
이 과는 두 번
읽으십시오.

금주의 주제 : 함께 여행해 봅시다
오늘의 주제 : 세 가지 하늘

성경 읽기 : 누가복음 17장 20~21절

나라들에 대하여 배웁시다.

40페이지의 표는 나라들에 대한 성경의 가르침을 이해하도록 돕습니다. 첫째, 우리는 나라들이 존재하는 세 가지 영역이 있음을 깨달아야만 합니다. 여러 성경 구절들이 이를 설명하고 있습니다. 예를 들면, 주님은 우리에게 하늘에 계신 아버지께 이렇게 기도하라고 가르쳤습니다. *"(당신의) 나라가 임하옵시며 뜻이 **하늘**에서 이룬 것같이 **땅**에서도 이루어지이다."* (마 6 : 10). 하나님 나라의 활동이 '하늘' 과 '땅' 으로 연결됩니다.

성경은 세 하늘에 대해 언급합니다

첫째 하늘은 지구의 대기권입니다. 이사야 55장 9~10절을 보면 *"하늘이 땅보다 높음같이 … 비와 눈이 하늘에서 내려서는"* 이라고 말하고 있습니다.

둘째 하늘은 사탄의 영역입니다. 에베소서 2장 1~2절에서 기술한 바와 같이 *"너희의 허물과 죄로 죽었던 너희를 살리셨고 그때에 너희가 그 가운데서 행하여 이 세상 풍속을 좇고 공중의 권세 잡은 자를 따랐으니 곧 지금 불순종하는 자들 가운데서 역사하는 영이라."* 에베소서 6장 12절은 *"우리의 싸움은 혈과 육에 대한 것이 아니오 세상 주관자와 정사와 이 어두움의 권세와 하늘에 있는 악의 영들에 대함이라"* 고 가르칩니다.

셋째 하늘은 하나님이 계신 곳입니다. "하늘에서 굽어 살피시며 주의 거룩하고 영화로운 처소에서 보옵소서"(사 63 : 15). 이곳은 또한 아버지께서 죽은 자들 가운데서 그리스도를 부활 승천시킨 곳이기도 합니다. "하늘에서 자기(하나님)의 오른편에 (그리스도를) 앉히사…"(엡 1 : 20). 우리가 천국 시민이 되었을 때, 하나님은 우리와 그리스도를 "함께 일으키사 그리스도 예수 안에서 함께 하늘에 앉히셨다"라고 에베소서 2장 6절은 말합니다.

우리는 한 주간에 걸쳐 이것을 함께 생각하게 될 텐데, 그 이유는 당신이 이 모든 의미를 알 때에 당신의 기도생활이 매우 중요하게 될 것이기 때문입니다. 지금부터 당신은 하나님 나라는 이 세상의 한 부분이 아니라는 사실을 알아야 합니다. 우리는 하나님의 자녀가 되었고, 하나님 나라가 우리 안에 거하기 때문에 우리를 통해서만 하나님 나라는 이 세상의 일부가 되는 것입니다.

반면, 사탄은 이 세상의 모든 왕국을 통치하고 있습니다. "마귀가 또 예수님을 아주 높은 산으로 데리고 가서 천하 만국과 그들의 영광을 보였다"(마 4 : 8)고 성경은 기록하고 있습니다.

당신은 당신의 생활 전부를 사탄의 지배하에서 보냈습니다. 그의 '왕국들'이란 실제로 감옥 셀들입니다(역자 주 : 이 세상을 감옥으로 봄). 당신의 지난 날들은 모두 사탄의 포로로 지냈던 기간입니다! 당신의 가치관, 습관, 그리고 행동이 그의 지배하에서 형성되었습니다. 그러나 이제 당신은 초자연적인 나라의 일부가 되었습니다. 당신은 지금까지 절대로 경험하지 못했던 것을 듣고, 보고, 말하고 느끼며 살 수 있게 되었습니다!

우리가 앞으로 함께 몇 주를 보내는 동안, 하나님 나라의 일원이 된다는 것은 당신의 생활 스타일의 급진적인 전환을 가져다 줄 하나님의 부르심이라는 것을 당신이 깨닫게 되기를 기원합니다!

셋째 하늘

하나님의 거주지, 그리스도께서 보좌에 계심

천사들이 항상 봉사함

우리의 영적인 신분은 그리스도와 함께 이미 이곳에 있고,

하나님의 뜻이 다시는 도전 받지 않는 곳

둘째 하늘

사탄과 타락한 천사들의 거주지

영적인 전쟁터

여기로부터 이 세상의 왕국들이 지배 받음

하나님의 뜻이 항상 저항 받는 곳

첫째 하늘

사람의 거주지 : 이 세상의 왕국들

선한 천사들과 사탄이 동시에 활동함

하나님의 나라는 우리 안에 있다!

"무엇이든지 땅 위에서 매면 하늘 나라에서도 매인다."

모든 것이 새로워졌습니다. 당신은 하나님의 자녀, 하나님 나라의 일원, 그리스도의 종이 되었습니다. 당신은 하나님 나라에서 사랑하고, 웃고, 말하는 새로운 방법들을 발견하게 될 것입니다.

'천국' 은 다른 말로 '하나님의 나라' 라고 불립니다.

이 용어들은 같은 뜻입니다. 하나님이 다스리는 곳을 '천국' 이라 합니다. 우리 안에 거하는 천국은 하나님의 강한 역사들을 이 땅으로 가져옵니다. 예수님은 *"가면서 전파하여 말하되 천국이 가까웠다 하고 병든 자를 고치며 죽은 자를 살리며 문둥이를 깨끗하게 하며 귀신을 좇아내되 너희가 거저 받 았으니 거저 주어라"*(마 10 : 7~8) 고 말씀하셨습니다.

천국 시민으로서 당신의 의무는 하늘 나라의 능력을 당신이 이웃에게 전 하는 것입니다. 그때마다 당신 안에 계신 그리스도께서 손을 들어 그분의 능력으로 다른 사람들을 복 주실 것입니다. 그분께서 마태복음 28장 18~20 절에서 말씀하신 것이 바로 이것입니다. *예수께서 나아와 일러 가라사대 하늘과 땅의 모든 권세를 내게 주셨으니 그러므로 너희는 가서 모든 족속으 로 제자를 삼아 아버지와 아들과 성령의 이름으로 세례를 주고 내가 너희에 게 분부한 모든 것을 가르쳐 지키게 하라. 볼지어다 내가 세상 끝날까지 너 희와 항상 함께 있으리라."*

십자가 앞으로 나오기 전까지, 당신의 삶이 이처럼 의미가 깊다는 사실을 상상해 본 적이 있습니까? 하늘의 권능이 가까운 친구들에게, 친척들에게 그리고 아직 만나 보지 못한 사람들에게 나타나는 것은 바로 당신을 통해서 입니다! 당신은 하나님에 의해 사랑의 도구로 사용될 것입니다. 당신은 하 나님의 능력이 당신을 통하여 다른 사람들에게 전해짐을 알게 될 것입니 다. 당신은 셋째 하늘과 첫째 하늘을 연결하고 있습니다. 놀라운 일이 아닙 니까?

이것을 위해
"인격"이
변화되어야
한다.

쓰임받지 못한 도구는 죽은 것!
가장 좋은 예 : 교회
교회에서 도구로 쓰일 때가
가장 귀하게 쓰인다
= 주님을 위하여 쓰일 때

제2주 : 하나님 나라의 삶

2일 금주의 주제 : 함께 여행해 봅시다
오늘의 주제 : 셋째 하늘

성경 읽기 : 고린도후서 12장 2~4절

사도행전 14장 19~20절에서 우리는 바울이 돌에 맞았고, 죽도록 내버려 졌다고 배웠습니다. 그의 동역자들이 기도할 때 그가 살아서 일어났을 뿐만 아니라 24시간 후에 그는 다음 사역지로 떠났습니다. 오직 하나님의 능력이 그를 회복시킬 수 있었습니다! 이 사건은 고린도후서 12장 2~4절에서 말하고 있는 사도 바울의 경험과 비슷하다고 믿습니다. 그는 그가 '셋째 하늘에 이끌려 간 경험'에 대해 말하고 있습니다.

그가 본 것들은 너무나 황홀해서 말로 표현할 수 없었습니다. 그리고 바울은 그곳으로 다시 돌아갈 준비가 되었습니다. 그는 빌립보서 1장 21, 23절에서 그곳에 돌아가기를 갈망한다고 말하고 있습니다. "이는 내게 사는 것이 그리스도니 죽는 것도 유익함이니라 … 내가 그 두 사이에 끼였으니 떠나서 그리스도와 함께 있을 욕망을 가진 이것이 더욱 좋으나."

당신도 알다시피 셋째 하늘은 하나님의 보좌가 있는 곳입니다. 요한계시록 4장 1, 2, 8절에서 요한은 "이 일 후에 내가 보니 하늘에 열린 문이 있는데 내가 들은 바 처음에 내게 말하던 나팔소리 같은 그 음성이 가로되 이리로 올라오라. 이 후에 마땅히 될 일을 내가 네게 보이리라 하시더라. 내가 곧 성령에 감동하였으니 보라 하늘에 보좌를 베풀었고 그 보좌 위에 앉으신 이가 있는데…"라고 기록하였고 요한은 천사들이 보좌 앞에 경배하며 다음과 같이 말하는 것을 들었습니다. "거룩하다 거룩하다 거룩하다 주 하나님 곧 전능하신 이여 전에도 계셨고 이제도 계시고 장차 오실 자라." 그리고 요한계시록 5장 6절에서 예수님은 하늘 보좌 가운데에 계시는 하나님의 어린 양으로 실명됩니다.

셋째 하늘은 당신의 본향입니다

바울은 셋째 하늘을 방문한 후, 이 세상을 떠나 그곳으로 가기를 갈망했습니다. 고린도전서 2장 9절에서 그는 "기록된 바 하나님이 자기를 사랑하는 자들을 위하여 예비하신 모든 것은 눈으로 보지 못하고 귀로도 듣지 못하고 사람의 마음으로도 생각지 못하였다 함과 같으니라"고 말하고 있습니다.

싱가포르 사람인 리(Lee) 여사가 나에게 "제발 미국에 대하여 말씀해 주십시오. 내 남편과 나는 그곳에 가서 살려고 하는데 미국인들은 어떤 사람들입니까? 당신은 어떤 음식을 좋아합니까?"하고 물었습니다. 우리가 이야기할 때 그 여인의 눈은 흥분으로 빛나고 있었습니다. 그녀는 자신이 앞으로 갈 곳이 어떠한 곳인지를 알고 싶어했습니다. 현재 하나님 나라는 셋째 하늘에 존재하고 있으므로 성경은 그곳에 관하여 많은 설명을 하고 있습니다. 당신이 영원히 살게 될 나라에 대해서 잠깐 알아 봅시다.

 아래 성경 구절을 찾아 봅시다.

창세기 21장 17절 — 하갈의 아이가 울 때, 하나님은 어디에 계셨습니까?

하늘?

누가 하갈에게 하나님의 응답을 가져왔습니까?

하나님의 천사

창세기 28장 12절 ─ 성경에선 어떻게 셋째 하늘과 첫째 하늘의 연결을 보여 줍니까?

땅의 경계가 있어서 하늘까지
둘아 있음.

역대하 7장 14절 ─ 하나님은 우리의 기도를 들으실 때 어디에 계십니까? 어떻게 응답하셨습니까?

하늘에서 듣고
저를 용서하시고 그 땅을 다시 번영시키심.

이 성경 구절들은 셋째 하늘과 첫째 하늘의 연결을 뚜렷하게 보여 줍니다. 우리가 기도할 때, 우리는 하나님과 교통합니다. 하나님과 우리 사이에는 이러한 특별한 연결이 있기 때문에 기도하는 것을 배우는 것이 중요합니다! 혹시 당신은 "내가 죽어 보기 전에는 이 셋째 하늘에 대해서 아무것도 알 수 없다"고 생각하십니까? 그리고 "바울은 아주 특별한 경험을 한 것이다"라고 생각하십니까?

에베소서 1장 18~21절을 잘 읽어 보십시오.

> *"너희 마음눈을 밝히사* 그의 부르심의 소망이 무엇이며 성도 안에서 그 기업의 영광의 풍성이 무엇이며 그의 힘의 강력으로 역사하심을 따라 믿는 우리에게 베푸신 능력의 지극히 크심이 어떤 것을 너희로 알게 하시기를 구하노라. 그 능력이 그리스도 안에서 역사하사 죽은 자들 가운데서 다시 살리시고 *하늘에서 자기의 오른편에 앉히사* 모든 정사와 권세와 능력과 주관하는 자와 이 세상뿐만 아니라 오는 세상에 일컫는 모든 이름 위에 뛰어나게 하시고…."

자! **당신에게** 좋은 소식이 있습니다. 에베소서 2장 6절은 "함께 일으키사 그리스도 예수 안에서 **함께 하늘에 앉히시니**"라고 말합니다. 골로새서 3장 1절은 "그러므로 너희가 그리스도와 함께 다시 살리심을 받았으면 **위의 것을 찾으라.** 그곳엔 그리스도께서 하나님 우편에 앉아 계시느니라"고 말합니다.

당신이 그리스도를 주님으로 영접하는 순간에 당신은 셋째 하늘에 계신 하나님과 언제든지 만나는 것이 가능하게 된 것 입니다. 언제나 당신이 원할 때 그 곳에 계신 주님은 당신과 교제를 하십니다. 이것은 마치 끊겨짐이 없는 열린 전화선과도 같습니다.

당신이 만나는 많은 그리스도인들은 그것을 이해하지 못할 것입니다. 그래서 그들은 주 예수와의 대화를 일부러 시도하지 않습니다. 바울은 데살로니가전서 5장 17절에서 "쉬지 말고 기도하라"고 합니다. 당신은 셋째 하늘에 가기 위해 반드시 교회 건물안에 있어야 하는 것도 아닙니다. 초자연적이고 영적인 의미에서 당신은 바로 지금 이 순간에 그곳에 있는 것과 마찬가지입니다. 유다서 20절에 "사랑하는 자들아 너희는 너희의 지극히 거룩한 믿음 위에 자기를 건축하며 성령으로 기도하며"라고 써 있습니다.

수년 전에 저는 『주는 나의 피난처』(The Hiding Place)를 쓴 코리텐 붐 (Corrie Ten Boom)씨를 만났습니다. 그때 그녀는 매우 늙었는데, 나치 수용소에서 소름끼치는 몇 년을 보낸 적이 있었습니다. 그 고통스러운 기간 중에 그녀는 기도를 통해 그리스도와 지속적으로 만나는 법을 배우게 되었습니다. 우리가 그녀를 방문해서 함께 앉아 있을 때 그녀의 입술이 자주 움직이는 것을 보았습니다. 저는 그것이 들은 것을 반복해서 말하는 노년기 현상이라고 생각했었습니다. 그런데 자세히 살펴보니, 내가 말하는 것을 반복하는 것 같지는 않았습니다. 마침내 저는 부드럽게 말했습니다. "코리 여사,

여사의 입술이 움직이고 있어요. 저에게 무슨 말을 하고 싶으세요?" 그녀는 네덜란드 말투로 대답했습니다. "아! 저를 용서해 주십시오. 저는 다만 주님께 우리가 나누고 있는 이 아름다운 대화에 대해서 말하고 있을 뿐입니다."

당신의 천국 시민으로서의 최대 특권은 셋째 하늘에서 이미 그리스도와 함께 하고 있다는 사실입니다. "위의 것을 찾으라." 당신은 항상 그곳을 향한 통로를 열어 놓으십시오.

나중에 우리는 당신의 인생에서 '경청의 방'을 가져야 할 필요성에 대해서 말할 것입니다. 그곳은 셋째 하늘로 가는 길, 성령 안에서 기도하는 일 등의 특별한 시간을 말합니다. 이것은 놀라운 경험입니다. 이제 이것에 대해서 생각해 봅시다.

하루에 한 시간씩 기도하는 법

당신은 "불가능하다! 그런 사람을 만나본 적도 없다! 그것은 좀 어리석어 보인다!"라고 생각합니까? 해보기 전에는 그렇게 말하지 마십시오. 그 방법은 다음과 같습니다. 아래에 있는 6개의 항목을 각각 10분씩 실행해 보십시오.

1. 하나님께 예배드리며 시편 40편을 묵상하고 큰 소리로 찬양하십시오.

2. 당신의 목사님, 교회 그리고 셀그룹 멤버들을 위해서 기도하십시오.

3. 당신의 나라와 민족을 위해서 기도하십시오.

4. 예수님을 따라야 할 필요가 있는 친구들을 위해서 기도하십시오.

5. 가족을 위해서 기도하십시오.

6. 당신 자신을 위해서 기도하십시오.

자, 한 번 해 보시기 바랍니다!

NOTE

제2주 : 하나님 나라의 삶

금주의 주제 : 함께 여행해 봅시다
오늘의 주제 : 둘째 하늘

성경 읽기 : 요한계시록 12장 7~8절 ; 에베소서 6장 12절 ;
로마서 8장 38~39절

"하늘에 전쟁이 있으니…" 여기서의 하늘은 셋째 하늘을 뜻하는 것이 아닙니다. 이것은 둘째 하늘에 대하여 말하는 것입니다. 그런데 이 '둘째 하늘'이 항상 존재했던 것은 아닙니다.

당신은 둘째 하늘이 예수님이 지적하신 지옥, 즉, 그리스도를 영접하지 않은 자들이 영원히 있어야 할 곳을 의미하는 것은 아니라는 사실을 알아야 합니다(마 10 : 28). 그곳은 영적 전쟁이 항상 일어나는 영역, '공중의 정사와 권세' (엡 6 : 12)에 대한 전쟁터라고 할 수 있습니다.

언제 둘째 하늘이 생겼는지 아는 데 도움이 되는 성경 구절을 찾아봅시다. 그것은 셋째 하늘에서 가장 높은 천사들 중에 하나인 루시퍼가 하나님과 같아지겠다고 결심했을 때부터 시작되었습니다. 수천 년 전에 이 싸움이 일어났습니다.

라틴어 ; 루시퍼

*"너 아침의 아들 계명성이여 어찌 그리 하늘에서 떨어졌으며 너 열국을 엎은 자여 어찌 그리 땅에 찍혔는고. 네가 네 마음에 이르기를 '내가 하늘에 올라 하나님의 뭇 별 위에 나의 보좌를 **높이리라.** 내가 북극 집회의 산 위에 **좌정하리라.** 가장 높은 구름에 올라 지극히 높은 자와 **비기리라'** 하도다. 그러나 이제 네가 음부 곧 구덩이의 맨 밑에 **빠치우리로다.**" (사 14 : 12~15)*

악한 세력은 항상 "내가…하리라" 하고 말하는 것에서부터 나옵니다.

이것은 사탄이 하나님께 반역하기로 선택했던 것과 같은 교만으로 가득 찬 사탄적인 생각입니다. 권위에 반대하는 교만과 반역, 이러한 것들은 악한 세력의 표시들입니다. 당신이 그들을 보는 곳이면 어디에서든지 그들의 행사도 볼 수 있습니다.

그와 함께 하는 것들은 유다서 1장 6절과 베드로후서 2장 4절에서 언급한 *"자기 지위를 지키지 아니하고 자기 처소를 떠난 천사들"* 입니다. 하나님이 이 세상을 창조하시기 전에, 둘째 하늘이 이루어진 것이 그때였습니다. 요한계시록 12장 7~9절에 이하면 사탄을 따르기로 선택한 천사들은 영적 전쟁에서 사탄을 돕고, 결국 사탄과 함께 지옥으로 던져진다고 설명하고 있습니다.

하나님이 천사들은 둘째 하늘을 뚫고 옵니다.

창세기 28장 12절에서 야곱은 *"꿈에 본즉 사닥다리가 땅 위에 섰는데 그 꼭대기가 하늘에 닿았고, 또 본즉 하나님의 사자가 그 위에서 오르락 내리락하고"* 라고 말했습니다. 그들은 이 땅의 천국 시민들을 섬기려고 오며, 때로는 둘째 하늘을 통해 우리에게 오려고 전쟁을 치러야만 합니다.

이것은 다니엘서 10장 12~13절에 설명되어 있습니다. 다니엘은 큰 전쟁에 관한 이상을 해석할 수 있게 해달라며 하나님께 3주 동안 간절히 기도했습니다. 드디어 천사 가브리엘이 나타나 말하기를 *"다니엘아 두려워하지 말라. 네가 깨달으려 하여 네 하나님 앞에 스스로 겸비케 하기로 결심하던 첫날부터 네 말이 들으신 바 되었으므로 내가 네 말로 인하여 왔느니라. 그런데 바사(페르시아)군이 이십일 일 동안 나를 막았으므로 내가 거기 바사 국왕들과 함께 머물러 있더니 군장 중 하나 미가엘이 와서 도와주므로"* 라고

49

했습니다.

하나님 나라에서 '어린아이'인 당신은 둘째 하늘에 대해서 속히 이해하는 것이 중요합니다. 당신이 불과 얼마 전 사탄의 지배로부터 풀려났다는 것을 깨닫지 못하면 당신은 또다시 속아 넘어갈 수 있습니다. 사탄은 지금 당신이 풀려난 것을 불만스러워하고 있을테니 말입니다.

베드로는 베드로전서 5장 8~9절에서 "근신하라. 깨어라. 너희 대적 마귀가 우는 사자같이 두루 다니며 삼킬 자를 찾나니 너희는 믿음을 굳게 하여 저를 대적하라. 이는 세상에 있는 너희 형제들도 동일한 고난을 당하는 줄을 앎이니라"고 상기시켜 주고 있습니다.

요한일서 2장 13절에 의하면 (첫째 주 4일 복습), 당신이 하나님 나라에서 '청년'이라고 불리울 자격을 얻기 위하여 무엇을 해야 합니까?(알맞은 것에 표시하시오.)

□ 한 달에 두 번 예배에 참석한다.
☑ 악한 세력을 물리친다.
□ 절제하여 나쁜 습관을 끊는다.
□ 위의 모두 해당된다.
□ 위의 어느 것에도 해당 안 된다.

두 번째 것이 정답입니다. 당신의 첫 번째 목표는 영적 전쟁을 시작하는 것입니다. 하지만 그렇다고 당신의 구원에 위험이 있다는 뜻은 아닙니다. 예수님이 당신의 죄를 갈보리에서 짊어지셨을 때, 그는 사탄이 당신에게 할 수 있는 모든 것을 빼앗고 당신을 위한 정복자가 되었습니다. 당신은 예수님 안에서 전적으로 안전합니다. 그의 천사들이 당신의 길을 항상 보호하고 있습니다. 기뻐하십시오! 당신은 하나님 나라의 백성으로 새롭게 태어났기에 당신의 자리를 빼앗길 수 없습니다. 바로 이것이 중요한 요점입니다.

저는 세 아들이 있는데, 그들의 아버지로서 그들이 내 아이들이 아니라고 말할 수는 없습니다. 그들이 '성공'을 하든지 '실패'를 하든지 간에 그들은 항상 나의 자녀들입니다. 아무도 이 사실을 바꿀 수 없습니다. 마찬가지로 당신은 하나님의 자녀입니다. 그리고 어떠한 이유로도 당신을 결코 태어나지 않은 것처럼 대할 수 없습니다.

그러나 당신이 적의 정체와 그가 둘째 하늘로부터 어떠한 역할을 하고 있는지를 모른다면 불필요한 패배를 수없이 맛보게 됩니다. 그러므로 당신은 영적 전쟁에 참여해야만 합니다. 당신이 그렇게 할 수 있을 때 비로소 '청년'으로 성장하게 되는 것입니다.

여기 좋은 소식이 있습니다. 하나님께서는 출애굽기 14장 14절에서 우리에게 다음과 같이 약속하셨습니다. *"여호와께서 너희를 위하여 싸우시리니 너희는 가만히 있을지니라."*

✎ 로마서 8장 38~39절에 따르면 무엇이 우리를 예수님 안에 있는 하나님의 사랑에서 끊을 수 있습니까?

☐ 천사들과 악령들
☐ 셋째 하늘의 능력들
☐ 죽음
☑ 위의 어느 것도 해당 안된다.

새로운 삶 시리즈 3권 : 실천

제2주 : 하나님 나라의 삶

금주의 주제 : 함께 여행해 봅시다
오늘의 주제 : 첫째 하늘

성경 읽기 : 열왕기상 8장 35~36절 ; 로마서 8장 19~23절 ;
베드로후서 3장 10~12절

 열왕기상 8장 35절은 어떤 하늘을 표현하고 있습니까?

☐ 셋째 하늘
☐ 둘째 하늘
✓ 첫째 하늘

세 번째 것이 정답입니다.

 열왕기상 8장 36절은 어떤 하늘을 표현하고 있습니까?

☐ 첫째 하늘
☐ 둘째 하늘
✓ 셋째 하늘

이번에도 세 번째 것이 정답입니다.

많은 성경 구절이 이 땅 바로 위에 있는 하늘에 대해 말하고 있으며 셋째 하늘을 뜻하는 '하늘의 하나님' 과 연결짓고 있습니다. 우리 하나님이 이 우주를 창조하셨는데, 그 후에 그냥 내버려두기 위해서 창조하신 것은 아닙니다. 그 분은 모든 행사에 매우 활동적입니다. 우리는 하나님께서 모든 것을 소유하고 계심을 압니다. 하나님 자신이 *"온 천하에 있는 것이 다 내 것이니*

라"(욥 41 : 11)고 말씀하셨습니다.

이것이 사실이라면 로마서 8장 22절은 왜 "피조물이 다 이제까지 함께 탄식하며 함께 고통"한다고 합니까? 이것은 우리가 대답해야 할 매우 중요한 질문입니다.

하나님께서 하늘과 땅을 창조하셨을 때, 아담과 그의 후손(당신도 포함)
으로 하여금 그것을 돌보게 하셨습니다. 하나님께서는 그들에게 *"번식하고
땅에 충만하고 땅을 정복하라. 바다의 고기와 공중의 새들과 땅에 움직이는
모든 생물을 다스리라"*(창 1 : 28) 고 하셨습니다.

사탄은 그것을 용납할 수 없었습니다

어떻게 사탄이 이 '인간' 이라고 불리우는 새로운 피조물에게 세상과 그
위에 있는 하늘을 지배할 수 있도록 허용할 수 있습니까? 결코 그럴 수는 없
습니다! 그는 치밀한 음모를 갖고 있었는데, 그는 하와와 아담 안에 있는 교
만한 자아에게 접근했습니다. 창세기 3장 5절에서 사탄은 *"너희가 그것을
먹는 날에는 (즉, 너희가 하나님께 불순종하면) 너희 눈이 밝아 하나님과 같
이 되어 선악을 알 줄을 하나님이 아심이니라"*고 하와를 유혹하였습니다.

성경은 첫 남자와 여자가 하나님께 대하여 처음으로 불순종했으나, 그것
이 마지막이 아니라고 우리에게 가르쳐 주고 있습니다. 이사야서 53장 6절
은 "우리 모두가 같은 일을 행하였다"고 우리에게 말해 주고 있습니다. 역
사상 가장 큰 비극 중의 하나는 사람이 시작부터 하나님께서 그에게 맡긴
하늘과 땅을 돌보지 않았다는 것입니다. 예외 없이 사탄의 목적은 파괴입니
다. 요한계시록 9장 11절에서 그에게 주어진 이름은 '파괴자' 입니다.

당신은 쓰레기 냄새를 좋아하십니까?

지독한 냄새는 한 번 맡는 것만으로도 충분합니다. 수백 년 동안 모든 죄
로 더러워진 인간들이 살아온 이 가련하고 고통받는 위성을 불쌍히 여기십
시오. 산더미 같은 쓰레기가 있고 산림과 바다가 파괴되어 갑니다. 하지만

생태학적 재해는 시초부터 교만으로 가득 찬 사람들이 벌여 오는 무지막지한 악한 행위와 비교할 때 아주 작은 문제들입니다.

잔악한 행위, 살인, 대량학살, 전쟁, 도둑질, 사기, 당신이 개인적으로 알고 있는 깨어진 가정들과 인생들을 생각해 보십시오. 그리고 그것에 인류의 역사를 곱해 보십시오. 그러면 당신은 왜 "*피조물의 고대하는 바는 하나님의 아들들의 니타나는 것인지*"를 알 수 있을 것입니다(롬 8 : 19).

모든 사물이 반드시 본래의 모습대로 되돌아 갈 수는 없습니다

로마서 8장 20~23절은 피조물이 변하기 전에 인류가 변해야 한다는 것을 피조물은 알고 있다고 우리에게 말합니다. 언제 하나님의 아들들이 나타납니까? 베드로후서 3 : 10~12은 이 세대가 끝날 때라고 말하고 있습니다. 하나님께서는 붉로 이 지구에 있는 모든 것들을 피피하실 것입니다. 요한계시록 21장 1절에서 요한은 마지막 때의 이상을 보았습니다. "*내가 새 하늘과 새 땅을 보니 처음 하늘과 처음 땅이 없어졌고 바다도 더 이상 있지 않더라.*" 모든 사물들이 그렇게 끝나기 때문에 우리는 하나님 나라를 위해서 살아야만 합니다. 바로 이 교재가 당신을 하나님의 나라로 인도하는 길잡이가 되어줄 것입니다. 그리스도인으로서 당신은 바로 지금 하나님 나라에서 살고 있는 것입니다.

제2주 : 하나님 나라의 삶

 5일 금주의 주제 : 함께 여행해 봅시다
오늘의 주제 : 세관 통관

성경 읽기 : 에베소서 2장 1~6절 ; 디모데후서 3장 2~5절

저는 언젠가 싱가포르로 가는 비행기에서 한 젊은 남자 옆에 앉게 되었습니다. 그는 안절부절 못하는 등 매우 불안해 보였습니다. 싱가포르에 거의 도착할 무렵, 그는 저에게 "이 나라에서는 마약을 들여오는 자들을 교수형에 처한다는데 사실입니까?" 하고 물었습니다.

"그럼요!" 저는 대답했습니다. "당신은 이 나라가 마약이 없는 나라라는 사실을 오늘 알게 될 것입니다. 만약 그들이 입국시에 체포되면, 곧장 감옥에 가게 되고 법정에서 유죄가 판명되면 교수형에 처해집니다."

그는 침묵을 지키고 있다가 갑자기 일어나서 화장실로 갔습니다. 그가 돌아왔을 때에는 그의 얼굴에 안도의 빛이 나타나 있었습니다. 저는 그에게 무슨 일이 있었는지를 예상하고 "당신은 갖고 다니기에 위험한 것들을 제거했군요?"라고 물었습니다. 그는 부끄러워하면서 "아무에게도 말하지 마세요."라고 말했습니다.

우리가 착륙했을 때 세관 검사관은 그의 복장, 머리 모양, 그리고 나이를 보고는 그를 곁에 세웠습니다. 그는 아주 현명한 결정을 했습니다. 그는 입국하려는 나라에서 금지하는 짐들을 없애버렸던 것입니다.

우리가 그리스도께 나아와 하나님의 자녀가 되기 전까지 살아온 우리의 과거는 오늘 읽은 본문에서 말하고 있는 습관과 가치관으로 가득 차 있었습

니다. 당신은 과거의 삶에서 '고착된' 나쁜 습관의 짐들을 아직도 휴대하고 있지는 않습니까?

✎ 에베소서 2장 1~2절을 읽으시기 바랍니다. 그 말씀에 따르면 당신은 그리스도인이 되기 전에 누구를 섬겼습니까?

이 세상의 풍조 & 공중의 권세를 잡은 통치자 (곧 지금 불순종의 자녀들 가운데서 작용하는 영)

✎ 에베소서 2장 3절을 읽으시기 바랍니다. 본문이 당신의 과거의 생활 습관과 관련된다고 생각하십니까?

☑ 네, 그것을 인정하기가 쉽지는 않지만, 그것이 사실입니다.

☐ 아니오.

☐ 나는 그것에 관해 좀더 생각해 봐야 합니다.

몇 년 전, 제 아내 룻은 구급 팀에 속해 있었습니다. 가끔 아내는 희생자를 구하기 위해 열차 사고 현장에 갔습니다. 아내는 희생자들을 위해 무엇을 해야 하는지 분명히 알고 있었습니다. 그러던 어느 날 아내가 자동차 정면 충돌 사고를 당해서 많이 다친 적이 있었습니다. 우리가 그녀를 병원으로 데려 갔을 때, 아내는 시중 드는 사람들에게 "저는 오른팔이 부러졌으니 부목이 필요하고 충격을 받지 않도록 혈관 주사가 필요합니다"라고 말하지 않았습니다. 그 대신 의사에게, "선생님, 저를 도와 주십시오!"라고 말했습니다.

하나님 나라를 통관할 수 없는 '나쁜 습관의 짐'을 가지고 있다고 하나님께 고백할 수 있는 사람들은 오히려 좋은 출발을 할 수 있습니다. 다음 질문에 불편해 하지 말고, 과거와 현재의 삶을 하나님 앞에서 인정하는 그분의 자녀로서 응해 주시기 바랍니다. 우리는 우리의 교만을 버리고 다만, "주님, 저는 많은 고침이 필요합니다. 도와 주십시오!"라고 말할 수 있어야 합니다.

디모데후서 3장 2~5절에 나열된 짐들을 살펴봅시다. 당신의 과거나 현재의 짐에 해당하는 항목들에 기도하는 마음으로 밑줄을 치십시오. 그리고 하나님께 그것들로부터 당신을 자유롭게 해주실 것을 간구하고 감사하십시오.

- ☑ 자신을 사랑함
- ☐ 자랑함
- ☐ 학대함(누구를?)
- ☐ 고맙게 생각지 않음
- ☐ 사랑이 없음
- ☐ 중상함
- ☐ 짐승 같음
- ☐ 신뢰하지 못함
- ☑ 자만심이 가득함
- ☐ 하나님을 사랑하기보다는 향락을 즐김
- ☐ 경건의 모양은 있으나 하나님의 능력을 부인함

- ☑ 돈을 사랑함
- ☑ 교만함
- ☐ 불효함
- ☑ 거룩하지 않음
- ☐ 용서 못함(누구를?)
- ☐ 자제력이 없음
- ☐ 선을 사랑치 않음
- ☑ 성급함

당신이 밑줄 친 것을 고려해 볼 때, 어느 것이 바로 지금 당신에게 가장 큰 어려움을 준다고 생각합니까? 사탄은 바로 그것들을 이용하여 당신을 불구자로 만들고 당신의 평화와 기쁨을 빼앗아 갈 것입니다.

어떤 사람들은 하나님 나라의 '입구'에 들어섰고(세관) 검사대에 바로 당신과 같은 짐들을 올려놓았습니다. 그들의 문제는, 아마도 당신의 문제와 마찬가지로, 단지 그 짐들을 버릴 수 있는 방법을 모르고 있다는 것입니다!

여기 당신이 진정으로 드릴 수 있는 기도가 있습니다. 이 기도는 오래된 짐으로부터 당신을 자유롭게 할 수 있는 위대한 능력이 있습니다.

> *"주 예수님, 이 짐은 제가 오랫동안 갖고 있었던 것입니다. 전에 그것을 버리려고 해 보았지만 항상 실패했습니다. 이 짐은 제 마음 속 깊은 곳에 있습니다. 그것은 제 피부나 제 뼈와 같이 저의 한 부분이 되었습니다. 저는 그 앞에서 무력합니다. 저는 그것으로부터 해방되기를 원합니다. 그러나 이를 위해서 저는 아무것도 할 수 없음을 고백합니다. 하지만 주님께서는 하실 수 있습니다. 그리고 저를 구해 주실 것을 믿습니다. 주님은 셋째 하늘로부터 내 삶에 들어와 사십니다. 저는 이 시간 주님이 제 삶에 들어오셔서 역사하시기를 원합니다. 제 힘으로는 이 짐을 주님께 드릴 수 없지만 주님께서는 이 짐을 거두어 주실 줄 믿습니다. 당신께 오는 것을 맡기며 주님께서 나의 구원자가 되심을 감사드립니다."*

저는 제게 잘못을 했던 사람에 대한 쓴뿌리를 25년 이상 품고 있었습니다. 저는 그것을 단지 상상한 것이 아니었습니다. 하나님께서 마침내 저를 무너뜨리려 하는 이 용서하지 못하는 짐을 보게 하시더니 저 스스로는 아무것도 할 수 없다는 사실을 알게 하셨습니다. 그러던 어느 날 저녁 저는 주님께 손을 내밀고 위에 있는 기도문으로 기도했습니다. 하나님께 저의 아픈 마음을 다 내어놓고 기도할 때, 주님께서는 서서히 그 쓰라린 마음들을 내게서 다 제거해 주셨습니다. 이것은 20년 전의 일입니다. 하나님은 당신에게도 똑같이 역사하실 수 있는 분입니다.

새로운 삶 시리즈 3권 : 실천

제3주 : 이 세상 나라들

금주의 주제 : 낡은 것들
오늘의 주제 : 옛 나라들을 떠나라

성경 읽기 : 이사야 37장 15~16절, 60장 12절 ;
갈라디아서 3장 22, 26~28절 ; 빌립보서 3장 20절

성경에서 우리는, 인류 역사 초기에 이미 왕국이 형성되는 것을 발견합니다. 창세기 10 : 8~10에 보면 니므롯 같은 '특이한 사냥꾼' 이 왕국을 건설하기 시작합니다. 희생물을 쫓아가는 사냥꾼과 같이 니므롯은 광대한 지역들과 사람들을 정복했습니다. 태초부터 이 지구는 욕심 많은 사냥꾼들의 수중에 들어 갔습니다. 타인을 지배하고자 하는 욕망으로, 인간들은 '왕' 으로 불리우기를 항상 원하고 있었습니다.

이것을 잘 알고 있는 사탄은 역사의 시작부터, 인간들을 교묘하게 다루어 왕국들을 형성하게 만들었습니다. 모든 경우에 ─하나도 예외 없이─ 나라 (왕국)들은 탐욕과 권력 위에 세워졌습니다.

저는 텍사스 서부에 있는 한 부호의 목장을 방문한 적이 있었는데, 그곳은 거대한 야생동물보호구역으로 지정된 곳이었습니다. 동물들은 세계 각국으로부터 수입되어 왔습니다. 동물들의 습성을 연구하는 그는 "이곳의 수천, 수만 에이커는 거의 모든 각각의 부분들이 어떤 한 동물 혹은 동물 그룹의 지배하에 다스려지고 있다"고 말했습니다. 그는 1마일이나 떨어진 저쪽 언덕을 가리키며 "예를 들면, 저 언덕은 산염소의 점령 구역인데, 다른 동물이 그곳에 들어온다는 것은 자기 생명을 거는 일이다!" 라고 말했습니다. 저는 혼자서 "모든 인간들이 그런 동물적인 기질을 조금씩은 가지고 있

는게 아닐까?' 하고 생각해 보았습니다.

사탄은 인간을 서로 분열케 하고, 선량한 사람들을 파멸시키기 위해 '국가들' 이나 '나라들' 의 발전을 계획적으로 조종하고 있습니다. 중국(中國)이란 '중간나라' 라는 뜻인데, '中' 자에서 가운데에 있는 사각형은 중국을 상징합니다. 맨위의 줄이 한국을 상징하며 아래의 줄은 베트남을 상징합니다. 초기 중국 사회에서는 세계의 나머지 부분들은 존재하지 않았습니다.

모든 나라나 왕국들은 자기 나라가 가장 중요하다고 생각합니다. 외부 사람들을 '이방인' 이라고 부르는데, 이 단어는 '따돌리다' 를 의미합니다. 이 방인들은 시민의 권리가 없습니다. 어떤 사람들은 그들의 출생지에서 평생 떠나지 않습니다.

하나님보다 그들의 나라를 더 중요하게 여기는 사람들은 비록 놀우상에게 절을 하지 않을지라도 "너는 나 외에는 다른 신들을 네게 있게 말지니라"라는 하나님의 첫 계명을 어기고 있는 것입니다. 국가숭배수의를 통해 많은 세대들이 불구가 되고 멸절되었습니다. 20세기까지, 어떠한 희생에도 아랑곳하지 않고 통치권을 장악하려는 권력자들의 제물로 1억의 생명들이 희생되었습니다. 유대인 대학살은 우리에게 어떠한 일들이 일어날 수 있는지를 보여주는 한 예입니다.

로마서 13장 1절에서 7절은 우리에게 권위에 순종하라고 가르칩니다. 하지만 우리는 한 국가의 시민인 동시에 하나님 나라의 시민임을 잊어서는 안 됩니다. 이것은 여러분들이 이해하기 어려운 개념이지만, 크리스천이 된 만큼 반드시 극복해야 할 문제입니다.

하나님 나라의 시민권자로서 서약할 때 사탄에 의해 창조된 문화에 대한 당신의 충성심은 버려야 합니다.

새로운 삶 시리즈 3권:실천

모든 나라마다 독특한 문화가 있습니다. 이 문화는 우리를 밧줄같이 얽매어 자유가 없어질 때까지 묶어 놓습니다. 물론 문화 속에서 긍정적인 면들도 많이 찾아볼 수 있습니다. 예를 들면 어떤 문화권에서는 이혼율이 2%에 불과한데, 이것은 결혼생활에 문제가 있을 때 그 부부의 모든 가족들이 문제를 해결할 수 있도록 도와 주었기 때문입니다. 이것을 이혼율이 결혼율과 거의 같거나 더 높은 다른 문화권들과 비교해 보십시오.

또한 문화의 어떤 면들은 옳지 못합니다. 그것은 악마적입니다. 예를 들어, 문화가 아이들에게 우상을 섬기라고 가르친다면, 그것은 *죄악입니다*. 문화가 난잡함과 마약을 허용한다면, 그것은 *죄악입니다*. 그런 문화는 하나님의 통치를 거절하는 것입니다. 그러한 사고 체계 때문에 "*내게 옳으면 우리가 그렇게 하는 것도 옳다*" 라는 사회 통념이 만들어집니다. 그러나 그러한 사회 통념을 거스를지라도 우리는 그리스도께 충성해야 합니다.

이사야 37장 15~16절에 의하면 세상 왕국에서 전개되는 모든 일에 대한 최종적인 권세를 누가 가지고 있습니까?

☐ 나라를 지배하는 특정한 사람, 혹은 사람들
☐ 사탄
☑ 하나님
☐ 전부 해당된다.
☐ 해당 사항 없다.

장래에 우리는 어린 시절부터 주입된 가치관들이 의미하는 것에 대해 고민하게 될 것입니다. 좋았거나 나빴거나, 우리는 우리들의 '왕국'의 지울 수 없는 흔적들을 가지고 있습니다.

✎ 이사야 60장 12절에 의하면, 하나님을 섬기지 않는 나라나 왕국에 어떠한 일이 일어납니까?

<u> 망하고   황폐해질 것   </u>

✎ 갈라디아서 3장 22절을 자신의 말로 표현해 보십시오.

<u>성령을 통해서 우리는 죄를 알고 우리의 죄인됨을 안다.</u>
<u>하지만 동시에 믿음으로 의인되어 구원 받을 수 있는</u>
<u>약속을 믿는 자에게 주신다.</u>

결국, 하나님의 통치를 거부하는 나라는 망하게 됩니다. 역사상, 강대한 나라들이 붕괴된 예들은 얼마든지 있지 않습니까!

✎ 갈라디아서 3장 26~28절에서 신자로서 우리는 왜 '유대인'이나 '헬라인' 형제 자매를 차별해서는 안 됩니까?

☑ 우리는 국가적인 풍속을 떠나 우리 자신들에게 그리스도의 옷을 입혀야 하기 때문이다. <u>~~~~</u> 우선 순위.

☐ 우리 민족 특유의 문화적인 배경들이 더 이상 의미가 없기 때문이다.

☐ 둘 다 해당된다.

☐ 해당 사항 없다.

제3주 : 이 세상 나라들

금주의 주제 : 낡은 것들
오늘의 주제 : 누가 나라들을 움직입니까?
성경 읽기 : 누가복음 4장 5~8절

사탄은 예수님이 탄생하셨을 때 참으로 두려웠습니다. 그리고 전력을 다해 어린 예수님을 해하려 했습니다. 예수님의 가족은 당분간 이집트로 피신해야 했습니다. 예수님께서 이 땅에 사시는 동안, 사탄은 예수님을 배척하는 종교지도자들을 부추겨 예수님을 죽이려고 했습니다(마 12 : 14 ; 막 3 : 6).

사탄은 예수님의 이 말씀에 가장 위협을 받았습니다. *"회개하라 천국이 가까왔느니라."*(마 4 : 17) 수세기 동안 이 세상의 나라들을 지배해 온 사탄의 세력은 하나님 나라의 등장으로 도전을 받게 되었습니다.

사탄은 모든 나라를 통솔하는 군(princes)(역자 주 : 예를 들면 바사군, 헬라군 등)들인 타락한 천사들과 함께 공중 권세를 잡아 왔습니다(단 10 : 20~21). 이들은 모두 사람들을 하나님을 아는 지식으로부터 멀어지게 하였고, 잘못된 가치관과 속임수로 그들을 조정했습니다. 만약 예수님께서 그의 나라를 세우신다면, 사탄은 그의 세력을 잃을 것입니다. 사탄의 '왕국'은 사람을 가두는 감옥과 같아서 피조물인 인간으로 하여금 창조주인 하나님을 생각하지 못하도록 고안되었습니다.

세례 요한에게 세례를 받으신 후, 예수님께서 성령에 이끌리어 광야에서 마귀에게 시험을 받으셨습니다. 하나님의 입장에서 보면, 이것은 긍정적인 시험이었습니다. 그러나 사탄의 입장에서 보면 예수님을 지배할 수 있는 기회가 주어진 것입니다. 만약 사탄의 시도가 이루어졌다면 하나님의 권세는 무너졌을 것입니다.

✎ 사탄은 어떻게 순식간에 천하 만국을 예수님께 보여줄 수 있었습니까?

☐ 이것은 초자연적인 현상이며, 자연적인 말로는 설명할 수가 없습니다.

☐ 이것은 시간과 공간을 초월하는 사탄의 힘을 암시하는 것입니다.

☐ 둘 다입니다.

☑ 나는 이것에 대해 어떤 결론도 내릴 수 없습니다. 나의 지도자와 의논하겠습니다. ; 둘 다 인 듯.

✎ 누가복음 4장 6절에서 사탄은 예수님께 이 세상에서 가치 있는 것 두 가지를 제시했습니다. 그것은 무엇입니까?

(1) _____권위_____

(2) _____영광_____

사탄이 사용한 두 가지의 가치 있는 것들은 사람들에게 기본적인 욕구로 언제나 흥미를 끄는 것이었습니다. 예수님께서 그런 유혹에 넘어 가실까요? 이것은 중요한 질문입니다.

사탄은 교환 조건을 제시했습니다. 사탄이 노리는 것은 다만 예수님을 지배하려는 것뿐이었습니다. 그러나 그렇게 되지는 않았습니다. 우리가 예수님의 대답을 아는 것은 매우 중요합니다. 우리는 세상 나라들이나 세상 안에 있는 어떠한 것도 숭배해서는 안 됩니다. 인간에게 가장 가치 있다고 여겨지는 두 가지는 다른 사람을 지배하는 것(권세)과 다른 사람으로부터 '특별하다' 고 인정받는 것(자신의 영광)입니다.

사탄은 모든 사람에게 잘못된 가치관을 제공합니다

당신의 가치관들을 점검해 보십시오. 당신은 혹시 사탄의 유혹에 젖어 있
지는 않습니까? 사탄은 우리가 하나님께 예배하는 것을 막기 위하여 수단과
방법을 가리지 않습니다. 당신은 무엇을 그렇게도 갈망하기에 그리스도의
나라를 당신의 삶에서 두 번째 아니면 세 번째, 또는 맨 마지막에 두려 하십
니까? 가끔 하나님의 나라에 들어온 사람들 중에 개인적인 세력이나 영광을
추구하는 사람들이 있습니다. 이것은 우리에게 너무나 깊이 스며들어 있어
이것들을 깨기가 매우 어렵습니다.

다음 페이지에 열거된 가치관들을 공부하고, 당신의 현재 삶의 방식에
있어서 첫째가 되는 곳에 '1', 가장 중요하지 않다고 생각되는 곳에 '18' 을
적고, 두 번째로 중요한 곳에 '2', 두 번째로 중요하지 않은 곳에 '17' 과 같이
차례로 기입해 보십시오.
(모든 항에 순위가 매겨질 때까지 적어 보십시오. 이것은 약간의 시간이 소요되므로
만약 필요하다면 내일 다시 생각해서 답을 하셔도 됩니다. 절반은 이번 과의 마지막
날에 끝내고, 나머지는 그 주 쉬는 날에 하셔도 됩니다. 이것들을 진지하게 다루십시
오. 다음 장에서도 자주 이 페이지를 참고할 것입니다.)

나의 가치 체계, 제1부

우선 순위	가치
(*11*)	부유와 번영
(*8*)	재미있는 일을 하는 것
(*9*)	어떤 큰 일을 성취하는 것
(*16*)	마찰 없이 사는 것
(*15*)	다른 사람들과 동등하다고 느끼는 것
(*10*)	나의 가족을 안전하게 하는 것
(*12*)	내가 스스로 선택할 자유가 있는 것
(*4*)	행복감, 만족감 *in Christ*
(*2*)	내석 갈등에서 해방되는 것
(*7*)	친한 친구를 갖는 일
(*11*)	범죄로부터 안전함
(*14*)	인생을 즐기는 것(여행, 영화감상 등)
(*1*)	하나님의 뜻을 행함
(*3*)	자존감과 자부심을 갖는 것
(*13*)	인정받고 부러움의 대상이 되는 것
(*6*)	다른 사람과 가깝고 친밀한 관계를 갖는 것
(*5*)	올바른 결정을 내리는 것
(*18*)	권력에 대한 갈망

제3주 : 이 세상 나라들

금주의 주제 : 낡은 것들
오늘의 주제 : 솔로몬의 결론들

성경 읽기 : 전도서 1장 1~2절, 2장 4~11절, 12장 13절

솔로몬이 이스라엘의 왕이 되었을 때, 하나님께서는 그에게 "지혜롭고 총명한 마음을 주노니 너의 전에도 너와 같은 자가 없었거니와 너의 후에도 너와 같은 자가 일어남이 없으리라"(왕상 3 : 12)고 말씀하셨습니다. 솔로몬은 그의 말년에 전도서를 썼습니다. 위에 열거한 성경 구절들에는 이 세상 삶에 대한 그의 염세적인 판단이 기록되어 있습니다.

전도서 2장 3절에는 그가 어떻게 결론을 내렸는지를 묘사하고 있습니다. 그는 지혜의 인도와 그의 마음이 원하는 대로 삶의 모든 행위들을 경험하였다고 설명하고 있습니다. 그는 "인생의 짧은 기간 동안 하늘 아래에서 인간에게 어떤 것이 행할 만한 가치가 있는 것인지를 보기 원한다"고 말합니다.

그는 자신을 위한 모든 것을 시도할 수 있는 권력과 풍요함이 있었습니다. 그는 많은 아내들, 호화로운 궁궐들이 있었고, 또 아름다운 것들을 세웠습니다. 솔로몬은 우리의 인생에서 살아볼 만한 가치가 있다고 생각되는 모든 것들을 시험해 보았습니다. 따라서 그가 어떤 결론을 내렸는지는 우리에게 매우 의미가 있습니다!

사탄은 어리석지 않습니다. 만약 사탄이 우리들에게 정욕적인 생활 방식이나 부도덕한 행위, 도적질, 폭력 등을 권공한다면 우리는 그로부터 피할 것입니다. 그러나 사탄은 우리에게 행복을 가져다 준다는 약속과 함께 우리가 보기에 해롭지 않을 것 같은 가치관들을 제공합니다. 우리는 사탄에게

속아서 이러한 잘못된 방법으로 행복을 추구하는 데 우리의 삶을 소비하고 있습니다.

전도서 끝부분에서 솔로몬은 진정한 삶의 가치가 무엇인지에 대해 하나의 결론을 내렸습니다. 그것을 보기 전에, 먼저 그가 시험해 온 몇 가시 가치들을 찾아 봅시다.

✎ 전도서 2장 4~11절에서 솔로몬이 어떤 가치들을 시험해 보았습니까?

☑ 번창하고 부유함

□ 하나님의 뜻을 따름

□ 어떤 큰 일을 성취하는 것

☑ 신나는 일들을 하는 것

✎ 전도서 1장 17절에서 그의 결론은 무엇입니까? (자신의 말을 사용하여 대답하십시오.)

인간의 지혜는 결코 하나님보다 넘어설 수 없으므로 높아지려는 것은 헛되다.

✎ 전도서 12장 13절에서 솔로몬의 최종적인 결론은 무엇입니까?

하나님을 경외하고 그의 명령들을 지킬지어다.

✎ 당신은 솔로몬이 그의 말년에 아래의 가치관들을 어떤 순위로 열거하고 있다고 생각하십니까? 두 가지를 선택하십시오(하나는 당신의 생각에 솔로몬이 '1' 순위로, 다른 하나는 '18' 순위로 선택할 것이라고 생각되는 곳).

우리가 열거한 목록에 있는 단 한 가지를 제외하고는 모든 가치관들은 우리의 생활 방식으로 채택될 수 있는 것으로써 사탄에 의해 주어진 것입니다. ***하나님의 뜻을 행한다는 것*** 하나만 이 세상이 아닌 오직 하나님 나라에 속한 것입니다. 다른 것들은 모두 솔로몬이 "헛되고 헛되며 헛되니 모든 것이 헛되도다" 라고 말한 것과 같은 것입니다.

솔로몬의 가치체계들

우선 순위	가치
(　　)	부유와 번영
(　　)	재미있는 일을 하는 것
(　　)	어떤 큰 일을 성취하는 것
(　　)	마찰 없이 사는 것
(　　)	다른 사람들과 동등하다고 느끼는 것
(　　)	나의 가족을 안전하게 하는 것
(　　)	내가 스스로 선택할 자유가 있는 것
(　　)	행복감, 만족감
(　　)	내적 갈등에서 해방되는 것
(　　)	친한 친구를 갖는 것
(　　)	범죄로부터 안전함
(　　)	인생을 즐기는 것(여행, 영화감상 등)
(　　)	하나님의 뜻을 행함
(　　)	자존감과 자부심을 갖는 것
(　　)	인정받고 부러움의 대상이 되는 것
(　　)	다른 사람과 가깝고 친밀한 관계를 갖는 것
(　　)	올바른 결정을 내리는 것
(　　)	권력에 대한 갈망

✎ 이것이 당신에게 너무 지나치다고 생각됩니까? 그렇다면 목록을 다시 살펴 보십시오. 당신 자신에게 "만약 이 가치가 나의 삶의 일부가 아니라면 나는 얼마나 비참해질 것인가?" 하고 물어보십시오. 예를 들어, "나는 갈등을 일으키는 삶을 즐긴다", "나는 범죄로부터 보호받을 필요가 없다", "나는 삶을 즐기지 않아도 된다", "나는 절친한 친구들이 필요없다", "나는 성공하지 않아도 된다"라고 물어보는 것입니다.

위의 부정적인 의견들을 생각해 볼 때, 당신은 위협이나 두려운 감정을 느끼지 않습니까? 실제로, 범죄로부터 안전하지 않거나, 당신의 가족들이 위험에 처해 있다면 당신은 두렵지 않습니까? 물론 우리는 모두 그러할 때 두려움을 느낍니다!

두려움은 우리의 모든 행동을 조절합니다. 그것들은 우리가 갇힌 감옥 안의 철창들입니다. 예를 들면 몹시 가난하게 자란 한 여성이 있습니다. 그녀는 나중에 가난할 것이 두려워, 돈을 모으기 위해 밤낮으로 열심히 일했습니다. 그 결과, 그녀는 자녀들을 위한 시간을 전혀 낼 수 없었습니다. 자녀들은 그녀의 사랑을 받지 못한 채 성장합니다. 드디어 그녀가 은퇴하게 되었을 때 비록 많은 돈이 저축되어 있었지만 자녀들뿐 아니라 그 누구도 그녀에게 관심을 가져주지 않았습니다. 그녀는 가난에 대한 두려움 때문에 삶의 의미를 파괴하며 살아 온 것입니다.

이것이 사탄의 계획입니다. 사탄은 우리가 거짓 가치들에 초점을 두기 원합니다. 사탄은 우리의 삶에 평강을 가져오지 않는 것들을 좇아가는 헛된 삶의 결과들을 볼 수 없도록 우리의 눈을 멀게 합니다(이 모든 것의 해결을 살펴 보려면 마태복음 6장 33절을 읽으십시오).

그런즉 너희는 먼저 그의 나라와 그의 의를 구하라 그리하면 이 모든 것을 너희에게 더하시리라.

새로운 삶 시리즈 3권 : 실천

제3주 : 이 세상 나라들

 금주의 주제 : 낡은 것들
오늘의 주제 : 누가 당신을 지배합니까?
성경 읽기 : 요한일서 5장 19절 ; 로마서 6장 20절

위의 두 구절에서 사용된 '*지배*'라는 단어는 사탄의 세력이 세상에 '*널리 퍼지다*'라는 뜻입니다. 두 성경 구절에서 믿지 않는 자들에게는 자유가 없다고 말합니다. 모든 생명은 사탄의 지배 아래 있습니다. 사탄은 우리가 다른 사람들의 지배를 받게 함으로써 우리를 조정합니다.

예수님의 제자 중에 베드로가 있습니다. 그는 적의로 가득 찬 군중들 속에 혼자 있었을 때, 예수님을 변호할 용기가 없었습니다. 그는 하룻밤 사이에 주님을 세 번씩이나 부인했습니다. 우리 자신이 사탄의 무리들에게 지배받고 있다는 것을 발견했을 때, 우리는 올바른 결정을 해야 합니다.

55세의 중국 여인이 그의 셀그룹에서 자기는 여러 사람 앞에서 그리스도에 대한 신앙 고백을 할 수 없다고 했습니다. 왜냐하면 우상 숭배하는 그녀의 어머니를 불쾌하게 만들고 싶지 않기 때문이라는 것입니다. 그리하여 그녀는 몇 년 동안 벽장 속의 그리스도인이 되었습니다. 그녀에게는 자기의 어머니를 불쾌하지 않게 하는 것이 그리스도에 대한 믿음보다 더 중요했습니다. 그녀는 누가복음 9장 26절의 예수님 말씀을 제대로 이해하지 못한 것입니다. "누구든지 나와 내 말을 부끄러워하면 인자도 자기와 아버지와 거룩한 천사들의 영광으로 올 때에 그 사람을 부끄러워하리라."

그녀는 어머니를 기쁘게 하는 데 자신의 삶을 바쳤습니다. 사실은 사탄

의 지배로 인해 그녀의 어머니는 75년 넘게 하나님의 사랑으로부터 멀어졌던 것입니다. 사탄은 딸의 침묵으로 인해 하나님의 은혜가 그녀의 어머니에게로 가는 것을 막았습니다. 그녀의 어머니는 예수님께서 '지옥' 이라 부르신 장소에서 하나님과는 영원히 분리되었습니다.

어떤 이가 말하기를 "우리는, 우리가 하는 일을 주목하고 있는 이들을 기쁘게 해 주고 있는지, 눈치를 보고 있습니다." 우리 삶에 이러한 '특별한 사람' 들은 부모님, 배우자, 고용주, 애인, 혹은 친척이 될 수 있습니다. 만약 이러한 사람들이 사탄의 지배를 받는다면, 당신이 하나님 나라에 들어가는 것을 방해하는 요인이 될 수도 있습니다. 당신은 이럴 때 어떻게 하겠습니까?

🖊 아래의 어떤 상황들이 거부의 두려움 때문에 당신을 침묵케 하며, 천국 시민이 아닌 것같이 행동하게 만듭니까?

☐ 그리스도인으로 합당하지 않은 파티를 원하는 친구들 사이에 있을 때
☐ 부정한 사업을 인계받아, 계속하라고 부탁받았을 때
☐ 당신이 예수를 구세주로 영접한 것을 모르는 옛 친구와 함께 있을 때
☐ 전부 해당된다.
☑ 해당 사항 없다.

당신은 여러 해 동안 하나님의 중요성을 인식하지 않은 채로 살아 왔습니다. 이전에 당신의 마음은 하나님의 초자연적인 일에 한 번도 노출된 적이 없었습니다. 그리고 사탄은 당신의 모든 생각을 조용히 조정하고 있습니다. 당신에 대한 그의 통제는 대부분 사람들을 통해서 합니다. 그들이 누구입니까? 그들이 어떻게 당신을 지배하고 있습니까? 당신의 새 주인보다 오히려 그들에게 복종하고 있다면, 어떻게 자유함을 얻을 수 있겠습니까?

더욱 중요한 것은, 당신이 그들의 영향을 받아 일시적으로 사탄의 지배하에 있는 것보다, 오히려 당신이 그리스도를 위하여 그들에게 어떻게 영향을 줄 수 있느냐는 것입니다.

누가 당신을 소유하고 있습니까?
누가 당신의 육신을 소유하고 있습니까?
누가 당신의 마음을 소유하고 있습니까?
누가 당신의 감정을 소유하고 있습니까?

수세기 전에, 어거스틴은 파티를 즐기며 창녀들과 어울리는 거친 청년이었습니다. 그가 회심한 뒤, 창녀들 중의 하나가 그의 팔을 붙잡고 그녀의 방으로 그를 유혹했습니다. 그때 그는 말했습니다. "죄송합니다. 당신이 알고 있던 어거스틴은 죽었습니다. 나는 새로운 어거스틴이며, 당신은 내가 어떤 사람이 되었는지 알지 못합니다."

당신도 이와 같이 말하고 싶은 상황에 처할 것입니다. 성령님께서 알맞은 때에 그렇게 할 수 있도록 도와 주실 것입니다. '벽장 속의 그리스도인' 이 되지 않도록 지금 결정하십시오.

당신이 예수님을 따르겠다고 선택하는 순간, 사탄은 사람들의 기분을 상하게 할지도 모른다는 두려움을 이용하여 당신을 지배하려고 노력할 것입니다. *그런 사람들이 누구입니까? 그들을 어떻게 다룰 것입니까?* 아마도 당신이 그러한 문제들을 당신의 지도자에게 또는 셀그룹에서 나눈다면 큰 도움을 얻게 될 것입니다. 그들에게 후원과 기도를 부탁하십시오!

제3주 : 이 세상 나라들

5일

금주의 주제 : 낡은 것들
오늘의 주제 : 나라들의 종말

성경 읽기 : 다니엘서 2장 44절 ; 신명기 5장 8~9절

하나님은 우리에게 제일 먼저 성경을 통해서 말씀하시지만, 또 다른 방법으로도 말씀하십니다. 다니엘서에는 느부갓네살이라는 사악한 왕이 꿈에 하나님으로부터 메시지를 받은 이야기가 나옵니다. 다니엘 선지자는 왕의 꿈을 해석하였으며, 사탄의 '이 세상 나라들'이 진멸되는 장차 다가올 일을 말했습니다.

"하나님이 한 나라를 세우시리니 이것은 영원히 망하지도 아니할 것이요 그 국권은 다른 백성에게로 돌아가지도 아니할 것이요 도리어 이 모든 나라를 쳐서 멸하고 영원히 설 것이라."

당신은 성경에서 예수님이 이 땅에 다시 오셔서 왕 중의 왕으로 통치할 그때에 관한 많은 것들을 발견할 것입니다. 당신이 기억할 중요한 것은 하나님 나라가 나타나기를 기다릴 필요가 없다는 것입니다. 누가복음 17장 20절에서 예수님께서는 *"하나님의 나라는 너희 안에 있느니라"*고 하셨습니다. 그리스도인들이 이 세상에서 살고 있을 때, 그리스도의 나라는 그들 안에 있습니다. 믿지 않는 자들이 이 세상의 신들을 섬길 때에 우리는 참된 하나님을 섬깁니다. 우리는 옛 우상들을 버리고 오로지 예수 그리스도에게만 초점을 맞추어야 합니다.

잘 알다시피 많은 사람들에게 소유물, 권력, 쾌락 등은 신이 되어 버렸습

니다. 우리는 이것들을 어떻게 평가해야 합니까? 어떤 이는 세속적인 것들에 전혀 상관하지 말아야 한다고 말합니다. 그들은 우리에게 매우 단순하게 살아야 하며, 모든 향락을 거부해야 하고, 오락과 관계되는 그 어떤 것도 거절해야 한다고 주장합니다.

반면에, 어떤 이들은 하나님께서 우리를 부유하고 번창하도록 만들어 주실 것을 기대해야 하며, 이 세상을 최대한 즐겨야 한다고 말합니다. 어떤 지나친 이들은 번창함이 그리스도인임을 증명하는 것이라고 가르치기도 합니다. 즉, 하나님은 당신이 사랑하는 자를 부자로 만들어 이들을 보상하신다는 것이시요.

그리스도의 나라에 도착했을 때, 당신은 소유물들을 어떻게 다루시겠습니까? 첫째, 그것들을 섬겨서는 안 됩니다. 흔히 자동차, 집, 심지어는 취미 등이 우상이 될 수도 있습니다.

✎ 신명기 5장 8절에 어떤 형상들이 우상들로 사용됩니까?

☐ 위로 하늘에 있는 것
☐ 아래로 땅에 있는 것
☐ 땅 밑 물 속에 있는 것
☑ 전부 해당 된다.
☐ 해당 사항 없다.

아시아에서는 나무, 철, 사기들로 만든 우상들을 자주 볼 수 있습니다. 사원에서는 뱀들을 섬깁니다. 그 밖에도 많은 우상들이 있는데, 이것들을 섬기는 것은 첫 계명을 어기는 것입니다. "나 외에는 위하는 신들을 네게 있게 말지니라." 그래서 우상을 섬기는 가족이 예수님께로 나올 때, 전 셀그룹 멤버들은 그 우상을 없애도록 도와줍니다. 우상들이 불태워질 때 모든 멤버들은 예수님을 찬양합니다.

진정한 그리스도인은 옛 우상들을 보존하지 않는 것이 당연하지만, —항상 그렇습니까? 우리의 우상이 하네문(Hanemun)이나 콴인(Quan Yin)(역자 주 : 중국의 우상 이름)은 아닐지라도 자동차, 가구, 테니스, 호화주택, 심지어 음식 등도 우상이 될 수 있습니다(빌 3 : 19). 무엇이든지 우리와 하나님과의 관계를 멀게 만드는 것은 우상입니다.

또한 사랑하는 사람들이 우리의 우상이 될 수도 있습니다. 저의 견해로는 이것이 아브라함의 삶의 문제였다고 봅니다. 그는 아들을 너무나 사랑하여 그 아들이 우상이 되었습니다. 그런 이유 때문에 하나님은 그에게 아들을

제물로 바치라고 하셨습니다. 아브라함에게 얼마나 큰 고통의 시간이었을
까요? 그는 하나님을 섬겨야 할지 그의 아들을 섬겨야 할지를 결정해야 했
습니다. 그는 올바른 선택을 했습니다. 그리고 하나님께서는 "아브라함아
너는 너의 아들을 제물로 바치지 않아도 된다. 오직 내가 원하는 것은 너의
아들 섬기기를 중단하는 것이다. 아들이 너의 삶에 우상이 되고 있다."라고
말씀하셨습니다.

*당신의 삶에 하나님만큼 중요한 사람이 있습니까? 그렇다면 당신은 우상
을 섬기는 것입니다. 아마도 당신의 자녀가 우상이 될 수도 있습니다.*

✍ **여기에 당신이 대답하기 어려운 질문이 있습니다. 어떤 것에 보편적인
흥미를 갖는 것과 이것들이 당신의 신이 되는 것의 차이점은 무엇입니까?**

_하나님의 자리보다 내 삶속에서 우선시되고
있는가!_

당신의 삶 속에 하나님께 대한 완전한 헌신을 빼앗아 가는, 신들, 우상들,
사랑하는 이들, 아니면 소유물들에 대해 기도하십시오. 하나님께서는 "그
것들에게 절하지 말며 그것들을 섬기지 말라. 나 여호와 너의 하나님은 질
투하는 하나님이니라."고 말씀하십니다. 옛 것을 버리십시오. 새로운 헌신
으로 하나님 나라에 들어오십시오!

제4주 : 이 세상 나라들

 금주의 주제 : 무엇이 새로운가?
오늘의 주제 : '오이코스(OIKOS)'에 관한 모든 것

성경 읽기 : 에베소서 2장 19~22절 : 고린도전서 12장 12~21절

당신은 에베소서 2장 19~22절을 기억하십니까? 우리는 제1주 1일에 이 말씀을 묵상했습니다. 이제부터 19절에서 말한 *'하나님의 권속(가족)'* 이라는 말에서 찾아볼 수 있는 놀라운 진리에 대해 생각해 보기로 하겠습니다. 권속(가족)이란 단어의 헬라어 원어는 **오이코스**입니다.

오이코스란 단어를 기억하십시오. 우리는 이 단어를 여러분의 '훈련 기간' 동안에 반복적으로 사용할 것입니다. (또한 우리는 이번 주에 **오이코스** 가족이란 말에 포함된 두 가지의 특별한 뜻을 발견할 것입니다.)

오이코스란 특별한 관계를 맺고 있는 소그룹을 말합니다. 그들은 일주일에 적어도 한 시간 이상 서로 대화의 시간을 갖습니다. 그것이 바로 그들을 **오이코스**, 즉 *가족*으로 만드는 것입니다. 그렇게 보면 우리 모두는 우리 식구의 수가 얼마나 적은지 놀랄것입니다! 사실상 우리는 많은 시간을 다른 사람들과의 대화에 투자하지 못하고 있습니다. 우리는 많은 사람들을 알고 있지만 사실 일주일 동안에 (여기저기에 흩어져 있는 시간을 모아도) **최소**한 한 시간 이상 대화를 나누는 사람은 매우 적습니다.

당신은 당신의 삶 속에서 항상 **오이코스**를 갖고 있습니다. 혈연의 관계는 아닐지라도, 당신은 마치 '가족'처럼 생각해 왔던 특별한 사람들이 있을 것입니다.

오이코스 어룩레시아 (가정 교회)

✎ 당신이 일주일 동안에 최소한 한 시간 이상 대화를 나누고 있는 사람을 전부 적어 보십시오.

안정임. 김풍금. 정태희. 유선숙. 김재선. 류소조. Jeannette. Cindy. 류의선. Young.

✎ 고린도전서 12장 13절에 의하면, 성령님께서 당신에게 제일 먼저 하신 일이 무엇입니까?

☐ 세례를 통해 그리스도의 몸에 참여시키셨다.

☐ 같은 성령을 받게 하셨다.

☑ 둘 다 맞다.

☐ 둘 다 아니다.

성령님께서는 당신이 예수님께 당신의 죄를 용서해 달라고 기도하는 것을 보실 때, 즉시로 당신에게 무엇인가 주십니다.

첫째는 세례를 통해 그리스도의 몸에 참여시킨 것입니다. 사람들은 때때로 '교회에 참여' 하기로 결심하는 것에 대하여 이야기하곤 합니다. 사실상 그들은 성령님께서 이미 그들을 그리스도의 몸에 참여시켜 놓았다는 것을 이해하지 못하고 있는 것입니다. 지역 교회(믿는 자들의 모임)를 선택하는 것과 셀그룹에 속하는 것은 매우 중요한 일입니다. 이것은 바로 당신이 예수 그리스도의 몸에 속하는 것입니다. 몸이란 단체라기보다는 유기체를 뜻합니다. 마치 사람의 몸에 손과 발이 있듯이, 유기체란 구성원 하나하나가 연결되어 있는 것입니다. 성경에서는 '그리스도의 몸' 이 다르게는 **오이코스**, 즉 **가족**이라고 불립니다.

'가족' 이란 결코 큰 모임이 아닙니다. '가족' 이란 서로 매우 가까우며, 서로를 아껴줄 수 있는 작은 그룹입니다. 우리는 **오이코스**를 '그리스도인

기본 공동체(Basic Christian community)' 또는 '셀그룹(Cell Group)' 또는 '목자 그룹(Shepherd Group)' 이라 부르기도 합니다. 무엇이라 불리든지 간에 성령님께서 만드시는 것이며, 다른 구성원들과 서로 연결된 '몸' 이라는 친밀한 가족으로 만드십니다. 전형적으로 하나의 **오이코스**는 15명을 넘지 않습니다. 15명을 넘게 되면 '가족' 이 너무 커져서 질적으로 서로 깊이 사귈 수 있는 참된 시간을 갖기가 어렵습니다.

마태복음 28장 18~20절에 의하면, 예수님께서 말씀하시기를 성령님께서 우리들을 그의 몸이 되도록 세례를 주셨으며, 우리를 다른 사람들이 볼 수 있도록 특별한 증인들로 만드셨다고 하셨습니다. 세례라는 단어의 원래 의미는 완전히 물 속에 잠긴다는 의미이고, 그것은 당신이 옛 삶에 대해서 죽고, *새 사람으로 다시 태어났음을 세상을 향해서 선포하는 것입니다*(롬 6 : 1~10 참조). 만약 당신이 예수님께서 명하신 대로 아직 세례(침례)를 받지 않았다면, 가능한 한 빨리 받도록 하십시오. 이 점에 대해서 당신의 셀그룹 리더와 상의해 보십시오.

당신의 **오이코스** 안에서, 당신은 '주의 만찬' 이라는 특별한 식사를 알게 될 것입니다. 초대교회에서는 '애찬' 이라 불렀습니다. 이 점에 대해 좀더 자세한 이해가 필요하다면 당신의 지도자나 '영적 아버지' (26~29페이지 참조)에게 물어 보시기 바랍니다.

당신은 지난 번 셀그룹 모임에 참석한 분들의 이름을 기억하십니까? (기억나는 대로 그 분들을 축복하는 기도를 하십시오.)

나의 사랑하는 형제, 자매들이여.

와서 나의 애찬에 참여하라!

너희는 니의 영광을 위해 모여라. 내가 너를 위해 죽기 전날 밤, 나는 내 제자들과 함께 만찬을 나누었다 나는 그들에게 이 만찬을 통해 나의 죽음을 기억하라고 말했다. 그들은 먹을 때마다, 내가 그들을 위해 죽었다는 것을 기억했다. 이제 내가 이 빵의 권속이 되었으니, 내가 너를 위해서 무엇을 했는지 이 애찬을 통해서 기억하기 바란다 내가 너희 가운데 있다고 생각하면서 지체들과 함께 나누라.

이 애찬에 참여할 만한 자격이 있는 사람은 아무도 없다. 이 사실을 기억하라!

우리 아버지께서 원하시는 것은 네가 너의 엉망이었던 과거의 삶과 십자가 위에서 바로 그러한 너를 위해서 내가 행한 모든 일을 함께 기억하라는 것이다. 네가 애찬에 참여할 때 아버지께서는 이렇게 말씀하신다. "너는 내 자녀다. 나는 너를 사랑한단다. 나는 너를 자랑스럽게 생각한다!" 너도 아버지께 사랑한다고 고백하라.

예수

('ka mate ka ora' 에서 인용. Houhanga Rongo, Howick, Auckland, NZ)

제4주 : 이 세상 나라들

 금주의 주제 : 무엇이 새로운가?
오늘의 주제 : 당신의 새로운 책임

성경 읽기 : 창세기 4장 8~10절 ; 사도행전 5장 1~11절 ;
갈라디아서 5장 25절~6장 4절

창세기 4장 9절에서 가인은 그의 아우를 죽였습니다. 하나님께서 그의 아우가 어디에 있느냐고 물으셨을 때, 그는 "내가 내 아우를 지키는 자니이까?"라고 대답했습니다. 아우를 향한 질투가 그를 살인자로 만들고 말았습니다. 그러나 질투가 생기기 전에 더 근본적인 문제가 있었습니다. *그것은 그가 그의 책임을 느끼지 못하고 있었다는 것입니다!*

어느 폴란드의 사회학자가 인간 사회에 대해 몇 달 동안 연구하였습니다. 그녀의 보고서에 의하면 우리는 사람들을 세 부류로 나누어 대한다고 합니다. 첫 번째 부류는 '사람다운 사람(People People)'입니다. 우리는 그들을 우리와 동등하게 받아주며, 그들과 관계를 맺으며 살기를 원합니다.

두 번째 부류는 '기계 같은 사람(Machine People)'입니다. 그들에게 우리는 우리의 유익을 위해서 친절을 베풉니다. 그들 중에는 수리공, 하인, 또는 우리의 수표를 현찰로 바꿔주는 사람, 또는 가게에서 우리들을 기다리고 있는 사람들이 포함될 수도 있습니다.

마지막 부류는 '풍경 같은 사람(Landscape People)'입니다. 그들은 길거리나 엘리베이터 등에서 매일같이 스쳐 지나가는 수백 명의 사람들입니다. 우리는 그들에게 전혀 관심이 없습니다. 그들은 우리에게 전혀 중요하지 않

은 존재들입니다. 신문은 매일같이 이 무관심한 사람들 가운데서 일어나는
살인, 강도, 그리고 강간 사건들에 대해서 보도합니다.

하나님의 **오이코스**에 속한다는 것은 결코 가벼운 일이 아닙니다. 어제 우
리는 이 성경 구절을 읽었습니다. *"눈이 손더러 내가 너를 쓸데없다 하거나
또한 머리가 발더러 내가 너를 쓸데없다 하거나 하지 못하리라"*(고전 12 :
21) 예수님을 따라가는 참된 제자는 그 주위에 있는 사람들에게 책임의식
을 가집니다. 왜냐하면 예수님께서 그들 안에 있기 때문입니다.

✏️ **이 소년은 진흙탕에서 놀
다 왔습니다. 그는 지금 당신의
문 앞에 서서 안으로 들어오려
고 합니다. 당신은 어떤 반응을
보이시겠습니까?**

☐ "가서 깨끗이 씻고 다시 와라!"

☐ "그냥 들어와! 진흙은 문제가 아냐."

☑ "잠깐만 거기서 기다려! 내가 닦아 줄게."

☐ "못된 습관 좀 버려라!"

✏️ 갈라디아서 6장 1절에 의하면 그리스도인이라면 이럴 경우에 어떻게
반응해야 한다고 말하고 있습니까?

어떤 사람이 어떤 죄에 빠진 것이 드러나면 성령의 인도하심을
따라 사는 사람인 여러분은 온유한 마음으로 그런 사람을 바로잡아
주고 자기 스스로를 살펴서 유혹이 빠지지 않도록 조심하십시요.

셀그룹 모임에서 휴식 시간에 당신은 돈이 들어있는 가방을 자리에 놓고

음료수를 마시러 나갔다 왔습니다. 당신 자리에 돌아와 보니 가방에 있던 돈이 없어졌습니다. 그룹 멤버들 외에는 방으로 들어온 사람이 아무도 없었습니다. 멤버들 중에 도둑이 있다는 것을 알았습니다. *이때 당신은 어떻게 대처하겠습니까?*

✏ **만약 아래의 선택 사항 중에 당신의 답이 없다면 공란에 적으십시오.**

☐ 그 소그룹을 떠나서 다시는 그 모임에 참석하지 않는다.

☐ 멤버들에게 좀도둑에 대해서 이야기한다.

☑ 침묵을 지키며, 그 좀도둑을 도울 수 있는 방법을 기도로 간구한다.

☐ 멤버들 모두를 수색한다.

☐ _____

　당신은 우리의 가치관이 이러한 상황에서 어떠한 영향을 미칠 수 있는지를 볼 수 있습니까? 좀도둑과 함께하는 것이 두려운 사람들은 그 그룹에서 *떠나갈 것입니다.* 범죄자에게 창피를 주고자 하는 사람들은 모든 사람들에게 *알릴 것입니다.* 정의를 원하는 사람들은 아마도 모든 사람들을 수색하기 원할 것입니다. 도둑보다는 *사람을 더 중요시 하는* 사람들은 아마도 갈라디아서에 적합한 또 다른 반응을 보일 것입니다.

　우리가 실제로 그런 일을 당하기 전까지는 우리가 다른 사람에 대한 책임감을 어떻게 느끼고 있는지 알지 못합니다. 우리에게 오는 도전은 우리가 이런 상황에서 사탄의 가치관을 따를 것인가 아니면 하나님 나라의 가치관을 따를 것인가에 달려 있습니다.

　여러분은 바리새인들이 간음한 여인을 예수님 앞으로 데려왔던 때를 기억하십니까? (요 8 : 3~11) 그들은 그 여인을 돌로 치기를 원했습니다. 예수님의 가치관은 그들과 매우 달랐습니다. 예수님은 그 여인을 용서해 주셨고 가서 더 이상 죄를 짓지 말라고 말씀하셨습니다.

아나니아와 삽비라(행 5 : 1~11)는 하나님 나라의 가치관으로 살려 하지 않았습니다. 그들은 그리스도의 몸 안에서 다른 사람들에게 '잘 보이려고' 했지만, 사실 그들의 마음 속에는 그리스도 안에 있는 형제 자매들의 곤궁에 전혀 관심이 없었습니다. 그들은 헌금을 속였고 '성령님께 거짓말을 하였습니다.' 이것은 바로 "내가 내 아우를 지키는 자니이까?"라고 말하는 것과 흡사합니다. 그 결과로, 아나니아와 삽비라는 그 자리에서 죽었습니다. 그들이 드리는 돈이 많고 적은 것이 문제가 아니었습니다. 그리스도인 동료들의 어려움에 대한 무관심이 그들의 문제였습니다.

당신의 셀그룹 모임 안에 있는 형제 자매에 대한 가치는 당신이 심사숙고해 볼 문제입니다. 언젠가는 각 사람의 결점과 흠이 보이기 시작할 것이기 때문입니다. 그때가 그들의 가치를 결정할 때가 아닙니다. 지금 하십시오!

참고 : 사도행전 4장 35절에 보면 믿는 자들이 구제 헌금을 필요한 사람들에게 직접 전해주지 않았습니다. 그들은 사도들의 발 앞에 갖다 놓았고 사도들이 나누어 주었습니다. 당신의 셀그룹에서 직접적으로 도와 주는 것은 바람직하지 못합니다. 때로는 당신의 그리스도인 동료에 대한 책임감은 돈 이상의 것을 요구하기도 합니다. 당신이 아는 것 이상으로 문제가 복잡할 수도 있습니다. 그러므로 당신의 리더가 동참하도록 하십시오.

제4주 : 이 세상 나라들

3일 금주의 주제 : 무엇이 새로운가?
오늘의 주제 : '파이스(PAIS)' — 아들이냐 종이냐?

성경 읽기 : 마태복음 12장 18절, 14장 1~2절 ;
요한일서 4장 13, 17절

오늘, 우리는 중요한 진리를 계시하는 한 단어에 대해서 공부할 것입니다. 그것은 바로 헬라어로 파이스라는 단어인데 성경에는 아이라 쓰여졌습니다. 하지만 아들이라고 번역된 곳도 있습니다. 즉, **파이스**란 단어는 어린이 또는 아들이라는 두 가지 뜻으로 동시에 쓰일 수 있다는 것을 기억하시기 바랍니다. 몇 가지 예를 들어볼까요?

마태복음 17장 18절을 보면 "… *아이*가 그때부터 나으니라"고 기록되어 있습니다. 킹 제임스 버전(KJV)에 보면 "그 *아이*(child)가 바로 그 시에 나았다"고 되어 있으나, 뉴 아메리칸 스탠다드 버전(NASB)에는 "그 *소년*(boy)이 즉시 나았다"라고 다르게 번역되어 있습니다.

우리가 살펴본 바와 같이, **파이스**는 아이 또는 소년으로 번역되어 있습니다. 만약 당신이 하나님의 **파이스**라면 당신은 하나님의 아이 또는 아들인 것입니다. 이 단어는 아버지와 아들의 관계를 묘사하기 위해 사용되었습니다. **파이스**는 관계를 나타냅니다! 이것이 바로 요점입니다. **파이스**는 우리의 아들됨의 중요한 신분을 설명해 주기 위해 사용되었습니다. **파이스**는 관계를 나타냅니다!

자, 이제는 또 달리 쓰여진 곳에서 놀랄 만한 진리를 찾아봅시다. 마태복음 14장 1~2절을 보십시오. 여기서는 완전히 다른 단어로 **파이스**가 번역되

[handwritten: 파이스 → 뜻의에 대한 당어!]

[handwritten box: 신분 (아들) / 사역 (종)] *[handwritten: 하나님의 일을 할수 있는 것은 그의 자녀들밖에 없다 또한 그것이 곧 하나님의 종은]*

어 있습니다. "그 때에 분봉왕 헤롯이 예수의 소문을 듣고 그 **신하들**(PAIS) *[handwritten: 로써 그 사역]* 에게 이르되…" *[handwritten: 을 할 수 있는 특권이 주어지는 것이다.]*

여기에 **파이스**의 새로운 의미가 있습니다. 첫 번째 예에서는 아이 또는 아들을 의미했습니다. 이제 두 번째 예에서는 종(servant)란 뜻으로 쓰여졌습니다. 어떻게 이럴 수가 있습니까?

이중적으로 쓰여진 것에 바로 우리가 이해해야 할 중요한 진리가 있는 것입니다. 우리가 하는 일의 의미는 바로 우리가 어떤 사람인가에 대한 결과인 것입니다. 하나님의 자녀가 된다는 것은 자동적으로 하나님의 종이 되는 것입니다.

이세 킹 제임스 버전(king James Virsion)과 뉴 아메리칸 스탠다드 버전(New American Standard Bible)에서 **파이스**가 위의 두 가지 뜻을 함께 나타내는 4가지 예를 보겠습니다.

사도행전 3장 13절은 아래와 같이 번역되어 있습니다. 첫 줄이 킹 제임스 버전이고 둘째 줄이 뉴 아메리칸 스탠다드 버전입니다.

"하나님이 그의 아들**(PAIS)** 예수를…"
"하나님이 그의 종**(PAIS)** 예수를…"

파이스란 단어는 서로 바꿔 쓸 수 있는 두 가지 뜻이 있습니다. 아들 예수는 바로 종 예수였습니다. 종이 되기 위해서는 아들이 되어야 합니다!

사도행전 3장 26절은 아래와 같이 번역되어 있습니다. 첫 줄이 킹 제임스 버전이고 둘째 줄이 뉴 아메리칸 스탠다드 버전입니다.

"하나님이 그 아들**(PAIS)**을 세워…"
"하나님이 그 종**(PAIS)**을 세워…"

사도행전 4장 27절과 4장 30절에도 역시 이 두 버전이 서로 달리 번역되어 있습니다.

"거룩한 아들*(PAIS)* 예수를…"
"거룩한 종*(PAIS)* 예수를…"

이제 **파이스**란 단어가 쓰여진 구절 중에 가장 중요한 구절을 생각해 보겠습니다. 그것은 바로 구약에서 예수님이 오실 것을 예언한 이사야 42장 1절입니다.

"내가 붙드는 나의 종, 내 마음에 기뻐하는 나의 택한 사람을 보라 내가 나의 신을 그에게 주었은즉 그가 이방에 공의를 베풀리라."

본 구절은 히브리어로 기록되어 있습니다. 마태복음 12장 18절에서 본 구절이 인용되면서 헬라어로 쓰여졌는데, 바로 **파이스**란 단어가 쓰여졌습니다.

"보라 나의 택한 종(PAIS)…"

여기에는 *아들*이 아니라 *종*이라고 적절하게 번역되어 있습니다.

지금까지 살펴본 구절들은 모두 우리 주 예수 그리스도에 관하여 설명하고 있습니다. 그의 하나님의 아들로서의 본질은 바로 하나님의 종이 되기 위한 것이었습니다. 하나님의 종이란 개념 없이 하나님의 아들 예수를 생각한다는 것은 불가능합니다.

구약성경은 그가 종으로 오신다고 선포하고 있습니다. 마가복음 전체는 바로 종 되신 예수님을 기록하고 있습니다. 예수님 자신이 누가복음 22장 27절에서 *"나는 섬기는 자로 너희 중에 있노라"*고 말씀하셨습니다. 마태복음 20장 28절에서는 *"인자가 온 것은 섬김을 받으려 함이 아니라 도리어 섬기려 하고 자기 목숨을 많은 사람의 대속물로 주려 함이니라"*고 말씀하셨습니다.

하나님의 아들이신 예수님의 참된 본성은 바로 하나님의 종이 되기 위함이었습니다. 이 사실은 바로 우리에게도 진리입니다. *자녀됨은 우리를 종이 되게 합니다!*

이것이 왜 사실이라고 말할 수 있습니까? 왜냐하면 그것은 <u>우리가 하는 일의 의미가 바로 우리가 누구인가의 결과이기 때문입니다.</u>

요한일서 4장 13, 17절에 기록되어 있는 말씀을 묵상해 보십시오.

> "그의 성령을 우리에게 주시므로 우리가 그 안에 거하고 그가 우리 안에 거하시는 줄을 아느니라 … 이로써 … 주의 어떠하심과 같이 우리도 세상에서 그러하니라."

하나님께서 우리를 그의 자녀로 삼으실 때, 우리에게 새로운 속성을 주셨습니다. <u>예수의 영이 우리 안에 거하게 됩니다. 바로 그것이 우리를 중요한 존재로 만듭니다!</u> 하나님께서 예수의 영을 우리 안에 거하게 하신 후에 하

하나님의 자녀들은 모두 하나님의 종입니다

사랑
만족
희생
사역

늘에 계신 우리 아버지 앞에서 우리가 얼마나 귀하게 변하는가를 상상해 보십시오! <u>이 사실이 우리를 아담의 자손으로부터 영원히 분리시킵니다.</u>

요점이 이해되십니까? 하나님의 아들이자 종이신 예수님께서 우리에게 그의 영을 주셨습니다. 만약 그의 영이 우리 안에 거하신다면, 우리의 속성이 그의 속성, 곧 종으로 바뀌는 것입니다. <u>하나님의 자녀가 된다는 것은 자동적으로 하나님의 종이 된다는 뜻입니다.</u> 우리에게는 선택의 여지가 없습니다. 하나님 나라에서의 우리의 삶은 바로 종 된 삶인 것입니다.

제4주 : 이 세상 나라들

금주의 주제 : 무엇이 새로운가?
오늘의 주제 : '오이코노모스(OIKONOMOS)'

성경 읽기 : 누가복음 12장 42절 ; 고린도전서 4장 1~2절 ;
베드로전서 4장 10절 ; 말라기 3장 8절

어제, 우리는 하나님의 자녀는 자동적으로 하나님의 종이 된다는 것을 배웠습니다. 이 뜻이 담겨 있는 헬라어 단어가 기억나십니까? (아래 빈 칸에 그 단어를 적어 보십시오. 기억나지 않으시면 88~89페이지를 참조하십시오.) 그 단어는 ＿＿＿파이스＿＿＿ 입니다.

하나님 나라에서의 삶에서 우리가 종이 된다는 것은 먼저 우리가 갖고 있는 자산에 대해 새로운 방향으로 보는 것을 배워야 한다는 것입니다. **오이코노모스**와 **오이코도메오**(oikodomeo)라는 헬라어는 둘 다 **오이코스** (Oikos)에서 나온 단어입니다. 이 단어의 뜻을 배우는 것은 우리의 사역과 연관되어 있는 것들을 깨닫는 데 도움이 될 것입니다. 오늘은 이 단어들 중에서 첫 번째 것에 대해 생각해 볼 것입니다.

오이코노모스는 누가복음 12장 42절에 보면 '관리자(Manager)' 또는 '청지기(Steward)' 로 번역되어 있습니다. 이들은 주인의 집(**오이코스**)에 속한 종들의 필요를 채워주는 직무를 주인으로부터 받은 자입니다. **오이코노모스**는 종들에게 적절한 시간에 그들에게 할당된 음식을 나누어 줍니다. 물론 오이코노모스가 이것을 하기 위해 자기 돈을 쓰는 것은 아닙니다. 그의 주인에게서 받은 자원밖에는 그에게는 유용할 수 있는 것이 아무것도 없

습니다. <u>그의 주인이 먼저 공급해 주지 않으면 그는 음식을 나누어 줄 수 없</u>
<u>습니다.</u>

도표로 그려보면,

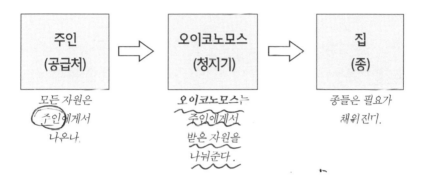

모든 자원은   오이코노모스는   종들은 필요가
주인에게서   주인에게서   채워진다.
나오나.   받은 자원을
          나눠준다.

✎ 오이코노모스는 누구를 섬깁니까? (아래의 빈 칸에 표시하십시오.)

☐ 주인만 섬긴다.
☐ 종들만 섬긴다.
☑ 주인과 종들을 모두 섬긴다.

당신은 세 번째 칸에 표시하셨습니까? 맞습니다. **오이코노모스**의 가장 중
요한 역할은 바로 중계자의 역할입니다. 그는 주기 전에 먼저 *받아야* 합니
다. 하나님 나라에서 우리는 공급자는 바로 주인밖에 없다는 전제하에 봉사
합니다. 그는 우리가 다른 사람들에게 줄 수 있도록 공급해 주십니다. 하나
님의 종, **파이스**로서 봉사한다는 것에는 큰 책임이 따릅니다.

그리스도인은 식량이 필요한 사람들에게 민감해야 합니다. 성경은 음식
수당을 적절한 시간에 지급해야 한다고 말씀하고 있습니다. 따라서 식량을
받는 사람과 가까운 친분 관계를 이루고 있어야 합니다. **오이코노모스**는 그

냥 사무실에 앉아서 원격적으로 식량만 지급하는 것을 뜻하시 않습니다. 그는 각 사람이 식량이 얼마나 필요하고 언제 제공해야 하는지 정확히 알고 있어야 합니다. *섬김을 받아야 하는* 사람과의 친분 관계는 하나님께 필요를 공급받기 위해 시간을 투자해야 하는 것만큼이나 중요합니다.

✎ 고린도전서 4장 1~2절을 읽으십시오. 도움을 받는 사람들이 오이코노모스를 어떻게 여기고 있는지 적어 보십시오. 이 구절을 좀더 잘 이해할 수 있도록 당신의 말로 다시 한 번 적어 보십시오. 당신이 적은 것을 다음 모임에서 지도자와 함께 나누십시오.

1절 <u>그리스도의 일꾼 : 하나님의 비밀을 맡은 관리인</u>
2절 <u>신실성</u>

오이코노모스는 주인, 그리고 섬김을 받는 사람들 모두에게 자신의 신실함을 증명해야 합니다. 이것은 완벽하게 우리의 천국의 삶을 설명합니다. 우리는 쉬지 말고 '하나님의 비밀스러운 것들'을 받아야 합니다. 우리는 하나님의 은혜의 통로입니다.

오이코노모스란 단어가 쓰여진 세 번째 구절이 있습니다. 이 구절은 '적절한 구제품'에 대해 말해 주고 있습니다. 베드로전서 4장 10절에서는 "*각각 은사를 받은 대로 하나님의 각양 은혜를 맡은 선한 청지기(**오이코노모스**)같이 서로 봉사하라*"고 말씀하고 계십니다.

베드로가 말하는 '은사'란 성령님께서 주시는 *영적 재능*을 말합니다. 우리가 관리하고 있는 것은 우리를 통해서 흘러 나가는 하나님의 초자연적인 역사입니다. 우리는 셋째 하늘로부터 하나님의 능력을 받아 우리가 섬기는 자들의 삶으로 연결시키는 것입니다. 거기에는 식량이나 옷이나 신발이나 돈 등을 지급하는 것보다도 훨씬 더 많은 것들이 포함되어 있습니다. 우리가 지급하는 '식량'은 땅에서 나는 것이 아니라 하나님께로부터 오는 것입니다. (이것이 바로 예수님께서 제자들에게 요한복음 4장 32절에서 말씀하신 것입니다. *"내게는 너희가 알지 못하는 먹을 양식이 있느니라."*)

천국의 **오이코노모스**로서 섬기려면 우리의 '소유물(돈, 재산 등)'이 우리 주인에게 속한 것이라는 것을 인정해야 합니다. 이 자원은 적절한 지급을 위해서 우리에게 믿고 맡겨졌습니다. 성경은 분명히 우리 수입의 십분의 일은 하나님의 일로 쓰여야 한다고 말하고 있습니다. 말라기 3장 8절은 만약 우리가 이렇게 하지 않는다면 *우리가 도둑질하는 것*이라고 말하고 있습니다!

중국 속담에 보면 아주 아름다운 정원에서 다른 화초들보다 높게 우뚝 솟은 대나무에 대한 이야기가 있습니다. 그는 자기가 화초들 중에 가장 높이 자란 것에 대한 자부심을 갖고 지나가는 모든 사람들에게 손을 흔들었습니다. 어느 날 정원 주인이 그 대나무에게 말했습니다. "대나무야! 이제 내가 너를 좀 써야겠다." 대나무는 말했습니다. "나도 압니다, 주인님! 나는 당신의 정원에서 가장 높게 서서 당신의 집에 찾아오는 모든 손님들에게 손을 흔들며 환영합니다" 그러자 주인이 말했습니다. "아니, 네가 잘못 이해하고 있구나! 다른 화초들이 물이 없어서 죽어가고 있단다. 그래서 나는 너를 잘라서 속을 비운 다음 저 냇물로부터 물을 끌어와서 다른 화초들을 살려야겠다. *나는 네가 필요하단다.*" 당신은 이 대나무와 같이 쓰여질 준비가 되어 있습니까? 하나님은 당신이 필요하십니다!

제4주 : 이 세상 나라들

 5일 금주의 주제 : 무엇이 새로운가?
오늘의 주제 : '오이코도메오(OIKODOMEO)'

성경 읽기 : 로마서 15장 2절 ; 고린도전서 14장 26절

 다음의 헬라어들에 해당하는 뜻에 줄을 그어 연결하십시오.

파이스(PAIS)　　　　　　　　　　　　　　　'집' , '가정'

오이코스(OIKOS)　　　　　　　　　　　　　'자녀' 혹은 '종'

오이코노모스(OIKONOMOS)　　　　　　　　'청지기' 혹은 '관리인'

마지막으로 배워야 할 중요한 단어가 있습니다. 그것은 오이코도메오입니다. 이것도 역시 **오이코스**와 연관된 단어이며, **오이코노모스**의 사촌뻘입니다.

통상적으로 성경에서는 '세우다' 라고 번역하고 있습니다. 이 단어에는 빌딩을 짓는다는 뜻도 포함되어 있습니다. 목수는 건조물이 **오이코도메오** 되도록 합니다. 곧 *짓는 것입니다.*

위의 두 구절을 포함한 다른 구절들에서는 동료 그리스도인들을 교훈하다 또는 세우다라는 뜻으로 쓰였습니다. 우리가 다른 사람들을 세워줌으로써 하나님을 섬긴다는 새로운 개념을 소개합니다.

로마서 15장 2절에서는 "우리 각 사람이 이웃을 기쁘게 하되 선을 이루고 덕을 세우도록(**오이코도메오**) 할지니라" 하나님께서는 당신을 당신의 셀그

룹 멤버들을 통해서 세우기 원하십니다.

제가 아직 영적으로 어린 그리스도인이었을 때, 아무도 저에게 이런 말을 해준 적이 없었습니다. 저는 단지 '골방'에 들어가서 하나님과 '경건의 시간'을 가져야 한다고만 배웠습니다. 물론 하나님과 단둘의 만남이 얼마나 중요한지 알게 되었으며 내 평생의 일과로 남았고 당신에게도 이렇게 할 것을 권면합니다.

그러나 하나님께서 다른 사람들을 통해서 저를 세우도록 **오이코도메오** 하신다는 것에 대해서는 아무도 가르쳐 주지 않았습니다. 제가 대학교에 진학했을 때, 저는 하나님으로부터 멀어졌고 하나님을 슬프시게 하는 삶을 살았습니다. 잘못된 삶에 쫓기어 살던 어느 날, 저는 기숙사 계단에서 술에 취해 의식을 잃고 말았습니다. 어떤 선배가 저를 자신의 방으로 데리고 가 침대에 눕혔습니다. 그리고는 진지하게 저에게 충고했습니다. 이것이 바로 제 삶의 전환점이 되었습니다!

이것은 제 삶에서 하나님의 가족이 저를 세워 나간다는 것을 알게 한 첫 번째 사건이었습니다. 그 선배가 나를 **오이코도메오**한 것입니다. 그의 말뿐만 아니라 그 속에 계시는 예수님께서 역사하셔서 저를 세우셨습니다. 주님께서 제 속에 들어오셔서 저를 깨끗케 하시고, 고쳐 주시고, 또한 격려해 주셨습니다.

하나님의 백성 가운데도 외로운 이들이 많이 있습니다. 우리 가운데는 무너진 삶을 다시 세우고 온전한 삶을 회복해야 할 형제 자매들이 있습니다. 이것은 결코 혼자의 힘으로는 불가능합니다. 그리스도께서 다른 사람들을 통해서 내게 오십니다. 주님의 손과 형제의 손이 내 아픔을 만짐으로 나의 상처가 치료받습니다!

셀그룹의 근본적인 목적은 그들의 멤버들을 **오이코도메오**하는 것입니다.

새로운 삶 시리즈 3권 : 실천

이것은 소수의 무리가 모여 충분한 시간을 함께 보내며 서로 사랑하고 신뢰하는 것을 필요로 합니다. 우리 각 사람이 **오이코모노스**라면 하나님의 간섭하심으로 그 셀그룹은 **오이코도메오**할 것입니다.

고린도전서 14장 26절에서 말한 서로를 세워줄 수 있는 다섯 가지 방법을 적어보십시오.

1. 찬송
2. 가르침
3. 하나님의 메시를 말함
4. 방언으로 말함
5. 통역하는 사람.

(모든 일을   남에게 덕이 되게)

나는 당신이 내 말을 들을 수 없다는 걸 알아요. 하지만 난 지금 문제가 생겼어요.

만나서 반갑습니다. 하나님의 복이 당신에게 임하길 빕니다.

우리는 저마다 자기 이웃의 마음에 들게 행동하면서 유익을 주고 덕을 세워야 합니다.

✎ 이 구절에 의하면 셀그룹이 모였을 때, 얼마나 많은 사람들이 세워주는 사람들이 됩니까?

☐ 영적인 소수의 멤버들
☑ 모인 멤버 모두가
☐ 회개할 것이 없는 멤버들
☐ 위의 모두
☐ 정답이 없다.

당신이 두 번째 답을 선택했다면, 당신의 생각이 옳습니다. 헬라어에서 '각 사람'이라고 번역된 단어는 매우 정확합니다. 이것은 모인 모든 사람이-한 명도 예외없이-다른 사람들을 세우고, 교훈하는 일에 참여하는 것을 가리킵니다.

거기에는 예외가 없습니다! 당신의 셀그룹 멤버들과 함께 서로 세워주고 세움을 받는 것은 천국 시민으로서 당신의 우선적인 임무입니다. 그리스도 께서 당신이 이 일을 감당하도록 능력을 주실 것입니다.

제5주 : 종의 삶

 금주의 주제 : 섬김의 준비
오늘의 주제 : 성령 충만 1

성경 읽기 : 갈라디아서 5장 16~21절 ; 요한복음 7장 37~39절

당신은 그리스도인으로서 이미 신앙생활의 기복을 경험하셨습니까? 혹시 당신의 옛 습관과 태도들이 아직도 많은 경우에 당신을 괴롭히고 있지는 않습니까? 당신의 생활의 *정리되지 못한 부분*들로 인해 짜증스러워하지는 않습니까?

아마도 이미 여러분은 "당신은 이 나라에서 성공할 수 없어. 이것은 너를 위한 것이 아니야"라고 속삭이는 소리를 들었는지도 모릅니다. 만약 들었다면, 그것은 *사탄의 음성*입니다. 사탄은 당신의 새로운 생활에서 낙심하는 모습을 보며 즐거워합니다.

당신은 또 *다른 음성*을 들을 것입니다. 그것은 "너는 더 이상 오르락 내리락하면서 살 필요가 없어. 적절한 해결책이 있단다." 하는 것입니다.

✎ **갈라디아서 5장 16~21절을 읽으십시오. '육체의 일' 중에서 당신에게 직접 해당되는 일이 있습니까? (쓸 필요는 없습니다. 단지 생각만 해보십시오!)**

이런 행동들을 할때 여러분은 기분이 어떠했는지 생각해 보십시오. 당신은 그러한 행동으로부터 자유하기 원하십니까? 여러분의 삶 속에서 좀더 많은 성령의 열매가 맺히기를 원하십니까? (갈 5 : 22~23 참조)

　당신이 예수 그리스도를 당신의 구주와 주인으로 영접하는 기도를 드렸을 때 당신은 이미 성령을 받았습니다. 성령님은 당신의 삶의 모든 순간에 여러분과 함께 하십니다. 성경은 당신이 성령님께 응답하는 네 가지 태도에 대하여 말씀해 주고 있습니다. 그것이 무엇인지 살펴봅시다.

1. 당신은 성령님을 *거스릴 수 있습니다.* 사도행전 7장 51절에 의하면, 종교적인 의식은 행하지만 성령님의 인도에 둔감한 사람들에 대해 지적하고 있습니다. 우리가 그분의 목소리를 정확히 듣고도 그 말에 귀기울이기를 거부한다면, 그분을 거스리는 것입니다

2. 당신은 성령님을 *근심하게 할 수 있습니다.* 에베소서 4장 30~32절에 의하면, 우리가 모든 악독과 노함과 분냄과 떠드는 것과 훼방하는 것을 갖고 있으면, 우리 속에 게신 성령님을 근심케 하는 것입니다.

3. 당신은 성령님의 불을 *소멸할 수 있습니다.* 데살로니가전서 5장 19절에 의하면, 우리는 '성령님의 불을 소멸' 할 수 있습니다. 성령님께서 우리 마음 속에 불타오르는 것을 중단하신다면 그것은 슬픈 일입니다.

4. 우리는 *성령 충만을 받을 수 있습니다.* 에베소서 5장 18절에 의하면, '성령 충만을 받음' 이라는 단어는 진행형입니다. 사도 바울은 계속해서 '성령 충만을 받고 또 받으라고' 고 강조해서 말하고 있습니다.

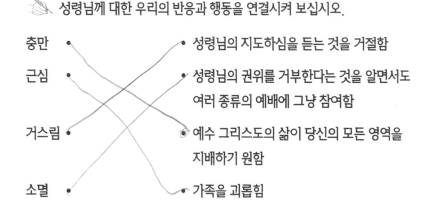

성령님께 대한 우리의 반응과 행동을 연결시켜 보십시오.

충만 •   • 성령님의 지도하심을 듣는 것을 거절함

근심 •   • 성령님의 권위를 거부한다는 것을 알면서도
여러 종류의 예배에 그냥 참여함

거스림 •   • 예수 그리스도의 삶이 당신의 모든 영역을
지배하기 원함

소멸 •   • 가족을 괴롭힘

어떻게 성령충만을 받을 수 있는가

제일 먼저 당신이 알아야 할 것은, 성령 충만이란 성령님이 계속적으로 당신의 삶에서 흘러 넘치는 것을 말합니다. 우리가 하나님과의 관계를 시작할 때 때로는 강력하고도 극적인 경험을 하는 경우가 있습니다. 사람들은 그 경험을 여러 가지로 표현합니다. 경험을 표현하는 데 쓰이는 여러 가지 단어들이 때로는 혼동스럽기도 합니다. 그러나 어떤 단어나 구절로 표현하는 방식을 정하는 것은 중요한 일이 아닙니다. 그러나 그 경험의 실제성은 결코 논란의 여지가 없습니다. 하나님께서 나에게 주신 모든 것은 이미 십자가에서 다 이루어졌으나, 그것은 결코 내가 *온전하게 다 받았다*는 의미는 아닙니다.

우리의 삶 속에서 때때로 우리는 다음과 같은 고백을 합니다. "예수님, 저는 제 모든 것을 당신에게 드리려 합니다. 당신의 모든 능력으로 저에게 오셔서 저의 모든 삶을 다스려 주옵소서" 이러한 고백은 때때로 우리가 너무도 나약하여 우리 자신에게 실망할 때 하게 되며, 항상 그런 것은 아니지만

특히 우리가 금식기도 할 때 자주 하게 됩니다. 이러한 고백은 우리가 가슴 깊이 좌절하고 있다는 표시입니다.

창세기 32장 26절에 의하면, 야곱이 그와 같은 상황에 있었습니다. 야곱은 그의 일생 내내 사기꾼이었습니다. 그는 다른 사람들을 속여 왔습니다. 어느 날 그의 자존심이 바닥까지 떨어져서 그는 하나님의 천사와 씨름하며, *"당신이 내게 축복하지 아니하면 가게 하지 않겠나이다"* 라고 말했습니다. 하나님이 그에게 손을 대셨을 때 그의 모든 삶이 바뀌었습니다. 그러한 변화는 하나님이 그에게 주신 '이스라엘' 이라는 새 이름을 통해서도 알 수 있습니다.

당신은 내제로 그리스도인의 삶이 패배하는 삶이라고 생각하십니까? 그렇나면, 당신은 혼자서 걸어가고 있는 사람이라는 것을 아십시오. 그리고 물론 당신은 실패할 것입니다. 성령님께서 당신의 삶을 책임지시기를 원하십니까! 그렇다면 죄를 범하지 않으려는 당신 자신만의 노력을 단순히 포기하십시오. 성령님은 여러분의 삶에 예수님 같은 성품을 가져다 주십니다. 우리 속에 있는 예수님과 같은 성품은 모두 성령님의 활동입니다. 그것은 또한 그의 '열매' 입니다(갈 5 : 22~23). 그분이 그것을 만드십니다. 이 구절에서 성령의 열매들이 아니고 열매라는 단어를 썼다는 것을 주의해 보십시오. 이러한 성품들은 모두 성령님에 의해 생긴 것입니다. 그러므로 그 중의 몇 가지가 아닌 그 모든 열매들이 성령님에게 모든 것을 맡긴 사람들에게 나타날 것입니다.

요한복음 4장 14절에 의하면, 예수님께서는 *"내가 주는 물을 먹는 자는 영원히 목마르지 아니하리니 나의 주는 물은 그 속에서 영생하도록 솟아나는 샘물이 되리라"*고 말씀하셨습니다.

✎ 요한복음 7장 37~39절에 의하면, 요한복음 4장 14절에 나오는 '물'이 누구를 상징합니까?

성령   the Holy Spirit

성령님께서 여러분의 생활을 지배하시도록 하는 3단계가 있습니다.

오라

"누구든지 목마르거든, 내게로 와서 마셔라." 이 구절이 여러분의 상태를 표현한 것이라면, 그 마음을 성령님께 고백하십시오! 성령 충만은 당신 자신이 충만하지 못하다는 것을 알고 고백하는 것과 당신이 그것을 전심으로 원함으로써 시작됩니다.

구하라

당신이 구하는 것은 무엇이든지 받을 것이라는 약속을 받았습니다. 주님은 "네가 원하는 것은 무엇이든지 주겠다"고 말씀하십니다.

받으라

당신이 고개를 숙이는 순간, 성령의 충만을

받을 것입니다. 성령님은 때로 엄청난 파도가 밀려
오는 것 같은 능력과 기쁨으로 오시며 때로는 잔잔
한 평강으로도 오십니다. 방법에 상관없이 그분은
능력으로 임하십니다.

제5주 : 종의 삶

 2일
금주의 주제 : 섬김의 준비
오늘의 주제 : 성령 충만 2

성경 읽기 : 누가복음 11장 11~13절 ; 사도행전 9장 17절

과학 시간에 공부하던 한 학생은 227그램짜리 유리 그릇을 물로 채우라는 지시를 받았습니다. 그런 다음, 선생님은 113그램의 모래를 그 컵에 부었습니다. 물론, 유리 그릇에 담겨 있던 물의 반은 흘러 넘쳤습니다. 학생들은 치환 법칙에 대해 배우는 중이었습니다. 즉, 두 물질은 같은 시간, 같은 장소에 공존할 수 없다는 것입니다.

우리가 성령 충만을 원할 때, 우리는 먼저 우리 자신을 점검해 보아야 합니다. 불신앙, 불순종이라는 물질들이 우리의 마음을 채우고 있다면, 성령님께서 통치할 공간이 거의 없는 셈입니다. 따라서 충만함이란 바로 우리 자신을 비우는 것을 뜻하기도 합니다. 우리가 냉소적이라면, 믿음을 위한 자리는 없습니다. 우리의 영혼에 쓴뿌리가 있다면, 기쁨의 자리는 없습니다. 우리의 '속사람'이 비었을 때, 성령님께서 그의 존재로 우리를 꽉 채우시는 것입니다.

많은 신자들은 하나님 나라에서 살면서도 성령 충만하지 않은 상태에서 살고 있습니다.(당신도 그런 사람들을 만나 보셨나요?) 여기에는 간단한 이유가 있습니다. 그들은 자기들의 '영적인 입장'을 양보하지 않으며 "이것이 하나님 나라에서 사는 데 내게 가장 편안한 방식입니다. 나는 결코 지나친 열광주의자는 되지 않을 것입니다. 나는 언제나 절제해야 합니다"라고 말합니다. 때때로 그들은 완전히 자신을 비우기를 원치 않는 자기 자신들을

정당화하기 위해서 어떤 교리적인 입장을 취하기도 합니다. 그들은 결코 하나님의 깊은 곳으로 잠기지 못합니다!

당신이 성령님의 임재 안에 완전히 잠기면, 때로 당신이 바보처럼 보일 수도 있고 또 바보같이 느껴질 수도 있습니다. 나는 강한 남자들이 하나님의 은혜를 받아 사람들 앞에서 흐느끼며 우는 것을 본 적이 있습니다. 당신이 어떤 경우에도 자신의 '위엄'을 지켜야만 한다면, 성령 충만은 여러분을 두렵게 할 것입니다.

다이온 로버트(Dion Robert) 목사는 아이보리 코스트(Ivory Coast)의 큰 셀(Cell) 교회에서 목회를 하시는 분입니다. 그는 에스겔서 47장을 읽던 어느 날 밤에 대해 이야기했습니다. 그는 에스겔서에서 선지자가 발목 깊이의 물가로 인도되었던 것과 또 무릎 깊이의 물가, 허리 깊이의 물가 그리고 그의 머리를 넘어서는 깊은 물, "사람이 능히 건너지 못할 강"(겔 47 : 5)에 이르렀던 부분을 읽었습니다. 그날 저녁 주님께서 다이온 목사에게 이렇게 물어보셨다고 합니다. "다이온! 너는 물살이 빠르고 발이 바닥에 닿지 않는 강으로 갈 준비가 되어 있느냐? 하나님 나라의 깊은 곳으로 나를 따라와 내가 너를 나의 종으로 충분히 사용하도록 하겠느냐?" 라고 말입니다. 그는 하나님의 부르심에 고민하며, "그렇습니다! 그렇습니다! 그렇습니다!"라고 소리쳤습니다. 그날 밤 이후로, 하나님은 다이온 목사를 서아프리카로, 유럽으로 그리고 심지어 미국으로 인도하셨습니다. 그리고 주님은 그를 사용하셔서 수천 수만의 사람들을 하나님의 나라로 인도하셨습니다.

당신은 왜 성령 충만을 원하십니까? 당신이 잘못된 동기를 가지고 주님께 외친다면, 하나님은 당신을 채우지 않으실 것입니다. 당신이 하나님으로부터 놀라운 능력을 받아서 자랑하거나 자신만을 위하거나 사람들의 주목을 받으려 한다면, 당신은 자신의 죄를 고백해야 합니다. 이 죄는 당신 영혼에 있는 '유리컵 속의 모래알' 과 같습니다. 그러나 당신의 가슴 속에서 우러나오는 갈망이 좀더 효율적인 하나님의 종(PAIS)이 되기 위해서이거나, 혹은 하나님의 더 나은 도구가 되기 위해서, 또는 그리스도를 닮은 영혼을 보여주기 위해서라면, 성령 충만을 원하는 당신의 요청이 존중될 것이 틀림없습니다. 당신이 성령 충만할 때, 당신의 삶은 뒤바뀔 것입니다. 당신이 지금까지 중요하다고 생각했던 많은 것들이 그 매력을 잃을 것입니다.

가장 중요한 것은 당신이 하나님 나라의 좀더 깊은 곳으로 옮겨져서 당신이 전혀 기대하지 않았던 보물을 발견하게 된다는 것입니다. 저는 여러분과 제 인생에서 주님의 임재가 강하게 임했던 때에 대해 나누고 싶습니다. 그때는 주님의 임재가 너무 귀중하고 너무 강해서 숨도 쉴 수 없을 지경이었습니다.

✎ 누가복음 11장 11~13절을 읽으십시오. 당신이 성령님을 구하면 하늘 아버지는 어떤 반응을 하십니까? (이 구절을 묵상하면서 당신의 생각을 적어 보십시오.)

> 성령을 주신다.
>
> 완벽하시고 사랑이 넘치시는 아버지를 생각할 때 성령 충만이 부족한 때는 우리의 탓.

당신이 하나님 나라에 깊은 상처를 가져왔다면, 당신은 스스로를 다른 사람들로부터 계속 고립시켜 왔을 것입니다. 여기에 당신을 위한 특별한 말이 있습니다. 가끔씩 상처받는 일이 생길 때, 우리는 어떤 사람도 신뢰하기를 두려워합니다. 고통이 너무 크기 때문입니다. 하지만, 당신의 속사람은 치료받기를 간절히 원합니다. 성령님께서 당신에게 어떻게 역사하실까요? 당신은 문제의 답을 바로 당신의 셀그룹 가족 내에서 발견할 것입니다! 당신은 어떤 한 사람 혹은 어떤 집단과 당신의 상처에 대해 의논할 때 치유됩니다. 하나님께서는 당신에게 도움이 필요하다는 것을 아시기 때문에, 당신을 성령 충만케 하시는 일에 사람들을 참여시키시기도 합니다.

🖎 **사도행전 9장 17절을 읽으십시오. 아나니아가 바울에게 시력을 회복시키고, 성령 충만케 하기 위해 무엇을 했습니까?**

[손글씨: 떠남 → 그 집에 들어감 → 바울에게 손을 얹음 → "시력 회복 & 성령 충만" → 바늘같은 것이 떨어져 시력을 회복]

아나니아가 가로되 *"주께서 나를 보내어 너로 다시 보게 하시고 성령으로 충만하게 하신다"* 하며 아나니아가 사울에게 안수를 하자 주의 성령이 눈먼 사울에게 임했습니다.

[손글씨: ?? 뭔말인지]

성경에 보면, 많은 경우에 하나님께서는 다른 사람의 손길을 통해 성령님을 보내십니다. 이것이 바로 당신이 소그룹, 즉 '기본적인 그리스도인의 공동체' 에 소속되어야 하는 이유입니다. 우리들 각자는 하나님 나라에 있는 우리 형제 자매를 위해 하나님의 사랑과 은혜의 대행자가 될 수 있습니다. 사울은 아나니아가 필요했는데, 그 이유는 그것이 하나님이 일하시는 방법 중 하나였기 때문입니다. 성령님은 빌립을 내시에게 보내셨고 베드로를 고넬료에게 보내셨는데, 그것이 바로 하나님께서 일하시는 방법 중의 하나이기 때문입니다. 사실상, 사도행전에는 하나님께서 한 사람을 통해 *다른* 사람들의 요구를 충족시키신 사례들로 가득 차 있습니다.

그러므로 당신은 성령으로 충만하려는 당신의 소망을 소그룹에서 나누어 보십시오. 어떤 개인이나 집단에게 당신을 위해 기도해 달라고 요청하십시오. 당신이 기도 중에 안수받기를 원한다면, 진리의 영이 충만한 사람이 안수하도록 하십시오. 어떤 특정 개인이 안수함으로써 어떤 특별한 '능력' 이 전달되는 것은 아닙니다. 하지만 우리 모두는 '은혜의 매개체들' 입니다.

 복습 : 다음 낱말의 의미를 찾아 줄로 연결시키십시오.

파이스(PAIS)   • '세움', '준비시킴'

오이코스(OIKOS)   • '아이' 혹은 '종'

오이코노모스(OIKONOMOS)   • '집'

오이코도메오(OIKODOMEO)   • '관리자' 혹은 '청지기'

NOTE

제5주 : 종의 삶

금주의 주제 : 섬김의 준비
오늘의 주제 : 성령님의 역사 1
성경 읽기 : 고린도전서 12장 1~11절

우리가 성령 충만을 고대해야 하는 이유는 성령님의 능력이 우리를 통해 흘러나감으로써 우리가 다른 사람들에게 사역할 수 있기 때문입니다. 이러한 초자연적인 활동을 '은사'라고 부릅니다. 원어에는 성령님의 역사를 표현하는 몇 가지 단어가 있습니다. 1절에는 '신령한 것'이라는 표현이 있고 4절에는 '은사'라는 표현이 있으며, 또 6절과 다른 절에는 '역사'라는 표현이 있습니다.

이러한 영적인 에너지는 바로 성령님의 소유물들입니다. 영적 은사들은 결코 성령과 따로 떨어져서 존재하지 않습니다. 그리고 불신자들에게는 나타나지 않습니다. 또한 그리스도인들도 언제 어디에서 성령님의 역사가 나타나는지를 결정할 수 없습니다. 우리가 성령님의 은사를 사용하는 것이 아닙니다. 다만, 성령님께서 그분의 뜻에 따라 그분이 원하는 때, 원하는 장소에서 우리를 채우시고 그분의 능력을 우리를 통해 흘러가도록 하시는 것입니다.

고린도전서 12장 7절에는 *"각 사람에게 성령의 나타남을 주심은 유익하게 하려 하심이라"*고 하셨습니다. 성령님의 역사는 우리 안에서 일어날 뿐 아니라 우리를 통해서도 일어납니다. 은사는 그리스도의 몸의 유익과 성장을 위해 사용됩니다. 이 때문에 당신의 셀그룹에서 각 사람이 각자의 은사에 따라 다른 사람을 **세우는(오이코도메오)** 사람이 될 수 있도록 하는 것을

강조하는 것입니다.

당신은 어떻게 은사를 받습니까? 7절을 다시 한 번 읽어 보십시오. 바울은 말하기를 은사를 '각 사람' (모든 사람)에게 주셨다고 합니다! 헬라어에서는 이 짧은 문장의 뜻을 명확하게 나타내 주고 있습니다. 그것은 당신을 포함한 것입니다! 성령님은 어떤 '특정 집단' 을 택하시 않습니다. 당신이 성령 충만을 받았다면, 은사를 다른 사람에게 나누어 주기 위하여 받은 것입니다.

그러므로 이것은 우리가 '은사를 받은 자' 라는 말보다는 '은사를 나누어 주는 자' 라는 말이 더 정확한 표현이 될 것입니다. 11절에 의하면 "이 모든 일은 같은 한 성령이 행하사 그 뜻대로 각 사람에게 나눠 주시느니라."고 하셨습니다.

성령님께서 당신에게 어떤 은사를 주시는지에 대해서는 염려하지 마십시오. 치유의 은사나 지식의 은사 등에 대해 기도할 필요는 없습니다. 긴장을 푸십시오! 하나님과의 교제를 즐기시기 바랍니다! 당신이 하나님께 쓰일 수 있도록 자신을 비우고, 하나님과 교제를 하면, 사역은 당신을 통해서 이루어질 것입니다. 점차적으로 당신은 하나님이 당신을 쓰시는 방식에 대하여 깨닫게 될 것입니다. 그것은 또한 당신의 성격에 아주 합당한 것이 될 것입니다.

저는 엘리(Ellie)라는 중년 여인을 기억합니다. 그녀는 조용하여 다른 사람의 주목을 끌지 않는 여인이었습니다. 어떤 사람도 그녀를 '매우 영적'이라고 말하지는 않았습니다. 그녀는 주님을 조용히 사랑하고 성령님 안에서 신실하게 살아갔습니다. 목사로서 저는 장례식에 자주 불려 다니곤 했는데 그때마다 엘리는 어떻게 해서든지 그 소식을 듣고, 그곳에 와 있었습니다. 제가 애통해 하는 가족을 위로하고 있을 때, 그녀는 부엌에서 그릇을 닦고 커피를 끓였습니다. 그녀는 그곳에서 묵게 될 친척들을 위하여 조용히 모든 침대보를 갈아 끼우고, 빨래를 하곤 했습니다.

그녀가 한 일은 '선한 이웃'이 되는 것 이상이었습니다. 저는 그녀에게 성령님께서 임하셔서 그녀로 하여금 '남을 돕는' (고전 12 : 28) 사랑스러운 영적 은사를 사용하도록 능력을 주셨다는 것을 알 수 있었습니다.

몇 년이 지난 후, 제가 더 이상 목회를 하지 않게 되었을 때, 나는 '핫라인 (Hot Line)'을 통해 긴급한 연락을 받았습니다. "네이버 목사님! 우리는 당신 집 근처에 있는 어느 집에서 걸려온 전화를 받았습니다. 독감으로 누워 있는 아내 옆에서 남편이 권총자살을 했답니다. 그녀와 아이들은 지금 너무 놀란 상태입니다. 지금 그곳으로 가 주세요!'

시신이 옮겨지고 아이들과 그 부인이 옆집으로 옮겨진 다음에 저는 융단과 잠옷에 묻은 피와 뇌의 파편들을 보았습니다. 그 가족들이 이것을 다시 보게 되면 안 된다는 것을 저는 즉각 깨달았습니다. 누구한테 도움을 요청할 수 있었을까요? 물론 엘리지요. 저는 즉시 그녀에게 전화를 했습니다. 그녀는 탄산수와 걸레를 가지고 당장 달려왔습니다. 우리들은 불행의 흔적이 모두 없어질 때까지 함께 무릎을 꿇고 그 자국들을 닦아냈습니다.

도르가(행 9 : 36~41)와 같이 엘리는 고난에 처한 사람을 돕는 은사를 발휘했습니다. 그녀의 은사가 그녀의 '영성'을 나타내 보이지는 않았지만 그 은사는 다른 사람을 세우는 일에 쓰여졌습니다.

성령님께서 당신에게 사역할 수 있는 능력을 주신다는 것을 알게 되었다면, 성경을 찾아보아 다른 사람이 그러한 은사를 언제 사용했는지를 연구하십시오. 다른 사람을 축복하는 데 당신이 쓰였던 방법에 대해 묵상하고 하나님의 **종(PAIS)**으로 쓰임 받는 특권에 대해 주께 감사하십시오.

고린도전서 12장 1~11절을 주의 깊게 읽으십시오. 아래에 나타난 생각들이 발견된 구절들을 찾아서 왼쪽 난에 해당 절을 적으십시오.

_____ 성령님은 우리로 히여금 '예수님을 나의 구주'라고 말할 수 있게 한다.

_____ 지혜와 지식의 말씀은 은사이다.

_____ 믿음과 신유는 은사이다.

_____ 은사는 공동의 유익을 위해 주어졌다.

_____ 성령님께서는 누가 어떤 은사를 가질지 결정하신다.

_____ 은사는 방언과 통역을 포함한다.

_____ 이 구절은 하나님과 그 역사에 대해 언급하고 있다.

_____ 이 구절은 주님과 봉사에 대해 언급하고 있다.

_____ 이 구절은 성령과 은사에 대해 언급하고 있다.

_____ 영적 은사에 대해서 무지하지 말라.

_____ 우리는 능력이 우상으로부터 온다고 흔히 믿었다.

제5주 : 종의 삶

금주의 주제 : 섬김의 준비
오늘의 주제 : 성령님의 역사 2
성경 읽기 : 고린도전서 12장 31절~14장 1절

싱가포르에 있는 제 방 바로 앞에는 수로가 있습니다. 날이 건조할 때, 그 수로는 텅 빕니다. 저는 가끔 4층 아래에 있는 그 수로를 내려다 보며 그것이 얼마나 주의 깊게 만들어졌는지를 깨달았습니다. 콘크리트 슬라브가 단단한 기초와 옆면을 이루고 있으며, 빗물이 흘러 들어올 입구들도 있습니다. 제가 이 글을 쓰는 지금은 천둥 번개를 동반한 폭우가 내리고 있습니다. 그 수로에는 거세게 흐르는 물이 위까지 가득 차 있습니다.

수로의 가치는 해가 날 때는 알 수 없습니다. 단지 비가 올 때만 주위 사람들이 그 가치를 알 뿐입니다. 그러나 수로가 없다면 주변 지역은 엄청난 진흙탕이 될 것입니다!

성령님의 은사를 '영적인 콘크리트 슬라브'라고 생각해 보십시오. 하나님께서는 *사랑의 물줄기*가 그로부터 시작하여 우리를 통해 다른 사람에게 흘러가도록 그 은사들을 사용하십니다. 바울은 본 장에서 우리가 영적 은사를 그 목적과 분리시켜 이해한다면, 그것들은 전혀 가치가 없다고 말합니다. 그러므로 중요한 것은 은사의 쓰임이지 그것의 소유가 아닙니다.

고린도전서 14장 1절은 "*사랑을 따라 구하라. 신령한 것을 사모하되*…" 라고 말합니다. 이 진리는 우리가 은사의 원천을 평가할 수 있는 확실한 근거가 됩니다. 때때로 은사는 그것이 사용될 때 경이감이 느껴지기도 합니다. 그리고 그 은사를 드러내는 사람은 때때로 '대단한 그리스도인'으로 보여집니다. 하지만 은사의 사용을 판단하는 한 가지 방법은 그것이 나타나는 동기를 살펴보는 것입니다. 그 동기가 사랑이면, 우리는 그것이 위로부터 온 것인 줄 알게 됩니다. 그렇지 않으면, 그 근원이 의심스러운 것입니다. 사실, 고린도전서 14장 29절에 의하면, "다른 이들은 분변할 것이요"라고 했습니다. 13장에서 바울의 광범한 가르침은 은사가 사랑으로부터 흘러 나와야 한다는 것을 강조하고 있으며, 사랑이 없다면 무엇인가 잘못된 것입니다.

본 절에 나오는 '사랑'이라는 단어는 원어로 *아가페(agape)*입니다. 당신은 이 단어를 들어본 적이 있습니까? 신약에는 '사랑'으로 번역되는 세 가지 단어가 있습니다. 첫 번째는 **필레오(phileo)**인데 이것은 '형제의 사랑'을 뜻합니다. 두 번째는 **에로스(eros)**인데 이는 '자기 만족을 위한 사랑'을 뜻합니다. '아가페'는 근본적으로 다릅니다. 이는 사랑을 행하는 사람의 성품에서 비롯된 사랑을 말하는 것이지, 사랑을 받는 사람의 아름다움에서 비롯되는 것이 아닙니다.

아가페라는 단어는 로마서 5장 8절에서도 쓰였습니다. *"우리가 아직 죄인되었을 때에 그리스도께서 우리를 위하여 죽으심으로 하나님께서 우리에게 대한 자기의 사랑(agape)을 확증하셨느니라."* 우리가 죄인이었을 때에, 우리에게는 매력적인 것이 하나도 없었습니다. 그러나 하나님의 사랑은 우리의 추함을 보지 않으시고 그의 생명을 우리에게 주셨습니다.

당신의 셀그룹에는, 당신이 다루고 싶지 않은 문제를 가진 사람들이 있을 것입니다. 당신의 첫 반응은 아마도, "아휴! 나는 이 사람을 혼자 내버려두고 싶다"는 것일 겁니다. 그렇다면 당신의 셀그룹에는 두 가지 문제가 있는 것이고, 당신 자신이 바로 그 두 번째 문제인 것입니다. 사랑이 없다면, 은사는 당신을 통해 나타날 필요가 없는 것입니다. 은사의 통로가 되는 첫 번째 조건은 *아가페* 사랑을 갖는 것입니다.

 당신이라면 어떻게 하시겠습니까?

아래에 기술된 상황들은 실제로 어떤 셀그룹에서 일어났던 일들입니다.

1. 수잔은 크레디트카드로 수천 불에 달하는 옷과 장신구를 샀다. 이 돈을 갚지 못하자, 그녀는 거주하던 동네에서 도망쳤고, 당신의 셀그룹에서 자신의 비밀을 나누었다. 당신은 어떻게 할 것인가?

☐ 빚을 갚도록 돈을 꾸어준다.

☐ 두 직장을 구해 빚을 갚도록 권면한다.

☐ 침묵한다. 그녀의 일이므로 스스로 해결하게 한다.

☐ 기타 : _____

2. 당신의 셀그룹의 한 부부는 17세의 딸이 있는데 그 딸이 남자친구와 밤을 같이 보냈다. 그 부부는 걱정에 빠져 당신에게 조언을 부탁했는데, 당신은 어떻게 할 것인가?

☐ 하나님께 그들을 도와달라고 기도하고 물러난다.

☐ 그들 대신에 그 딸을 만나 얘기해 본다.

☐ 기타 : _____

3. 당신의 셀그룹의 한 멤버의 아이가 얼굴에 멍이 들었다. 아버지가 때린 것이 분명하다. 셀그룹에서 그는 자신이 '예언의 은사'를 받았다고 주장하며 가끔 교만하게 행동한다. 당신은 어떻게 할 것인가?

☐ 그 사람을 위선자로 강하게 책망한다.

☑ 그의 영적인 파산 상태를 이해하려고 노력한다.

☐ 기타 : _____

이 각각의 경우들에서, 사람들은 도움 없이는 해결될 수 없는 깊은 영적인 문제들을 보여주고 있습니다. 그들 중 어떤 사람도 혼자 힘으로는 하나님께 나아갈 수 없습니다. 그들 모두는 잘못된 가치들의 노예가 되어 있습니다.

당신은 **아가페**의 사랑이 이런 상황에서 어떻게 작용할지 깨닫고 있습니까? 이럴 때 영적 은사의 흐름이 절대적으로 필요합니다. 지혜의 은사, 서로 돕는 은사, 영 분별의 은사 그리고 다른 은사들이 필요합니다. 성령님께서는 *해결책의 근원*이 되시며, 문제를 혼자서 해결하지 못하는 이들을 돕는 *대리인*으로 우리를 쓰십니다.

대처하기 힘든 어려운 상황에 있는 사람에게 **아가페** 사랑을 보여준다는 것은 희생이 따르는 일입니다. '엉망진창'이라는 말이야말로 그들의 삶을 정확하게 표현해 주는 말입니다. 때때로 영적 은사는 인도와 도움을 제공해 줍니다. 그들은 일정 기간 동안 그들의 엉망진창의 상태에 개입해 줄 *대리인*(바로 우리들!)이 필요합니다. 이것은 셀그룹 모임뿐만 아니라 다른 시간들도 포함된 것입니다. 하나님의 사랑이 당신의 가슴을 채울 때, 은사가 사용될 것입니다!

제5주 : 종의 삶

5일 금주의 주제 : 섬김의 준비
오늘의 주제 : 성령님의 역사 3

성경 읽기 : 고린도전서 14장 1, 3, 5, 12, 24~26절

위의 성경 구절에서 바울은 교회생활에 나타나는 초기의 문제를 고치려고 합니다. 사람들은 그들의 가정 교회로 모이면서도 어제 우리가 배웠던 **아가페** 사랑을 보이지 않고 있었습니다. 11장 20~30절에 보면, 그는 서로를 위한 관심이 부족하다는 것을 지적하고 결과적으로, 많은 사람들이 영적으로 병든 상태에 있다고 말합니다. 은사가 서로를 세우는(오이코도메오) 데 쓰이지 않는다면, 그들은 잘못 사용되기 쉽습니다.

오늘의 성경 구절을 읽은 후에 시간을 내어 14장 전체를 읽어 보십시오. 그리고 다음의 생각을 염두에 두십시오. *이 그리스도인들은 아가페 사랑 없이 영적 은사를 사용하고 있었습니다!* 그것이 14장의 요점입니다.

우리가 토론했던 은사에 대하여 생각해 보십시오. 얼마나 많은 은사가 다른 사람을 위한 사역과는 관계없이 사용되고 있습니까? 치유? 서로 돕는 은사? 영 분별? 이 모든 것은 다른 사람에게 **아가페** 사역을 하기 위한 것입니다. 모든 은사는 믿는 자들이 사역을 하도록 주시는 것임을 우리는 알아야 합니다! 고린도 교회 사람들은 이것을 이해하지 못했습니다. 그들은 서로를 돌아보지 않으면서 모였고, 그래서 영적인 은사를 남용했습니다. 특히, 한 은사가 남용되었는데 그것이 방언의 은사였습니다.

바울은 결코 방언을 금한 적이 없습니다(18절 참조). 그의 깊은 관심은 이 은사가 그리스도의 몸을 세우는 사역과 관계없이 쓰이는 점에 있었습니다.

그는 방언이 다른 사람들을 그리스도 안에서 세우는 것과는 무관하게 쓰여지는 것을 통탄하였습니다.

다른 은사들은 바로 사역을 동반할 수 있으나 방언의 은사는 반드시 통역되어야 합니다. 통역 없이 방언을 공개적으로 사용하는 것은 우리의 사역이 하나님의 은혜를 *대행하는* 것임을 무시하는 부적절한 행동입니다.

반면에, 통역과 함께 적절히 쓰이는 방언은 공동체의 생활에서 아름다운 경험이 됩니다. 성령님께서 당신을 위해서 제삼자를 통해 말씀을 주시고, 그것을 내가 당신을 위해 통역한다면, 이러한 만남에서 두 사람이 아닌 세 사람이 서로 연결되는 것입니다. 그러한 경험을 통하여 성령님께서는 "우리를 끊어질 수 없는 끈으로 묶어 주시는" 것입니다.

 1, 5, 12, 24~26 절에 의하면, 어떤 영적 은사가 가장 유용합니까?

☐ 치유
☑ 예언
☐ 방언

※「알란 하크네스(Allan Harkness)는 『성장으로 가는 안내서』(*A Guide to Growth*)라는 책에서 다음과 같이 설명하였다. 하나님은 그의 성령을 통하여 특별한 '기도 언어'의 역사가 일어나게 하셨다. 이 언어는 배워지는 것이 아니다. 이것은 영의 언어이지 마음의 언어가 아니다. 공중 교회 모임에서 쓰일 때는 하나님께서 다른 사람에게 그것을 통역할 수 있는 능력을 주셔서 모두에게 유익하도록 하신다는 것을 기대할 수 있다. 그러나 개인적으로 쓰일 때는 방언의 은사가 통역될 필요가 없다. 이 은사를 받은 사람들은 이전보다 훨씬 자유롭게 하나님을 찬양할 것이며 혹은 이전에는 어떻게 기도해야 좋을지 몰랐던 사람들에게는 기도하는 데 도움을 받게 될 것이다. 그러나 다른 은사와 마찬가지로 이것을 받은 사람들이 받지 못한 사람보다 더 영적이라는 것은 결코 아니다. 그 은사가 당신에게 은혜롭게 주어졌을 때는 그것을 사용하는 것이 중요하다. 그러나 그것을 사용하는 것보다 더 중요한 것은 당신의 매일 매일의 삶 속에서 하나님께 순종하는 것이다.」

정답은 '예언' 입니다. 이 은사는 무엇입니까? 이것은 어떻게 사용됩니까? 구약 성경 연구에 의하면, '예언자' 라는 히브리어는 문자 그대로 '대변자' 라는 뜻입니다. 하나님이 예언자에게 임하시면 그는 하나님에게서 받은 말을 합니다. 가끔씩 이런 말들은 미래에 나타날 사건들을 예측하기도 합니다. 이 예언의 은사를 통하여 성경이 쓰여졌습니다(벧후1 : 21 참조). 오늘날의 예언도 미래에 대해 언급할때도 있지만, 그것은 좀더 넓은 목적을 갖고 있습니다. 고린도전서 14장 3절에 나타난 교훈을 자세히 점검해 보십시오. *"그러나 예언하는 자는 사람에게 말하여 덕을 세우며 권면하며 안위하는 것이요."* 그리고 26절에 보면, 모든 사람이 모일 때 *"찬송시도 있으며, 가르치는 말씀도 있으며 계시도 있으며 방언도 있으며 통역함도 있나니"* 라고 말씀하셨습니다. 따라서 '예언' 이란 말은 힘을 주며, 격려하며, 위로하는 은사를 표현하는 일반적인 용어입니다. 그것은 물론 미래일을 예측한다는 독특한 은사를 표현할 수도 있습니다.

바울은 본 장에서 두 가지 의미 모두를 마음에 두고 있는 것처럼 보입니다. 우리에게 확실한 한 가지 사실은 *아가페*의 사랑으로 다른 사람에게 흘러가지 않고 자기 자신만을 위해서 쓰이는 영적 은사는 오용이며 남용이라는 것입니다.

✍ 고린도전서 14장 26절에 의하면, 믿는 자의 모임에서 얼마나 많은 사람들이 영적 은사를 가지고 있습니까?

☐ 하나님에게 조율된 몇 명
☐ 기도를 많이 하는 사람들
☑ 모든 사람 — 참여한 모든 사람
☐ 잘 모른다.

바울이 이 얘기를 할 때, 성도들의 모임에서 얼마나 많은 사람들이 영적 은사를 사용해야 한다고 하는지 아는 것이 중요합니다. 당신이 첫 번째로 고려할 것은 얼마나 많은 사람들이 이 '모임'에 참여했는가? 하는 것입니다. 바울은 120명 혹은 1000명, 아니면 그보다 많은 인원을 얘기하고 있습니까? 본 장을 자세히 읽어보면, 그가 가정 교회 또는 셀그룹, 그러니까 많은 인원이 아닌 집단을 말하고 있다는 것이 명백하게 나타납니다.

두 번째 사실로 26절에 있는 '니희'라는 단어의 원어는 매우 구체적이라는 것입니다. 그것은 한 명도 예외 없이 모인 사람들 모두를 뜻하며, 그들 모두가 다른 사람의 덕을 세우기 위해 영적인 은사를 나타낸다는 것입니다. 그러므로 파이스로서의 우리의 소명은 값 없이 아가페의 사랑을 서로에게 보여주는 것이며 또한 우리 셀그룹을 위해서 하나님의 은혜의 통로가 되는 것입니다.

✍ **고린도전서 14장 24~25절에 의하면, 믿지 않는 자들이나 무지한 자들이 들어와서 당신의 모임에서 일어나는 은사의 사역을 보면 어떤 일이 일어납니까?**

___모든___ 사람에게 ___예언___ 을 들으며, ___모든___ 사람에게 판단을 받고, 그 마음의 ___숨은 일___ 일이 드러나게 된다.

당신은 '모든'이라는 단어가 두 번이나 본 절에서 쓰였다는 것을 보고 놀라셨습니까? '모든 … 모든 …'이라는 말을 통해서 하나님은 우리 모두를 예외 없이 쓰시기를 원하십니다. 특별히 다른 사람을 축복하기 위해서 쓰시려고 하십니다. 많은 학자들이 많은 시간 동안, 이 분야에 관해 연구했지만, 이상의 것들이 여러분이 그리스도인으로서의 삶을 살아가는 데 도움을 줄 수 있는 기본 진리입니다.

제6주 : 종의 삶

금주의 주제 : 하나님을 가까이 함
오늘의 주제 : 경청의 방

성경 읽기 : 갈라디아서 2장 20절 ; 로마서 7장 22절 ;
데살로니가전서 5장 23절

한 일본 목사님이 어느 날 미국 목사님 한 분을 자기 집으로 초대하여 집 뒤에 있는 아름다운 정원을 보여 주셨습니다. 그곳에는 조그만 별채가 있었는데 일본 목사님은 그곳이 자기가 하나님의 음성을 듣는 '경청의 방' 이라고 설명했습니다.

하나님의 나라에서 당신은 '경청의 방' 이 필요합니다. **파이스**, 곧 하나님의 자녀와 종된 사람이면 주님의 말씀을 듣고 그 말씀에 따라 행동해야만 합니다. 자신의 필요나 다른 사람의 필요를 위해, 그리고 하나님의 명령을 위해, 하나님의 인도함을 받는 일을 최우선으로 여겨야 합니다. 기도는 하나님께 우리들의 간구나 소원을 고하는 일방적인 통보 이상의 것이며, 따라서 하나님의 음성을 듣는 *시간*이 포함 되어야 합니다.

이번 주에는 우리들이 하나님 나라의 삶에 대해서 생각할 필요가 있는 네 가지 질문이 있습니다. 첫째는 *"우리가 하나님께 기도할 때 하나님은 어디에 계시는가?"* 하는 질문입니다. 하나님께서는 '저 먼 곳 천국 보좌에 앉아 계시며' 우리들의 기도를 들으신다고 생각하십니까? 혹시 기도하실 때 천장이나 별들을 항상 바라보십니까? 만일 그렇다면 거리감 때문에 하나님이 왠지 저 먼 곳에 계시다는 느낌이 들지는 않습니까?

갈라디아서 2장 20절에서 사도 바울은 "내 안에 그리스도께서 사신 것이라"고 고백합니다. 하나님께서는 '저 먼 곳'에 계신 것이 아니고 항상 우리와 '함께' 히 십니다. 하나님 아버지와 우리들의 관계는 정말 친밀합니다. 삼언 18장 24절에 보면 "주님은 형제보다도 친밀하시다"라고 말합니다.

당신이 어느 곳에 있든지 주님은 항상 당신과 함께 계십니다. 그리고 끊임없이 당신에게 말씀하고 계십니다. 당신은 그 점을 잊지 말아야 합니다! 모세 시내에는 인간들이 하나님을 직접 대면할 수 있는 길이 없었고 단지 구름기둥과 불기둥으로 그분의 임재를 알 수 있었습니다. 그러나 우리들은 그렇지 않습니다 하나님께서는 우리들이 항상 우리 안에 인재하시는 하나님을 인식하고 그분과 동행하기를 원하십니다. 이는 신앙직 체험으로 확인할 수 있습니다.

두 번째 실분은 "우리의 어느 **부분**으로 그분과 사귀는가?"입니다. 로마서 7장 22절에 "내 **속사람**으로는 하나님의 법을 즐거워하되"라는 말씀이 있습니다. 그렇습니다. 당신의 속사람안에 성부, 성자, 성령, 삼위의 하나님께서 임재하십니다. *(다음 페이지 도표 참조)* 당신이 기도할 때 당신은 당신의 구세주시며 주인이신 분께 기도를 하는 것이므로 당신이 그분께 모든 것을 맡기고, 당신이 그분의 나라의 일원임을 선포할 때 그분과의 진정된 교제가 이루어지는 것입니다.

데살로니가전서 5장 23절에서 사도 바울은 우리들의 어느 부분이 거룩하게 되기를 바란다고 합니까?

_____과 _____과 _____이
영   혼   몸

✎ 누구에게 이것을 기원한다고 합니까?

___평화___ 의 하나님

✎ 주님께서는 어느 곳에서 이런 일을 이루신다고 합니까?

☐ 천국 보좌에서
☑ 내 안에서

에베소서 3장 20절에 보면 우리 하나님은 *"우리 가운데 역사하시는 능력대로 우리의 온갖 구하는 것이나 생각하는 것에 더 넘치도록 능히 하실 분"* 이라고 말씀하십니다.

'경청의 방'이라는 것은 특별히 만들어 놓은 공간이라는 개념보다는 우리의 자세, 삶의 가치를 뜻합니다. 말하는 것보다는 어떻게 하나님의 말씀을 들을 것인가가 중요합니다. 다시 말씀드리지만 그분은 항상 말씀하고 세십니다. 문제는 우리들이 그분의 말씀을 언제, 그리고 어떻게 들어야 하는지를 모르고 있다는 점입니다. 우리가 마음의 평안을 얻고, 주님의 인도를 받으며, 우리의 영적 은사를 사용하여 이웃에게 사역을 하기 위해 우리는 그분의 말씀을 들을 필요가 있습니다. 하나님 나라에서 '경청의 방'보다 더 중요한 장소는 없습니다!

토저(Tozer) 박사는 『하나님을 추구하며』(*The Pursuit of God*)라는 저서에서 다음과 같이 말했습니다.

> *"하나님의 최고의 사랑은 지적이기보다는 영적입니다. 하나님은 영이시기에 오직 인간들의 영만이 진실로 하나님을 만날 수 있습니다. 인간들의 영 깊은 곳에서 불꽃이 일지 않으면 그의 사랑은 하나님의 참된 사랑이 아닙니다. 깊은 상처를 받은 사람의 마음은 보통 사람들이 알 수도 이해할 수도 없는 특성을 갖고 있습니다."*(80~87페이지)

앞으로도 계속 이 도표를 참고할 것이지만, 우선 이 도표에서 가장 많이 쓰여진 '견고한 진'이 무엇을 뜻하는지 궁금하십니까? 그것은 우리들이 하나님의 나라에 도착했을 때 우리가 가져왔던 쓰레기 같은 옛 습관들을 말합니다. 그들은 우리의 삶에 속한 것이 아닙니다. 하나님께서는 우리 안에 역사하셔서 그것들을 제거해 주십니다. 우리들이 모든 것을 주님께 맡기고 그분의 음성을 경청하기 시작하면 그분은 우리들이 옛 속성을 어떻게 처리해야 하는지 말씀해 주십니다.

사무엘상 3장 8절에 보면 사무엘이 어떤 음성을 듣고 그것이 누구의 음성인지 잘 모르는 장면이 있습니다. 그가 발견한 것은 들으려고만 하면 그 음성은 계속 그를 부른다는 사실이었습니다. *하나님은 부르시는 분이십니다.* 이와 마찬가지로 우리들도 하나님이 말씀하시기를 중단하실까봐 걱정할 필요가 없습니다. 만일 우리가 처음에는 듣지 못했다 하더라도 그분은 우리들이 알아들을 때까지 계속해서 말씀을 하실 테니까요!

이제 잠시 책을 덮고 그분의 말씀을 들으십시오. 잠시 조용히 있으십시오. 그리고, 주님께 "말씀하세요! 제가 듣겠습니다"라고 기도하십시오. 그러면, 그분은 당신의 영 깊은 곳에서 말씀하실 것입니다. 음성을 들으시면 그분을 찬양하십시오. 영 깊은 곳에서 성령의 불이 타오르기 시작할 것입니다. 성령의 불은 당신의 '견고한 진'을 태우거나 당신의 갈 바를 지시하실 것입니다. *귀를 기울이고 기다리십시오.*

NOTE

제6주 : 종의 삶

 2일

금주의 주제 : 하나님을 가까이 함
오늘의 주제 : 하나님의 음성을 듣는 법 1

성경 읽기 : 누가복음 5장 16절, 6장 12절, 22장 39~46절

본문에서 우리들은 우리 주님의 삶 중에서 중요한 습관 하나를 볼 수 있습니다. 누가복음 6장 12절에서 주님께서는 '셀그룹' 을 불러 모으시려고 합니다. *(주님께서 공생애 동안, 사역을 하실 때 이들 열두 제자들과 아주 밀접한 관계를 유지하셨음에 주목하십시오. 비록 그들 모두 '단점을 지닌' 사람들이었지만 말입니다!)* 제자들을 부르시기 전에 주님은 '경청의 방' 에서 밤을 지새우며 기도하셨습니다. 하나님과 성령님의 음성을 들으신 후에 이러한 결정을 내리신 것입니다.

누가복음 5장 16절에는 주님의 공생애의 한 장면 나옵니다. 낮에는 많은 병자들을 고치고 허다한 무리를 가르치시느라 바쁘게 보내셨지만 밤에는 한적한 '경청의 방' 으로 물러나셨습니다. 습관적으로 그렇게 하신 것입니다.

누가복음 22장 39~46절을 보면 밤새도록 기도하시는 모습을 다시 한 번 볼 수 있습니다. '경청의 방' 에서 십자가의 고난이 이미 시작되었습니다. 육신은 갈보리 십자가 위에 못 박히셨지만 주님의 *의지*는 감람산 십자가에 못 박히셨습니다. "만일 아버지의 뜻이어든 이 잔을 내게서 옮기소서. 그러나 내 원대로 마옵시고 아버지의 원대로 되기를 원하나이다" 라고 말씀하셨을 때 주님의 의지는 못 박히신 것입니다. 그분의 기도는 너무나 간절했고 그 고뇌는 너무나 컸기 때문에 땀이 핏방울같이 되어 땅에 떨어졌다고 했습니다.

그 외에도 성경의 여러 군데에서 예수님께서 하나님과 함께 하시려고 한 적한 곳을 찾아 가시는 모습을 볼 수 있습니다. 예를 들면 세례받으신 후, 광야에서 40일을 홀로 계셨던 일과 세사들을 떠나 홀로 산에 올라가신 일(마 14 : 23) 가버나움 북쪽에 있는 산 위에서 기도하시는 동안 변화되신 일(눅 9 : 28~35) 등입니다. 우리는 먼 산자락의 '경청의 방'에 홀로 계신 주님을 발견합니다.

주님께도 이처럼 '경청의 방'이 있었다면 우리들도 그와 같은 곳이 필요합니다. 하나님의 나라에 사는 우리들은 크고 작은 모든 일들에 주님의 음성을 듣는 시간이 필요합니다.

우리들은 하루에 얼마 동안이나 '경성의 방'에서 시간을 보냅니까? (이 교재를 공부하는 시간을 포함할 수 있습니다만 주님의 목소리를 듣는 일을 대신해서는 안 됩니다.)

☐ **전혀 기도하지 않음**
☐ **가끔 불규칙적으로**
☑ **하루에 한 시간 미만**
☐ **하루에 한 시간 이상**

사람들이 어디에 *가치*를 두느냐에 따라서 그 사람의 삶이 결정된다는 것을 아십니까? 저는 가끔 골프를 배워 보려고 시도를 합니다만 그때마다 얼마 못 되어 포기를 하곤 합니다. 왜냐구요? 몇 시간씩 하얀 공을 치고 다니는 것이 제게는 지겨운 일이니까요. 제 아내는 야구 경기를 관람하는 것을 좋아하지만 저는 책 읽는 것이 더 흥미있습니다. 조용한 방에 책을 쓸 수 있는 컴퓨터가 있다면 저는 더 이상 바랄 것이 없습니다. *결국, 우리의 모든 일*

들은 우리의 가치관에 따라 인도를 받습니다.

만일 우리가 '경청의 방'에서 보내는 시간들을 귀하게 생각하지 않는다면, 우리는 기도할 필요가 없다는 많은 변명들을 늘어 놓을 것이며, 결국은 주님의 인도하심을 무시하고 자기 마음대로 살게 될 것입니다. 왕 중의 왕이신 주님의 인도하심을 무시하고 육신의 정욕만을 좇아 살아온 지난 날들을 회상해 보십시오. 그것이 과연 의미가 있었습니까?

✎ **다음 빈 칸에 이 점에 대해서 어떻게 할 것인지 적어 보십시오. 그리고 무언가 결정을 한 후에는 리더에게 알리거나 다음 셀그룹 모임에서 당신의 결정에 대해 얘기 하십시오.**

<hr>

성령님께서 어떻게 우리들에게 말씀하십니까? 당신이 그분의 말씀을 듣는 법을 배우려고 할 때, 성령님은 우리들에게 말씀을 하시는데, 때로는 **우리들의 마음**에 아이디어를 주시거나 상황 판단을 할 수 있게 하시며, 때로는 **우리들의 의지**를 통해 소원이 일게 하셔서 그분이 원하시는 일들을 하게 하십니다. 또한 우리들이 고난받고 있을 때 **우리들의 영혼**에 말씀하셔서 마음의 평안을 주시거나, 반대로 마음이 평안할 때 어려움을 겪게 하시기도 합니다. 하나님의 은총을 받았던 사건들을 회상하는 **우리들의 기억**을 통해서도 말씀하시고, 우리들이 하나님의 법에서 떠나 살 때 **우리들의 양심**에 호소하셔서 꾸짖기도 하십니다.

틀림 없는 사실은 우리들이 그분과 함께하는 시간을 마련한다면 분명히 그분의 음성을 들을 수 있다는 점입니다. 솔로몬 왕은 잠언 4장 4절에서 "아버지가 내게 가르쳐 이르기를 '내 말을 네 맘에 두라 내 명령을 지키라 그리하면 살리라'"라고 말합니다. 하나님의 음성을 듣고자 혼자있는 시간을 마련하려면 먼저 우리 삶에서 우선 순위를 잘 정해야 합니다. 기본적인 경제 원리에 '이 물건'을 사 버리면 '저 물건'을 살 돈이 남지 않는다"는 법칙이 있습니다.

돈을 어떻게 잘 사용하는가 하는 것보다 주어진 시간을 어떻게 잘 쪼개서 사용하는가 하는 것이 더 중요한 문제입니다. 잘 생각해 보십시오.

✍ 당신은 하루의 일과 중에 다음 일들을 위해 얼마나 시간을 쓰십니까? '경청의 방' 경험을 위해 어떤 시간을 조정하실 수 있습니까?

일과들	사용하는 시간 (매일 또는 매주)
☐ 기도(경청의 방)	40 min a day
☐ 취미 생활	
☐ 직장/학교	1 hr a day
☐ TV 시청	30 min a day
☐ 쇼핑	1 hr a day
☐ 셀그룹 활동	3 hrs a week
☐ 휴식/수면	6 hrs a day
☐ 친구와 대화	1 hrs a day
☐ 가족과의 시간	4 hrs a day
☐ 독서/공부	3 hrs a day

제6주 : 종의 삶

금주의 주제 : 하나님을 가까이 함
오늘의 주제 : 하나님의 음성을 듣는 법 2
성경 읽기 : 베드로전서 1장 10~12절, 16~20절 ;
마태복음 22장 29절

성경 말씀과 '경청의 방' 에서 시간을 보내는 것과는 어떤 관계가 있습니까? 먼저 누가 성경을 쓰도록 하셨는지를 알아봐야 할 것 같습니다. 베드로전서 1 : 10~11 말씀에 "선지자들이 연구하고 부지런히 살펴서 … *자기 속에 계신 그리스도의 영*이 그 받으실 고난과 후에 얻으실 영광을 미리 증거하여 어느 시, 어떤 때를 지시하시는지 상고하니라" 라고 하십니다.

성경 말씀에 밑줄을 치십시오! 바로 우리 안에 계신 주님께서 성경 저자들 안에도 계셔서 그들로 하여금 성경을 쓰도록 하셨습니다. 베드로전서 10장 12절에 "이 섬긴 바가 자기를 위한 것이 아니요 *너희를* 위한 것임이 계시로 알게 되었으니"라고 말씀하십니다. 성경은 우리들의 삶 속에서 중요한 자리를 차지해야 함은 물론 '경청의 방' 에서 보내는 시간에도 항상 함께 있어야만 합니다.

예수님이 성경의 저자이심이 분명하므로 그분이 우리들에게 들려 주시는 음성도 성경 말씀과 상충될 수 없습니다. 그러므로 우리가 듣는 성령님의 음성은 성경 말씀과 지속적인 관계성이 있어야 하는 것입니다. 다시 말해서 우리들이 듣는 음성은 성경으로 확증되어야만 한다는 것입니다. 주님은 절대로 성경과 상충되는 말씀을 우리들에게 들려 주시지 않습니다. 이 사실을 확인할 수 있는 성경 구절을 몇 구절 소개합니다. 여러분의 성경에 다음 구절들을 밑줄 치고 묵상해 보시기 바랍니다.

로마서 15장 4절 : 무엇이든지 전에 기록한 바는 우리의 교훈을 위하여 기록된 것이니 우리로 하여금 인내로 또는 **성경의 안위**로 소망을 가지게 함이니라

디모데후서 3장 15절 : 또 네가 어려서부터 성경을 알았나니 성경은 능히 너로 하여금 그리스도 예수 안에 있는 믿음으로 말미암아 **구원에 이르는 지혜가 있게 하느니라**

누가복음 24장 27절 : 이에 모세와 및 모든 선지자의 글로 시작하여 **모든 성경**에 쓴 바 자기에 관한 것을 자세히 설명하시니라

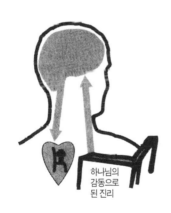

하나님의
감동으로
된 진리

누가복음 24장 32절 : 저희가 서로 말하되 길에서 우리에게 말씀하시고 우리에게 **성경을 풀어 주실 때에** 우리 속에서 마음이 뜨겁지 아니하더냐 하고

요한복음 10장 35절 : **성경은 폐하지 못하나니** …

골방에서 기도할 때 우리는 항상 성경을 참고하여 성경 말씀에 위배되는 어떠한 생각들이 들면 즉시 물리쳐야 합니다.

성경을 읽고 이해하다 보면 성경의 영감을 받은 진리들이 우리들의 마음에 떠오를 때가 있습니다. 이러한 현상을 우리는 성령님의 **조명**이라고 합니다. 우리가 온 몸과 마음을 다하여 주님을 찾을 때, 성령님께서는 그분의 생각이나 진리를 우리의 마음에 직접 비추어 주십니다. 이럴 때 우리는 강력

한 하나님의 임재를 느끼게 됩니다. 이러한 체험을 하게 되면 진심에서 우러나오는 경배와 찬양을 자연스럽게 드리게 되며, 죄를 자백하기도 하고 소명을 받기도 합니다. 때로는 고통스럽던 문제들에 대한 해답이 주어지기도 합니다. 그리고 이러한 순간에 주님을 원하는 자들에게 주님을 전하게 해주십니다. 또 어떤 때는 당신이 속해 있는 셀그룹과 가족들을 위한 특별한 말씀을 주시기도 합니다.

예수님께서 보내신 하나님과의 교제 시간은 습관적이나 형식적인 것이 아니었습니다. 그분은 진심으로 그러한 교제의 시간들을 기다리고 즐거워하셨습니다. 우리들도 그렇게 되어야 합니다. 하나님 나라에서 주님과 또는 믿음의 형제 자매들과 교제하는 것은 믿지 않는 사람들이 상상할 수도 없는 우리들만의 특권입니다.

✎ 마태복음 22장 29절에 보면 주님께서 부활을 믿지 않던 사두개인들에게 그들이 오해하고 있는 이유 두 가지를 말씀해 주십니다. 그것들은 무엇이었습니까?
너희가 ___성경___ 도, ___하나님___ 의 ___능력___ 도 알지 못하는 고로 오해하였도다.

✎ 다음 문장들 중에 어느 문장이 맞다고 생각하십니까?

☐ 성경을 아는 것만으로도 충분하다.
☐ 하나님의 능력을 아는 것만으로도 충분하다.
☐ 둘 다 '경청의 방'에 있어야 한다.
☐ '경청의 방'에서 성경 말씀과 하나님의 능력이 함께할 때 성령님의 조명이 있다.

주님은 영이십니다. 주님의 영이 계신 곳에는 자유가 있습니다. 우리는 모두 너울을 벗어버리고 주님의 영광을 바라봅니다. 이렇게 해서 우리는 주님과 같은 모양으로 변화하여 점점 더 큰 영광에 이르게 됩니다. 이것은 영이신 주님께서 하시는 일입니다.

이제 성령님의 조명을 체험할 준비를 합시다. 먼저 성경 말씀 고린도후서 3장 17~18절 말씀을 읽고 성령님께 함께 해달라고 기도하십시오. 말씀의 내용을 이해하는 것뿐만 아니라 그 말씀이 당신에게 어떻게 적용되는지 알 수 있도록 간구하십시오. 그리고 이 말씀에 관계되는 생각이 떠오르는 것이 있으면 차례를 생각지 말고 그대로 적어 보십시오. 성경 말씀의 내용과 능력을 깨닫고 또한 그 말씀의 적용에 대해서 알게 해주시기를 기도하십시오.

랄프 아저씨의 개인적인 권면

당신이 하나님의 음성을 듣기 원할 때에 성경 말씀이 대단히 중요한 역할을 합니다. 그러기에 당신이 『성경 개관』(a Survey of the Bible)을 공부하기를 적극 권면합니다. 그렇게 할 때에 당신은 하나님께서 당신에게 말씀을 주신 이유를 타인에게 배우기 위하여 많은 세월을 허송하지 않아도 됩니다. 이것을 배우기 위해 1년 간 매일 매일 조금씩 공부하십시오.

성경 공부를 '경청의 방'에서 하는 것은 바람직하지 못합니다. 하나님과 교통하는 시간을 성경 공부로 대치할 수는 없지요. 이것은 예수님께서도 바리새인에게 말씀하실 때 우리에게 경고하신 것입니다. "너희가 성경에서 영생을 얻는 줄 생각하고 성경을 상고하거니와 이 성경이 곧 내게 대하여 증거하는 것이로다. 그러나 너희가 영생을 얻기 위하여 **내게 오기를 원하지 아니하는도다**"(요 5 : 39~40) 대신에, 성경을 공부하는 일은 당신의 나머지 삶을 보다 풍성하게 하는 일이라는 것을 아시기 바랍니다.

많은 사람들이 이런 과정을 배우기 위해 돈과 시간을 신학교에서 소비합니다만 이것은 집에서도 실행할 수 있습니다. 「성경 탐구」(Cover The Bible)라는 교재를 사용해서 하루에 15~20분씩 할애하면 가능합니다. 이 교재는 이러한 목적을 위해 쓰여진 것이며 하루에 5분 정도의 테이프 교재를 매일 사용할 수도 있습니다. 그러면서 같은 모임에 속해 있는 가르침의 은사가 있는 교우에게 당신이 공부한 것을 말하고, 가르침을 받는 것도 좋은 방법이 될 것입니다.

제6주 : 종의 삶

 4일

금주의 주제 : 하나님을 가까이 함
오늘의 주제 : 하나님의 음성을 듣는 법 3

성경 읽기 : 로마서 8장 5~7절, 8장 27절, 12장 2절

주어진 순서대로 본문을 깊이 생각하며 읽으십시오. 모든 구절은 성령님이 우리의 선생이시며 우리를 모든 진리로 인도하신다는 것을 설명합니다. 성령님께서는 성경 말씀을 사용하시든지 또는 직접 우리에게 말씀하시든지, 성경의 가르침과 상치되지 않는다는 것을 이미 배웠습니다.

성경 묵상이란 성령님의 조명을 통해 느껴지는 것과 지성의 판단이 조화를 이루는 것이다. 하나님의 나라에서 산다는 것이 우리의 지성을 저버린다는 뜻이 아닙니다. 우리는 지성과 영(우리의 속사람)을 같이 사용해야 하며 어느 한쪽만을 활용해서는 안 됩니다. 당신이 하나님께 가까이 가면서 당신의 지성이 비로소 *올바른 초점*을 찾게 되는 것입니다.

지성은 성령님의 조명을 *받아들이며 점검하는* 당신의 일부분이기는 하지만 계시가 주어지는 기관은 아닙니다. 그것은 영으로 이루어지는 것입니다. 당신의 지성과 영이 함께 움직여야 하는 것입니다. 성령님의 조명은 비 이성적적인것이 결코 아니고 이성을 넘어선 현상입니다. 당신은 영적 세계의 실체를 깨달아야 합니다.

당신이 하나님께서 당신을 통치하도록 완전히 굴복하기 전에는 어두움의 권세가 당신의 지성과 영을 지배했습니다(롬 8 : 7). 하지만 그것은 더 이상 사실이 아닙니다! 이제는 당신의 지성과 영이 성령님과 교통을 하게 되며, 그분은 당신을 영원한 진리로 인도해 주십니다.

당신의 영적 생활을 점검해 봅시다.

맞다   틀리다

□   □   나의 생활의 대부분은 영적 체험이기보다는 육신적 체험이다.

□   □   거의 대부분의 시간을 영적 생활보다 지적 생활의 발전을 위해 투자하고 있다.

□   ☑   상황 판단을 할 때 영적인 음성을 들으려 하지 않고 지성의 판단에만 의존한다.

□   ☑   성령님이 내 마음에 심어주시는 생각 보다는 계산적이고 분석적인 지성이 지배적이다.

□   ☑   성경 공부를 학문적 차원에서 더욱 시중하며 하나님과의 교제나 예배를 위한 시간을 소홀히 한다.

□   ☑   지적인 분석을 토대로 해서 결정을 하며, 하나님께서 주시는 생각, 짐, 비전을 주실 때까지 기다릴 줄 모른다.

□   ☑   하나님께서 직접 말씀을 통해 나의 길을 인도하시거나, 다른 사람들에게 말해 주고 싶은 신앙의 체험을 거의 하지 못한다.

하나님의 음성은 어떻게 구별되는가?

1. 당신은 당신의 마음에서가 아니라 '내적 존재' 로부터 오는 생각을 깨닫습니다. 이것은 결코 당신에게 새로운 것이 아닙니다. 누군가에게 '사랑해' 라고 고백할 때마다 그런 고백의 원천은 분명 마음이 아닌 것입니다. 안 그런가요?

2. 성령님께서 주시는 생각은 당신 자신의 생각이 아닙니다.

3. 그 생각은 부어지는 것이며 당신이 노력한 결과가 아닙니다.

4. 이러한 음성은 당신에게 독특한 메시지를 전해 줍니다.

5. 당신에게 주어진 성령님의 음성은 당신 자신의 말과는 다르다는 것을 느낄 것입니다.

6. 그러한 음성에서는 하나님의 권세와 임재가 느껴집니다. 그 음성들은 하나님께서 주시는 말씀이기 때문입니다.

히브리서 5장 14절에서 말씀하시기를 성령님의 말씀을 끊임없이 듣고자 하는 자는 "선악을 분변하도록 훈련될 것이라고 했습니다." 다시 말해서 하나님께서는 끊임없이 말씀하고 계십니다! 하나님의 말씀과 당신의 생각을 구별할 수 있는 영적 능력이 계발되기 전까지는 당신에게 주어진 하나님의 음성은 그저 낭비될 뿐입니다.

요한일서 4장 1절에서 "사랑하는 자들아 영을 다 믿지 말고 오직 영들이 하나님께 속하였나 시험하라. 많은 거짓 선지자가 세상에 나왔음이니라"고 말씀하고 계십니다. 당신의 생각이 어디에서 나왔는지 검토해 보십시오. 분명치 않을 때는 다음과 같은 질문을 해보십시오. "예수님을 영광스럽게 하는가?" 또는 "성경과 일치하는가?"

이사야 6장 8절에서 이사야 선지자는 "내가 또 주의 목소리를 들은즉 이르시되 내가 누구를 보내며 누가 우리를 위하여 갈꼬 그때 내가 가로되 내가 여기 있나이다 나를 보내소서"라고 말했습니다. 이사야 선지자는 또 30장 21절에서 "너희가 우편으로 치우치든지 좌편으로 치우치든지 네 뒤에서 말소리가 네 귀에 들려 이르기를 이것이 정로니 너희는 이리로 행하라 할 것이며"라고 말했습니다.

오랜 세월에 걸쳐 많은 사람들이 '경청의 방'에서 보냈던 시간들을 시간별로 기록했습니다. 이러한 일기장들은 기록했던 사람들에게 소중했기 때문에 보전되어 왔습니다. 그리고 또 몇 세대로 이어지며 그 심오한 깨달음들이 여러 번 책으로 출판되었습니다.

여러분들도 '경청의 방'의 일기를 쓰시기 바랍니다. 그 안에서 성령님이 부어주는 생각들을 기록하십시오. 처음에는 하나님의 음성을 듣는 일이 생소할 것입니다. 그래서 당신은 "그 음성이 하나님께로 왔는가? 아니면 내 생각인가?" 하는 의문이 생길 것입니다. 이러한 생각은 하나님과의 교통을 방해합니다. 따라서 일단 다 적어 놓으신 후 당신이 기록한 것을 간절한 기도로 분별하는 것이 좋습니다.

보통 공책을 사용하면 됩니다. 또는 녹음기, 타자기, 컴퓨터 등을 사용할 수도 있습니다. 옛날에 요한 웨슬리는 '경청의 방'에서 있었던 모든 일을 자기만이 아는 비밀 부호를 써서 기록해 두었습니다. 그의 일기장을 읽어내는 데는 많은 연구가 필요했습니다. 당신이 하나님께 드리는 말씀이나 하나님께서 당신에게 하시는 말씀 중에는 공개하기 쑥스러운 내용들이 있을 수도 있습니다. 그러므로 그런 것들은 당신이 자유롭게 나눌 수 있는 문서들은 아닙니다. 일기를 쓸 때에는 반드시 날짜를 적어 두십시오.

운동 선수들은 수없는 연습 과정을 거쳐 숙련되기 때문에 경기 중에는 자동 발생적인 동작으로 경기를 하게 됩니다. 왜냐하면 그들은 수없이 같은 동작을 반복했기 때문입니다. 하나님의 나라에서도 그와 다를 것이 없습니다. 하나님의 임재를 실천하기 위한 훈련을 통해서 우리는 체험해 보지 못했던 하나님과의 깊은 교제를 하게 되는 것입니다.

지체하지 마십시오. 오늘부터 당장 시작해 보십시오. 세월이 흘러간 후에는 그 결과에 대해서 즐거움을 맛보게 될 것입니다.

제6주 : 종의 삶

5일

금주의 주제 : 하나님을 가까이 함
오늘의 주제 : 하나님의 음성을 듣는 법 4

성경 읽기 : 누가복음 10장 38~42절 ; 로마서 12장 11절

마르다는 예수님을 영접하기 위한 음식 준비에 더욱 마음을 썼고, 그의 동생 마리아는 예수님 곁에 있기를 원했습니다. 당신이 이런 경우에 처하면 어느 쪽을 택하시겠습니까?

☐ 마르다
☑ 마리아

우리들의 가치 기준이 다르기 때문에 똑같은 상황에 처했을 때에도 전혀 다른 반응을 보입니다. 마르다는 예수님을 대접해 드리는 것이 가장 중요했으나 마리아는 예수님 곁에 앉아 있는 것이 더욱 중요했습니다.

제 생애 중에 주님을 위한 *사역*을 한다는 것이 가장 중요한 일이라고 생각한 때가 있었습니다. 그때마다 저는 주님의 권세가 저의 사역에서 쇠퇴되어 감을 느끼곤 했습니다. 정신을 바짝 차려보니 제가 마르다처럼 되어 있다는 것을 알게 되었습니다. 마르다처럼 '하나님의 일을 위해 열심히 하지 않는' 사람들을 못마땅하게 생각하는 자세를 갖고 있었습니다. 이런 태도 때문에 제 영혼 속에 *아가페*의 사랑이 메말라 버렸고 제 주위에 있는 영혼들에게 상처를 입히게 되었던 것입니다. 이런 기간의 끝에 저의 '경청의 방'은 고백하는 곳으로 바뀌었습니다(요일 1 : 9). 우리는 하나님께서 *우리의 행위보다는 우리가 누구인가*를 더욱 중요하게 생각하신다는 것을 항상

열심히 내무야 한다

↓

경청이 방이
고백하는 방으로

기억해야 합니다! 하나님과 *함께하지* 못하게 하는 무슨 일인가를 할 때마다 우리는 마르다와 같이 되어 버립니다. 그러나 양쪽을 다 할 수 있는 방법도 있습니다.

🖊️ 누가복음 10장 41~42절에서 예수님께서 마르다가 마리아에 대해 불평했을 때 하신 말씀을 당신의 말로 정리해서 적어 보십시오.

———————————————————————

———————————————————————

🖊️ 누가복음 10장 41~42절에시 "마리아는 이 좋은 편을 택하였다" 하신 말씀은 무엇을 뜻합니까?

☐ 일상적인 일을 주님과 함께 보내는 시간과 바꾸는 것은 바람직 하지 못하다.

☐ 손님을 위해 음식을 준비하는 것은 중요하지 않다.

☐ 둘 다 맞다.

☐ 둘 다 틀리다.

로마서 12장 11절에서 사도 바울은 *"부지런하여 게으르지 말고 열심을 품고 주를 섬기라"*고 말씀합니다. 이것은 또 "당신이 하고 있는 일을 계속하라. 하지만, '경청의 방'에서 하나님의 말씀을 듣는 일도 무시해서는 안된다"는 말도 됩니다.

하나님의 능력이 없이는 주의 일을 해낼 수 없습니다. 성령님의 능력이 흘러 나오는 통로의 역할을 하려면 주님과 꾸준히 교제해야 합니다.

이루어질 때까지 하는 기도

한국의 조용기 목사님의 개인 비서인 리디아 스웨인 여사가 "이루어질 때까지 하는 기도"의 중요성을 말한 적이 있습니다. 한 번은 하나님께서 미국에 있는 딸에 대하여 무거운 부담을 주셨답니다. 그 며칠 동안 그녀는 금식기도를 하며 무거운 마음의 짐을 견뎌내야 했습니다. 그녀는 다만 자기 딸이 커다란 위험에 처해 있거나, 곧 그렇게 될 것이라는 것밖에는 알 수 없었습니다. 오랫동안 '경청의 방'에서 주님께 기도하며 머무른 뒤에 "이제는 끝났다, 리디아! 나머지는 내가 처리해 주겠다"는 하나님의 약속을 받았습니다. 얼마 지나지 않아서 딸의 전화를 받았고 딸에게 다음과 같은 일이 있었다는 걸 알게 되었습니다. 3만 피트 상공에 떠 있는 비행기 안에서 벌어진 일이었습니다. 그녀가 좌석벨트를 풀고 일어서려는데 *"벨트를 풀면 안 된다"* 하는 단호한 하나님의 음성이 들렸습니다. 자리에 앉아 자기에게 들려온 음성에 대해 곰곰히 생각하고 있던 순간 어떤 남자가 갑자기 비행기 문쪽으로 달려가더니 문을 열고는 밖으로 뛰어내렸습니다. *그 때 매여 있지 않았던 물건들은 모두 열린 문으로 빨려 나가 버리고 말았습니다.*

스웨인 여사는 제게 지난 수년 동안 *단순히 기도하기 보다는 마음의 짐이 벗겨질 때까지 기도해야 한다는 것을* 배웠다고 말했습니다. 이 중요한 진리를 잊지 마십시오. *주의 일을 하는 것과 동시에 주를 향한 열정을 지속시키십시오.*

다른 사람들을 세우기 위한 경청

오이코도메오, 즉 다른 사람을 '세우는 일'에 대한 책임을 심각하게 받아들이십시오. 당신이 속해 있는 셀그룹 멤버들 중에 어려운 일에 처해 있는 사람들이 있다는 것을 알게 될 것입니다. 그럴 때 '경청의 방'에 들어가 기도하며 그들의 문제의 원인이 무엇인지, 그 문제를 어떻게 풀어줄 수 있는

지에 대해 주님께서 주시는 음성을 듣도록 노력해 보십시오. 그래서 얻어낸 대답을 다른 사람들과 나눌 수 있도록 말씀에 귀를 기울여 보십시오.

저는 가끔 셀그룹 모임을 떠나기 전까지도 어떤 사람이 처해 있는 어려움을 도와줄 수 있는 방안을 찾지 못할 때가 있습니다. 그러나 '경청의 방'에 들어가 기도하는 동안, 문제 해결에 대한 응답을 얻게 되는 때가 있습니다. 그렇게 해서 그 다음 모임에서 나누거나 혹은 그 사람과 개별적으로 문제 해결에 대한 이야기를 해줄 수 있었습니다. 여러분도 다른 사람들의 어려움을 위해 '기도하는 과정을 통해서' 이러한 체험을 할 수 있습니다.

다른 사람들의 어려움을 도와주라는 말씀을 받았다고 생각될 때는 '성경의 방' 일기장에 기록하고 그것에 관해 묵상하십시오. 하나님께서는 그것을 전달할 구체적인 방법도 제시해 주실 수도 있습니다. 어느 때에는 당신 또는 다른 사람들의 신체적인 문제에 대한 말씀을 주시기도 합니다. 단순히 이적을 바라는 마음으로 아픈 사람을 위해 기도해서는 안 됩니다. 예수님께서 질병을 고치신 것은 그의 깊은 애정으로 고통당하는 자를 불쌍히 여기셨기 때문입니다. 당신도 주님께서 허락하신 연민의 정이 있다고 느낀다면 중보 기도의 효력이 있을 것입니다.

제가 속해 있는 셀그룹 멤버 중의 한 분인 낸시의 며느리가 임신을 했는데 그 태아가 기형아 일지도 모른다는 주님의 말씀을 들었습니다. 몇 차례의 진찰을 통해서 기형아임을 확인한 낸시는 아이의 고통에 대하여 눈물의 처절한 기도를 그치지 않았습니다. 마침내 하나님께서는 낸시의 '눈물의 기도'를 들어 주셔서 *며느리가 온전한 아이를 낳도록 해주셨습니다.* 낸시는 이루어 질때까지 기도했고, 하나님께서는 아직 태어나지도 않은 아이를 고치신 것입니다. 이처럼 하나님은 다른 사람을 향한 그 뜻을 그의 뜻을 당신을 통하여 이루실 수도 있다는 사실을 믿으십시오.

제7주 : 나의 삶

금주의 주제 : 견고한 진을 다루는 법
오늘의 주제 : 문제의 인식

성경 읽기 : 에베소서 4장 17~24절 ; 빌립보서 2장 12절 ;
고린도전서 10장 13절

✎ 30~31페이지(제1주 4일)에서 우리는 '견고한 진'의 정의에 대해 공부 했습니다. 30~31페이지의 정의를 보지 말고 아래에서 맞는 답을 찾아 보십시오. 만약 모르겠으면 그 페이지를 다시 읽어보십시오.

☐ 견고한 진이란 아직도 사탄이 영향력을 행사할 수 있는 내적인 상태를 설 명하는 것이다.

☐ 견고한 진이란 어떤 권력이 장악하고 있는 무장된 곳이다.

☑ 위의 정의가 둘 다 맞다.

'내적인 상태에 있는 그리스도인'이란 구절을 주목해서 보십시오. 오직 그리스도인에게만 '견고한 진'이 있습니다. 불신자들에게는 그것이 없습니다. 그들은 사탄에게 완전히 지배를 받기 때문입니다. 126페이지의 도표를 살펴보고 '견고한 진'이 믿는 자의 혼(마음, 의지, 감정)과 육에 있을 수 있다는 것을 주목하십시오.

하나님 나라에서 당신은 승리의 생활에 필요한 모든 것들을 은혜로 다 갖 추고 있습니다. 그러한 승리의 생활을 위해 당신이 통제할 수 없는 부분(견 고한 진)은 제거되어야 할 필요가 있습니다. 우리는 우리의 과거에 얽매여 있으며, 그 과거는 우리의 새로운 삶에까지 계속 영향력을 미치고 있습니다.

바울은 "두렵고 떨림으로 너희 구원을 이루라"고 말했습니다(빌 2 : 12). 바울은 여기서 당신이 그리스도를 처음 영접하는 기도를 하던 순간을 가리켜 말한 것이 아닙니다. 그는 우리로 하여금 패배감을 갖도록 하는 요인들로부터 우리가 매일 매일 얻게 되는 구원에 대해 말한 것입니다. 우리가 우리 자신의 모든 것을 예수님께 내려놓을 때, 그는 우리의 삶 가운데서 새로운 능력으로 역사하실 것입니다.

이제 당신은 당신의 삶에 '경청의 방'을 갖추어 놓았으므로 당신의 삶에 자리잡고 있는 견고한 진으로부터 당신 자신을 구하기 위한 일을 할 수 있게 되었습니다. 하나님께서 당신 안에서 새롭고도 강력한 방법으로 일하실 것입니다. 그 결과로 당신은 하나님 나라에서 '청년'이 될 것입니다. 30~31 페이지에서 우리는 이 표현이 이미 '악한 자를 이긴 사람들'에 관한 것이라는 것을 알았습니다. 그러므로 본 교재가 그러한 승리로 당신을 인도하는 역할을 할 것입니다. 당신의 삶 안에 있는 견고한 진과의 싸움에서 이겼을 때 당신은 밖으로부터 오는 공격과 싸워 이길 수 있습니다.

그렇기 때문에 이제 우리는 당신의 과거의 '서류철'을 하나 하나 조사하여 그리스도의 치료를 방해하는 견고한 진이 될 수 있는 영역들을 노출시키고자 합니다. 지나간 고통과 죄의 모든 부분들을 검토하는 것이 중요합니다. 견고한 진으로부터 자유로워지기 위해서는 당신의 현재의 삶의 문제점들(죄, 상처, 저주)에 대한 근본적인 원인을 다뤄야 할 필요가 있습니다.

다음 페이지의 그림을 살펴보십시오. 이 그림은 불신자였던 우리의 생활 형태의 바탕을 보여주고 있습니다. 과거에 겪었던 일들은 현재를 삐뚤어지게 하는 원인이 됩니다. 우리의 현재는 과거의 총집산입니다. 우리는 과거의 상처와 기억들을 쓰레기가 가득 찬 가방처럼 어디에나 들고 다닙니다.

에베소서 4장 22절에 따르면, 우리는 무엇을 벗어야 합니까?

너희는 _____ 지난날의 생활방식대로 <u>정망한 유혹와</u> 의 욕심을 따라 _____ <u>썩어져</u> _____

가는 구습을 좇는 <u>옛사람</u> _____ 을 벗어 버리고

바울은 우리의 '옛 사람'에 대해 자주 언급하고 있습니다. 우리가 영원한 나라에 가기까지 옛 사람의 존재에서 벗어날 수는 없습니다. 그러나 우리 안에 있는 견고한 진으로부터는 자유로워질 수 있습니다. 우리의 견고한 진을 다룸으로써 우리는 과거의 속박에서 벗어날 수 있습니다.

예수 그리스도의 보혈이 우리를 깨끗하게 하는 데에는 세 가지의 단계가 있습니다. *첫 번째 단계*로, 우리는 셋째 하늘에서 용서를 받습니다(요일 1 : 9). 그러나 우리가 용서를 받았음에도, 용서를 받은 것같이 느끼지 못할 수도 있습니다. *두 번째 단계*로, 우리는 또한 선한 양심을 갖게 됩니다(행 24 : 16 ; 고전 4 : 4). *우리가 죄의 결과로 남아 있는 상처들이 깨끗해지고 치료받는 경험을 하는 것*은 *세 번째 단계*입니다.

아래의 질문들을 자신에게 비추어 보십시오. 당신 자신의 삶에 견고한 진으로 생각되는 것들에 밑줄을 그으십시오.

☐ 다른 사람을 사랑하거나 다른 사람에게서 사랑을 받는 일에 어려움을 느낍니까?

☑ 좋은 가문에서 태어났습니까? 당신 자신이 교만합니까?

☐ 당신은 반항적입니까? 마음이 분노로 차 있습니까? 고집불통입니까?

☐ 당신은 누군가를 용서할 수 없습니까? 누군가에 대한 적개심이 있습니까? 독한 마음을 품고 있습니까? 증오를 품고 있습니까? 그 사람이 누구입니까?

☐ 당신은 불안합니까?

☑ 당신은 자살을 심각하게 고려해 보거나 유혹을 받아 본 적이 있습니까?

☐ 당신은 어떤 두려움이나 공포가 있습니까?

☐ 당신은 사당에 가본 일이 있습니까? 점을 쳐본 일이 있습니까?

☐ 당신은 부적을 소지해 본 일이 있습니까? 우상을 가지고 있습니까?

☐ 당신은 헤비메탈 음악이나 펑크록 음악을 듣고 성적으로 흥분해 본 일이 있습니까?

☑ 당신은 성적인 상상을 합니까? 자위행위를 합니까?

☐ 당신은 성적인 학대를 받은 적이 있습니까? 있다면 몇 살 때였습니까?

☑ 당신은 만성적인 질병이 있습니까?

☐ 당신은 하나님의 존재나 자신의 구원에 대해 심각한 의심이 들 때가 있습니까?

오늘 공부를 마감하면서 암송 구절 가운데에서 고린도전서 10장 13절을 암송하십시오. 이 구절은 언제나 당신의 마음에 간직해 둘 필요가 있습니다.

사람이 감당할 시험밖에는 너희가 당한 것이 없나니 오직 하나님은 미쁘사 너희가 감당하지 못할 시험 당함을 허락하지 아니하시고 시험당할 즈음에 또한 피할 길을 내사 너희로 능히 감당하게 하시느니라.

제7주 : 나의 삶

2일 금주의 주제 : 견고한 진을 다루는 법
오늘의 주제 : 영혼 결합

성경 읽기 : 창세기 2장 24절 ; 마태복음 19장 5절 ;
고린도전서 6장 15~17절

 '영혼 결합' 이란 두 사람 사이에 있는 불건전한 연합을 가리킵니다. 그것은 상대방에 대한 단순한 '추억' 이나 '감정' 이상의 것입니다. 그것은 영적인 결합의 상태에 들어가는 것입니다. 영혼 결합은 성행위를 포함한 감정적 혹은 육체적인 관계로부터 생길 수 있습니다. 부모, 친구, 혹은 형제, 자매에 대한 부자연적인 관계일 수도 있습니다. 어떤 영혼 결합은 기억에 남아 있지는 않지만 그래도 견고한 진이 되는 것이 있습니다. 사탄은 우리의 삶에서 영혼 결합을 통해 역사합니다.

✎ 창세기 2장 24절과 마태복음 19장 5절에 따르면 우리가 결혼할 때, 어떤 영혼 결합이 깨어져야 합니까?
☐ 아버지나 어머니에 대한 복종
☐ 부모는 결혼한 자녀들을 조정하거나 주도하지 말아야 한다.
☐ 둘 다 맞다.

영혼 결합은 아래 두 가지 중 한 가지 방법으로 만들어집니다.

1. 오직 하나님만을 향한 예배와 신뢰를 대체하는 다른 사람에 대한 헌신
   이것은 당신과 당신의 삶에서 아주 중요한 사람들(상담자, 배우자, 남자

친구 혹은 여자 친구, 아들 혹은 딸 등) 사이에 형성될 수 있습니다.

아브라함에게는 이삭에 대해 영혼 결합이 있었습니다. 하나님은 아브라함에게 아들을 죽이라고 명하심으로 이 문제를 다루셔야 했습니다. 아브라함은 하나님의 명령에 순종했습니다. 일단 그의 행동으로 영혼 결합이 끊어졌을 때, 하나님께서는 제사를 중지시키셨습니다. 더 이상 계속해서 진행해야 할 필요가 없었습니다. 왜냐하면 아브라함이 하나님을 그분이 마땅히 계셔야 할 중심의 보좌에 다시 모셨기 때문입니다.

2. 당신과 당신의 배우자 사이에만 있어야 할 밀착된 관계를 다른 사람에게 허용함

당신이 결혼을 하지 않았다면, 이것은 결혼의 계약관계에 속하는 육체적인 행위를 뜻합니다. 당신이 결혼했다면 이것은 오직 당신의 배우자하고만 나누어야 하는 감성과, 자극적인 키스를 포함한 육체적인 행위를 다른 사람과 나누는 것을 뜻합니다. 다른 사람에 대한 상상은 비록 접촉이 없을지라도 영혼 결합일 수 있습니다. (만약 당신이 이러한 관계에 빠져 있다면 당신의 문제를 해결하기 위해 신뢰할 수 있는 사람에게 도움을 청하십시오!)

고린도전서 6장 15~17절에서 매춘부와의 성관계는 그 일이 지난 후에도, 아마 그 일을 기억하지 않게 된다 해도, 계속 남아 있는 영혼 결합이 됩니까?

□ 예
□ 아니오
□ 모르겠다

영혼 결합에서 일어나는 두 가지 일

1. 죄를 범함

당사자에게 죄의식이 형성될 뿐 아니라 하나님 앞에 진정으로 죄를 범한 것입니다. 이것은 사탄이 우리를 괴롭히는 견고한 진을 형성하게 합니다.

2. 영적인 속박이 이루어짐

우리는 우리와 영혼 결합이 형성되어 있는 모든 사람에게 영적으로 묶여 있습니다. 예를 들면, 간음은 내적인 혼란을 가져오는 견고한 진을 만들어 당신의 배우자와 결합하는 것을 어렵게 합니다. 우리는 아직도 그 사람과 연결되어 있으며 이것이 우리에게 강한 영향을 미칩니다. 다윗이 밧세바로 더불어 범한 죄는 그에게 끊임없는 고통을 주었습니다.

때때로 영혼 결합은 오래 전에 사랑했던 그리고 아직도 당신이 성적이 상상을 즐기고 있는 사람에 대한 것일 수도 있습니다. 만약 어떤 관계일지라도 주님 앞에 전심을 갖는 일보다 더 중요하게 여겨진다면 그것은 견고한 진입니다. 당신은 그것으로 인해 끊임없는 패배를 맛볼 것입니다.

어떻게 영혼 결합을 깨뜨릴 것인가?

영혼 결합은 죄로 다루어져야 합니다(요일 1 : 9). 영혼 결합은 하나씩 개별적으로 다루어져야 합니다. 이것을 다루는 방법은 먼저, 자백을 하는 것입니다. 죄를 구체적으로 열거하고 그 죄뿐만 아니라 그로부터 얻었던 쾌락까지 끊어버리는 선언을 해야 합니다. 당신의 자백을 다른 사람과 나누는 일은 당신 자신에게 중요합니다(살전 5 : 11).

그런 다음, **씻음**이 있습니다. 그 죄를 예수님의 보혈 앞에 가지고 나와 용서를 받고, 당신의 영이 하나님께서 당신을 깨끗케 하셨음을 알게 될 때까지 '경청의 방' 에 머물러 있으십시오.

마지막으로, **묵상**이 따라야 합니다. 무엇 때문에 그 영혼 결합이 형성되었던가? 외로움이었던가? 성에 대한 호기심이었던가? 누군가를 해하려고 마음 먹었던 일이었던가? 무엇이 당신을 그렇게 행동하도록 촉발시켰는지 파악한 후에야 그 견고한 진으로부터 벗어날 수 있게 됩니다. 그리면 사탄이 다시는 당신을 유혹하려 들지 못할 것입니다.

골로새서 1장 13~14절을 묵상하십시오. *"그가 우리를 흑암의 권세에서 건져내사 그의 사랑의 아들의 나라로 옮기셨으니 그 아들 안에서 우리가 구속 곧 죄사함을 얻었도다."*

위의 말씀을 묵상하면 당신이 당신과 영혼 결합이 형성되어 있던 사람과의 관계를 상상력 가운데 볼 수 있도록 도와줄 것입니다. 이젠 예수 이름의 권세를 의지하여 예수께서 그 영혼 결합을 깨뜨렸음을 선언하십시오. 당신의 손을 가슴에 얹고 영혼 결합이 형성되었던 그 사람의 모든 부분을 고백함으로 되돌려 주고, 마지막으로 그 사람으로부터 당신 자신의 삶의 모든 부분을 되찾아 오십시오.

기도 : *"나는 자유롭다. 나는 용서 받았다. 나는 예수 그리스도를 통하여*
          _____(관계된 사람의 이름)로부터 영원히 씻음 받았다."

당신 혼자서 할 수 없다면 …

많은 경우, 영혼 결합의 문제를 해결 받고 싶어하는 사람들은, 다른 사람들에게 민감하고 기도를 통한 분별력을 가지고 있으며 성령 충만한 사람들의 도움이 필요합니다. 만약 당신에게 스스로 해결할 수 없는 고질적인 영혼 결합의 문제가 있다면 어떤 방법을 통해서든지 당신의 영적인 여정을 위해 동반자를 찾아내십시오. 당신의 후원자, 셀그룹 리더, 혹은 당신이 신뢰할 수 있는 목회자들 가운데 한 사람을 정해도 좋습니다.

하나님은 우리의 천국 여정에 우리를 '돕도록 부르심을 받은' 사람들을 보내십니다. 적절한 사람과 문제를 함께 나누는 일을 두려워하지 마십시오. *"오직 오늘이라 일컫는 동안에 매일 피차 권면하여 너희 중에 누구든지 죄의 유혹으로 강퍅케 됨을 면하라."*(히 3 : 13)

NOTE

제7주 : 나의 삶

 금주의 주제 : 견고한 진을 다루는 법
오늘의 주제 : 우상 숭배
성경 읽기 : 출애굽기 20장 3~5절 ; 요한일서 5장 21절 ;
갈라디아서 5장 19~21절

우리는 흔히 십계명 중 첫 계명을 가장 지키기 쉬운 계명으로 생각합니다. 그러나 그것은 사실이 아닙니다! 하나님께서는 이렇게 단호하게 말씀하셨습니다. *"너는 나 외에 다른 신들을 네게 있게 말지니라. 너를 위하여 새긴 우상을 만들지 말고 또 위로 하늘에 있는 것이나 아래로 땅에 있는 것이나 땅 아래 물 속에 있는 것의 아무 형상이든지 만들지 말며 그것들에게 절하지 말며 그것들을 섬기지 말라. 나 여호와 너의 하나님은 질투하는 하나님인즉 나를 미워하는 자의 죄를 갚되 아비로부터 아들에게로 삼사 대까지 이르게 하거니와"*

싱가포르의 중국인 중에는 많은 우상 숭배자들이 있습니다. 많은 가정에 불상이나 콴인(Quan Yin), 하네문(Hanemun) 등의 상을 모신 '신단'이 있습니다. 여행자들은 때로 어리석게도 이런 우상들을 여행 기념물로 사 가기도 합니다.

왜 하나님께서는 이런 것들을 극도로 싫어하시고 우상을 섬기는 죄로 인해 그 자손들에게까지 벌을 내리실까요? 그 답은 로마서 1장에서 찾을 수 있습니다. 바울은 하나님께서 창조를 통해서 그 능력과 위엄을 만민에게 드러내셨다고 설명합니다. 그러나 사람은 자기 자신에게 이렇게 말합니다. "내가 만일 하나님이 존재한다는 진리를 받아들이면, 그 다음의 논리적인 순서는 내가 그 앞에 무릎 꿇고 그를 경배하는 일이다. 그리고 나는 내 인생의 주권을 하나님의 권위 앞에 양도할 수밖에 없다. 그러나 **나는 그렇게 하지 않겠다.**" 이러한 불법의 상태에 계속 남아 있겠다는 인간의 깅한 결심이 바로 우상을 만드는 동기가 됩니다. 자신이 만든 우상보다 자신이 더 우월하다는 것을 알기 때문에 사람들은 그것을 조종할 수 있고, 자신에게 '행운'을 가져와 소원을 성취케 하도록 우상에게 아첨을 합니다.

"썩어지지 아니하는 하나님의 영광을 썩이질 사람과 금수와 버러지 형상의 우상으로 바꾼" 것입니다(롬 1 : 23). 모든 우상은 그 우상을 만든 사람이 하나님의 권위를 단호히 거부한다는 오만한 표현입니다 이런 행위는 결고 형벌을 면하지 못합니다! 그것은 첫 계명을 어긴 것입니다.

어떤 중국인이 저에게 여러 번 이런 말을 하였습니다. "저는 저희 부모님을 거역하는 일이 두려워 그리스도인이 될 수 없어요. 저희 부모님은 우상을 섬깁니다." 이 밀을 들을 때마다 저는 우상의 저주가 '3, 4대까지' 이어진다는 것을 기억하게 됩니다. 저주는 영원한 지옥에까지 기록되는데, 그렇게 되는 이유는 사람들이 우상을 섬기는 가정에서 자라나 가정의 전통을 따라야 하는 압력을 받기 때문입니다!

저는 우상을 파괴하고 신단을 태워 버리는 예식에 여러 번 참여한 적이 있습니다. 우상을 섬기는 사람들은 또한 부적을 수집하는데, 옷장 서랍에 넣어두고는 그것을 잊어버립니다. 셀그룹 멤버들은 이런 것들을 모두 없애고 "집안을 청소할 수 있는" 허가를 받습니다. 하나님께 대한 찬양과 함께 그것들은 발견되어 부서집니다.

우상이 있는 곳에 견고한 진이 있다

한 가족이 우상을 구입하면 그들은 그것에 신이 들도록 절에 가지고 갑니다. 그리하여 가족들은 그 악령과 함께 먹고 잡니다. 악령의 권세는 사람들의 마음을 어둡게 하고 두려움과 미신을 불러일으키며 그 가족들을 묶어 놓습니다. 진정한 하나님 나라의 시민은 비록 친척 간에 소요를 일으킨다 하여도 자신의 소유권 안에 우상을 용납하지 않습니다. 구약 전체는 '다른 신을 섬기는' 사람들에 대해 하나님이 노하시는 사건들로 가득 차 있습니다. 하나님은 그리스도인이 우상을 허용하는 것을 영적인 간음으로 보십니다!

우상을 아주 위험한 것으로 만드는 것 중의 한 가지는 그 속이는 힘입니다. 사탄은 우리의 눈을 가리고 귀를 막는 데에 혈안이 되어 있습니다. 우상과 함께 사는 사람들이 속고 있는 것은 *하나님이 보시기에 그 우상들이 얼마나 사악한 것인지를 모르기 때문입니다.* 만약 그 악령이 득실대는 물건들에 대한 하나님의 진노를 그들이 깨닫는다면 그들은 마치 뱀의 공격을 받은 것처럼 놀라서 그것들로부터 물러날 것입니다.

모든 우상이 명확한 모습을 가지고 있는 것은 아니다

웹스터 사전의 '우상'에 대한 정의 가운데에는 이러한 것도 있습니다. '과도한 애착이나 경외나 열중하게 하는 대상' 이러한 것들조차도 우상이 되는 것이기 때문에 우상을 섬기는 일은 동양뿐 아니라 서양에 사는 사람들 가운데서도 가장 흔하게 나타나는 죄가 되고 있습니다.

사탄은 거짓말쟁이일 뿐 아니라 사기꾼이기도 합니다. 사탄은 *영리하기*도 합니다. 세련된 사람들에게 그는 다른 종류의 우상을 제공합니다. 그것은 "과도한 애착의 대상"입니다. 어떤 사람에게는 그것이 좋은 차일 수도 있고, 다른 사람에게는 그것이 집일 수도 있습니다. 우상은 또 여행이나 스포츠(직접 하든지 구경하든지), 야망, 취미, 예술일 수도 있습니다. 이런 우상은 *언제나 안전할 뿐 아니라 편안하게* 해주기도 합니다. 어떤 부류의 사람들에게 사탄은 마약, 술, 노름, 혹은 혼음을 권하기도 합니다.

문제에 당당하게 맞서자

만약 당신이 당신의 삶 가운데 있는 우상의 견고한 진을 그럴싸하게 꾸며 놓았다면 지금이야말로 그것을 처리해야 할 때입니다! *하나님은 당신을 자유롭게 하실 수 있습니다.* 그분의 능력은 당신에게 힘을 줍니다. 첫 번째 단계는 '경청의 밤'에 가서 수님께 말하는 것입니다. 우상을 사악한 것으로 볼 수 없도록 당신의 눈을 가렸던 어떤 것으로부터도 당신을 자유롭게 해주시도록 구하십시오. 당신 자신에게 솔직하십시오. *당신은 과다한 애착심의 굴레에 묶여 있지 않습니까?* 사탄은 당신을 유혹할 우상들이 가득한 커다란 종 천연색 상품 목록을 가지고 있습니다. 당신이 그 중의 하나를 고를 때마다 사탄은 당신을 조종할 악령의 권세로 그것을 '축복하고' 당신은 불쌍히도 견고한 진의 희생물이 됩니다.

사무엘상 15장에서 하나님은 선지자 사무엘을 통하여 말씀하셨습니다. 하나님은 이스라엘이 적 아말렉과 싸움을 시작할 때 그들이 복을 받을 것을 약속하셨습니다. 하나님의 명령은 아말렉 족속의 모든 사람과 물건을 다 멸하라는 것이었습니다. (*하나님은 '악한 자'들을 '선한 자'들과 섞이도록 허락하면 궁극적으로 모든 사람들이 다 부패하게 될 것이라는 것을 아셨습니다.*) 하나님의 명령에 순종하는 대신, 사울 왕은 보물을 남겨 두고 아각 왕을 살려 두었습니다. 사무엘은 극도로 화가 났습니다. 자신의 불순종 때문에 사울은 왕위를 잃어버렸고, 아각은 죽임을 당했습니다. 우리에게 타협은 있을 수 없습니다.

만약 당신의 가슴 속에 혹은 삶 가운데 우상이 있다면, 당신은 사탄으로 하여금 당신에게 들어와서 자신이 원하는 대로 할 수 있는 견고한 진을 가지고 있다는 것을 아십시오. 당신은 삶 가운데 결코 승리를 볼 수 없을 것이며 하나님의 평안은 언제나 당신을 비켜갈 것입니다. *이제 당신이 섬기는 우상을 완전히 부셔 버리십시오!*

몇 년 전 우리 가족은 선교사로 월남에 가게 되었습니다. 어떤 아시아 출신의 나이 많은 선배는 우리에게 이렇게 말했습니다. "그곳에 가면, 소유물을 가슴에 두지 말고 손에 들고 있으시오." 우리가 그곳에 머문 지 몇 주 되지 않아서 사이공은 함락되었습니다. 많은 선교사들이 소유물 중 아무것도 가지지 못한 채로 떠났습니다. 우리는 자주 우리가 받았던 충고를 기억했습니다. 저는 당신에게 몇 가지 충고를 하고자 합니다. *당신의 우상을 부셔 버리십시오. 당신의 가슴에 있는 것을 대신 손에 가지고 있으십시오. 우상이 당신을 조종하도록 타협하지 마십시오.*

이제 '경청의 방'으로 갈 시간입니다. 당신은 어떤 우상을 섬기고 있습니까?

NOTE

제7주 : 나의 삶

4일

금주의 주제 : 견고한 진을 다루는 법
오늘의 주제 : 이 땅의 보물

성경 읽기 : 누가복음 16장 19~31절 ; 마태복음 6장 19~23절

누가복음 16장 19~31절에서 부자는 죽은 후에 생전에 자신이 가졌던 소유물로 얼마나 좋은 생활을 했습니까?

□ 아주 만족한 생활을 했다.   □ 전혀 좋은 생활을 하지 못했다.

어느 날 저는 싱가포르에서 가장 오래 된 시가지 중 한 곳을 거닐며 싱가포르의 문화에 대해 배우고자 했습니다. 어느 한 가게에 들어가 보니 사람들이 대나무 가지와 종이로 무언가를 만들고 있었습니다. 실물의 절반 정도 크기인 벤츠차의 모형이 제 눈길을 끌었는데, 그것은 종이로 된 좌석과 운전대까지 완벽하게 갖추고 있었습니다. 그리고 다섯 자 정도 높이의 밝게 색칠이 된 성이 있었는데 그 안에는 가구도 있었습니다. 가게 안에는 또 거의 실물 크기의 육감적인 자태로 옷을 입은 아주 곡선미가 좋은 금발의 종이 인형도 있었습니다.

이 장난감 같은 물체들은 방금 세상을 떠난 가난한 택시 운전사를 위해 쓰여질 거라는 설명을 들었습니다. 그 택시 운전사의 시신이 화장될 때 이 물체들도 그의 '사후'의 필요를 위해 함께 소각될 것이라고 했습니다. 그는 평생 동안 부자들을 바라보며 살다가 자신도 부자들이 누리는 쾌락을 조금이라도, 비록 '사후 귀신들의 세계에서라도' 누려 보겠노라고 굳게 결심을 했습니다.

세계의 주요 종교 중 하나는 천국을 우리의 욕망을 끊임없이 충족시키는 곳으로 묘사하고 있습니다. 거기서는 관능주의가 억제당하지 않고 영원히 실현될 것이라는 것입니다. 그러나 장래에 다가올 하나님 나라에서는 그렇지 않을 것입니다.

마태복음 6장 19~23절에서 예수께서는 '이 땅의 보물'과 '천국의 보물'에 대해서 말씀하셨습니다. '천국의 보물'이란 정확히 무엇입니까? 우리가 귀히 여겨야 할 이 '미래 나라의 보물'은 무엇입니까? 만약 우리가 이 질문에 대한 답을 안다면 우리는 이 인생을 특별한 방법으로 살 것입니다. 예수께서는 "네 보물이 있는 곳에 네 마음도 있을 것"이라고 말씀하셨습니다.

이 땅의 보물은 쉽게 열거할 수 있습니다. 그것들은 모두 '소중히 여긴다'는 말을 중심으로 다루어지고 있습니다. 당신은 무엇을 가장 소중히 여기십니까? 사람들은 각자 다른 것들을 소중히 여깁니다. 사람들이 소중히 여기는 것들을 열거하자면 끝이 없습니다. 그러나 소중히 여기는 것들도 그것을 소중히 여기는 우리의 마음보다는 중요하지 않습니다.

✎ 당신은 무엇을, 또는 누구를 지금 제일 소중히 여기십니까?

67페이지에서 이미 살펴봤던 목록을 다시 한 번 복습해 봅시다. 다음 페이지에 이 목록이 나와 있습니다. 당신은 이제 방금 하나님 나라에서 '사후'의 세계에 들어섰습니다. 앞에서 당신이 기록했던 것을 보지 말고 다시 한 번 목록에 있는 것들에 우선 순위를 매겨 보십시오. 우선 순위가 가장 높은 것을 '1'로 하고 제일 낮은 것을 '18'로 하십시오. 충분한 시간을 갖고 당신이 지금 살고 있는 삶이 끝날 때, 당신이 무엇을 소중히 여길 것인가에 대해 주의깊게 생각하십시오.

나의 가치 체계, 제2부

나는 방금 세상을 떠났다. 이것이 지금 내가 소중히 여기는 것들이다.

우선 순위	가치
( )	부유과 번영
( )	재미있는 일을 하는 것
( )	어떤 큰 일을 성취하는 것
( )	마찰 없이 사는 것
( )	다른 사람들과 동등하다고 느끼는 것
( )	나의 가족을 안전하게 하는 것
( )	내가 스스로 선택할 자유가 있는 것
( )	행복함, 만족함
( )	내적 갈등에서 해방되는 것
( )	친한 친구를 갖는 것
( )	범죄로부터 안전함
( )	인생을 즐기는 것(여행, 영화 감상 등)
( )	하나님의 뜻을 행함
( )	자존감과 자부심을 갖는 것
( )	인정받고 부러움의 대상이 되는 것
( )	다른 사람과 가깝고 친밀한 관계를 갖는 것
( )	올바른 결정을 내리는 것
( )	권력에 대한 갈망

마태복음 6장 22~23절에서 예수님께서는 이렇게 가르치셨습니다. "눈은 몸의 등불이니 그러므로 네 눈이 성하면 온 몸이 밝을 것이요 눈이 나쁘면 온 몸이 어두울 것이니 그러므로 네게 있는 빛이 어두우면 그 어두움이 얼마나 하겠느뇨."

당신의 마음은 당신의 보물을 따라갑니다. 영원히 있을 것을 소중히 여기십시오. 개인적인 소유물에 애정과 충성심을 갖는 것을 피하십시오. 마가복음 10장 21절은 예수께서 젊은 부자 관원을 보시고 그를 *사랑하사* 라고 말씀하십니다. 예수님은 *"네게 오히려 한 가지 부족한 것이 있으니 가서 네게 있는 것을 다 팔아서 가난한 자들에게 주라 그리하면 하늘에서 보화가 네게 있으리라. 그리고 와서 나를 좇으라"* 고 말씀하셨습니다.

'사랑하사' 라는 말을 당신 영혼 깊은 곳에 스며들도록 하십시오! 예수께서는 이 젊은이가 이 세상의 부를 소중히 여김으로 얼마나 자신을 속이고 있는가를 아셨습니다. 그는 자신의 삶이 부요해지기 위해서 먼저 자신의 불필요한, 마음을 혼란시키는 재산을 팔아 가난한 자들이나 주님의 사업에 드려야 한다는 것을 알고 있었습니다.

미대복음 6장 24절에 나온 단어 '돈' 은 헬라어로 '재물의 신' 입니다. 중국 우상이 그 안에 마귀의 실상을 심어 놓은 것과 똑같은 방법으로 돈 우상은 그 안에 재물의 신의 주권을 심어 놓았습니다. 예수님께서는 돈을 사랑하는 것은 아령을 숭배하는 것이라고 말씀하신 것입니다. 돈은 조심스럽게 다루고 현명하게 사용해야 합니다. 왜냐하면 그것은 우리 눈을 가려 실상을 보지 못하게 하고 하나님을 향한 우리의 진정한 헌신을 파괴할 수 있기 때문입니다.

저는 룻과 제가 41년 동안 지키면서 살려고 애썼던 한 가지 원칙을 당신에게 말씀드리고 싶습니다. 우리는 사랑으로 당신이 이것을 사용하도록 나누겠습니다.

종의 의무는 그의 주인에게 순종하는 것이다.
주인의 책임은 그 종의 필요한 것을 공급하는 것이다.
그러므로 종은 결코 염려하거나 두려워해서는 안 된다.

제7주 : 나의 삶

 5일 금주의 주제 : 견고한 진을 다루는 법
오늘의 주제 : '바로 실행하라' (Just Do It)

성경 읽기 : 고린도후서 6장 1~2절 ; 빌립보서 1장 6절, 2장
12~13절

고린도후서 6장 1절에서 바울은 누구에게 편지를 쓰고 있습니까?

☑ 동료 그리스도인들에게

☐ 아직 그리스도인이 되지 않은 사람들에게

고린도후서 6장 2절에서 '구원의 날'은 맨 처음 우리가 예수님을 영접
할 때 받은 구원을 가리키는 것입니까?

☐ 예

☐ 아니오

☐ 잘 모르겠다.

만약 마지막 질문에 대해 답하기가 어려웠다면 빌립보서 1장 6절과 2장
12~13절에 있는 이 중요한 구절을 언제나 기억하십시오. *"너희 속에 착한
일을 **시작하신** 이가 그리스도 예수의 날까지 **이루실 줄을 우리가 확신하노
라** … 그러므로 나의 사랑하는 자들아 너희가 나 있을 때뿐 아니라 더욱 지
금 나 없을 때에도 항상 복종하며 두렵고 떨림으로 **너희 구원을 이루라.** 너
희 안에서 행하시는 이는 하나님이시니 자기의 기쁘신 뜻을 위하여 너희로
소원을 두고 행하게 하시나니."*

당신의 구원은 세 가지 단계 안에 있습니다

1. 십자가에서 당신은 죄의 **형벌**로부터 자유롭게 되었습니다.
2. 날마다 당신은 죄의 **권세**로부터 자유함을 받고 있습니다.
3. 앞으로 당신은 죄의 **실상**으로부터 자유롭게 될 것입니다.

그래서 당신이 오늘 묵상하고 있는 구절들은 오늘을 위해서 쓰여졌습니다. 당신이 죄의 **권세**로부터 자유함을 받도록 격려하기 위해서입니다. 당신에게 "오늘은 구원의 날입니다."

'죄' 란 단어는 당신의 삶을 지배하기 원하는 자랑스런 **나**'를 가리키는 것이지 자랑스런 **나**'로 인해 이루어지는 단순한 '죄' 혹은 행동만은 아니라는 것을 기억하십시오. 만약 당신이 예수 그리스도를 당신의 삶의 보좌에 모시고, 당신의 가치관, 습관, 생활 양식에 존재한다고 인정한 견고한 진들을 그분께 드린다면 당신은 그분의 능력에 힘입어 이 모든 것들로부터 자유롭게 될 것입니다.

더욱 의미있는 것은, *당신의 삶* 가운데서 경험하는 하나하나의 승리는 모두 당신이 *당신 주위*에서 진행되고 있는 영적인 전투에 개입할 수 있도록 할 것입니다. 우리는 우리 자신과 우리의 필요만을 계속해서 생각하는 이기주의자들이 되지 않을 것입니다. 우리는 다른 사람들을 회생시키기 위해 주님의 능력을 일으킬 수 있는 온전한 자들이 될 것입니다.

저는 일생 동안 나의 체중과 싸워왔습니다(만약 당신에게 똑같은 문제가 있다면 당신을 진심으로 동정합니다). 그러던 중 드디어 제 의사는 나이 많은 사람들을 괴롭히는 일종의 비만증이 저에게 생겼다고 알려 주었습니다. 그는 "당신은 이제 비만증이 당신을 파괴하도록 놔두든지 아니면 하루 한 시간씩 운동을 하고 당신의 식생활을 바꾸든지 둘 중의 하나를 선택해야 한다"고 말했습니다. 저는 현실에 부딪치지 않으면 안 되었습니다. 저는 수년 동안을 운동과는 거리가 멀게 살아왔습니다. 그래서 이제 그 결과와 대면할 때가 된 것입니다. 저는 헬스 클럽에 가입했습니다. 온 힘을 다해 제 자신을 밀어 붙이며 운동장의 트랙을 걷던 한심한 첫 시간, 24세 정도로 보이는 한 가냘프고 작은 체구의 젊은 아가씨가 얼마나 빨리 저를 지나쳐 가는지 저는 마치 움직이지 않는 물체와 같았습니다. 얼마나 부끄러웠는지 모릅니다. 더욱이 그 아가씨가 몇 걸음 제 앞을 지나갔을 때 그 아가씨가 입고 있던 밝은 빨강색 티셔츠의 등에 인쇄된 글을 봤는데 *바로 실행하라!* *(Just Do It!)*고 쓰여져 있었습니다.

저는 "주님, 주님은 과거에 천둥과 번개 속에서 조용하면서도 작은 목소리로 말씀하셨지요. 티셔츠를 통해서 주님의 말씀을 듣는 것은 이번이 처음입니다!" 하고 말했습니다.

이제 당신이 '경청의 방'으로 들어갈 시간입니다.

아마도 여러 날 동안 당신은 성령님께서 당신의 주위를 환기시키신 견고한 진에 대하여 당신 자신과 논쟁을 해 왔는지도 모릅니다. 당신은 "이 부분에 대해서는 해결책을 찾을 수 없어. 전에도 시도해 봤지만 노력해도 되지 않을 때 오는 패배감은 정말 싫어!" 하고 말했을지도 모릅니다.

자, 누가 그런 생각들을 당신의 마음속에다 심어 놓았다고 생각하십니까? 성령님께로부터 왔을까요? 물론 아닙니다. 당신은 하나님의 음성뿐 아니라 사탄의 속삭임도 분별하는 법을 배우십니까? 당신의 생각이 어디서 오는지 알아낼 수 있습니까?

귀를 기울여 들어 보십시오! 하나님의 영이 말씀하시는 것이 들립니까? "과거 승리하기 위해 애쓰던 너의 문제는 오직 나만이 할 수 있는 것을 네

스스로 하려고 하는 데에서부터 왔다. 이제 그것을 중지하고 네 삶을 산 제
사로 내게 주어라. 하늘과 땅의 모든 권세가 내게 있고 내가 주관할 때 구원
은 너의 것이 된다."

"바로 실행하라!"

너의 안에서 행하시는 이는 하나님이시니
자기의 기쁘신 뜻을 위하여 행하게 하시나니…

제8주 : 나의 삶

1일 금주의 주제 : 태도(Attitude)를 다루는 법
오늘의 주제 : 행복은 선택이다

성경 읽기 : 마태복음 5장 3~12절

 당신은 '행복'을 어떻게 정의하십니까?
(개인적으로 자기의 의견에 맞는다고 생각되는 칸에 표시하십시오.)

☐ 나의 삶의 환경에 만족할 때
☐ 아름다운 저택에 살 때
☐ 내가 사랑하는 사람이나 존경하는 사람과 있을 때
☐ 마음에 맞는 친구와 즐거운 식사를 할 때
☐ 삶에 압박감이 없을 때
☐ 해변가에서 긴 휴식을 취할 때
☐ 성취한 것에 대해 만족감을 느낄 때
☐ 기타 : _____

당신은 고급 식당에서 웨이터가 당신에게 *"즐거운 시간 되세요."*하고 말하는 것을 들어본 적이 있습니까? 이런 단순한 인사에 당신은 어떻게 반응합니까? 이런 말들이 당신을 불편하게 합니까? 단순한 한 끼 식사가 장시간의 기쁨을 가져다 주지 않는다는 것을 잘 알고 있기 때문에 이런 것들이 당신을 불편하게 합니까? 그러면 웨이터가 한 이 말은 맛있는 요리 한 접시에 행복이 존재한다는 것을 전제로 하는 것일까요?

레드 하퍼(Redd Harper)씨가 어느 날 오클라호마 거리를 따라 걷는데 어

떤 사람이 괴로운 표정을 하고 있기에 그에게 다가가서 "무슨 일이 있으세요?" 하고 물어 보았습니다. 그 사람은, "신문 못 보셨나요? 그 외국인이 여길 쳐들어와 원자탄을 터뜨려 우릴 지옥으로 날려버린다고 하잖아요."라고 대답했습니다. 레드 씨는 웃으면서, "당신 일이나 챙기세요! 만일 그들이 나에게 폭탄을 떨어뜨린다면 아마 나를 *천국까지* 날려 버릴 거예요" 라고 대답했답니다.

이 세상에서 우리는 주어진 환경 안에 행복이 있다고 믿도록 은밀하게 세뇌당하고 있습니다. 하나님 나라에서는 행복을 *관계* 안에서 찾을 수 있습니다.

마태복음 5장 3~12절에서는 행복의 비결을 제시하고 있습니다. 어디 한 번 생각해 볼까요?

마음이 가난한 자는 행복하다고 합니다. 왜냐하면 다른 사람들 앞에서 자신을 자랑하지 않기 때문입니다. 그들은 자신이 성취한 것에서가 아니라 하나님의 자녀가 되었다는 사실에서 삶의 중요성을 찾습니다.

애통하는 자는 그들이 사랑했던 것을 잃어버린 자들을 가리키는 것이 아니라 자기 과거의 삶을 진정으로 회개하고 그들의 삶을 온전히 주님께 드린 자들을 뜻합니다.

온유한 자는 허약한 자를 의미하는 것이 아니고 목자의 보호 아래 있는 양떼와 같은 사람들을 가르킵니다. 그들은 철저히 자기의 목자만을 의지합니다.

의에 주리고 목마른 자는 예수만이 의롭고, 예수님이 그들 안에 거하신다는 것을 발견함으로 행복합니다. 예수는 그들의 의로움입니다. 하나님의 사랑을 받기 위해서 어떤 규칙을 만들어 따를 필요는 없습니다. 그들은 단순히 내주시는 예수님과의 교제를 즐깁니다.

긍휼히 여기는 자는 복이 있다고 하는데 타인을 동정하며 애정을 베푸는 것에 큰 기쁨이 있다는 것을 발견했기 때문입니다.

마음이 청결한 자는 복이 있다고 하는 것은 그들이 불순한 생각이나 행위로부터 죄의식을 갖고 있지 않기 때문입니다.

화평케 하는 자는 복이 있다고 한 것은 상황이 비참한 사람들을 '평강의 왕' (예수)에게 데리고 오기 때문입니다.

의를 인하여 핍박을 받는 자는 예수를 인하여 욕을 당하고 거짓으로 그들을 거스리는 모든 악한 말을 듣는 자들은 복이 있다고 하는데, 각 사건을 통하여 믿지 않는 자들에게 자신이 예수의 참 제자임을 확증해 주기 때문입니다.

우리가 하나님 나라에 살 때, 우리의 환경이 더 이상 우리의 행복을 조정하지 못하며 오히려 주님 안의 우리의 삶이 우리에게 '이해를 초월한 행복'을 가져다 줍니다.

행복은 선택입니다. 옆의 그림에서 당신은 무엇을 보십니까?

☐ 절반이 차 있는 물잔을 봅니다.
☐ 절반이 비어 있는 물잔을 봅니다.

당신은 절반이 차 있는 물잔을 보는 사람보다는 절반이 비어 있는 물컵을 보는 사람이 행복해지는 데 문제가 있다고 보십니까? 왜 그렇습니까? 아니면 왜 그렇지 않습니까?

어떤 분들은 전혀 행복하지 않습니다. 어떤 분들은 때로 행복합니다. 또한 다수의 사람들은 외적으로 지속적인 행복을 갖고 있는 것처럼 보이며 그것이 그들을 만나는 사람들에게 영향을 끼칩니다.

 당신에게 맞는 것을 골라 보십시오.

☐ 사람들은 내가 웃는 모습을 결코 볼 수 없다. 나는 아마 내 생각에 행복한 사람이 아닌 것 같다.

☐ 나는 보통 다른 사람들에게 행복한 사람으로 비친다.

☐ 나는 다양한 편이면서 분위기를 탄다. 내 자신이 어떠한 반응을 보일지 모를 때기 많다.

다른 사람들에게 어떻게 보이길 원하십니까?

☐ 기쁨으로 시는 행복한 사람

☐ 항상 심각하며 쓸쓸한 사람

☐ 즉흥적이고 감각적인 사람

만일 당신이 다른 사람들이 당신을 어떻게 보는지(행복한지 또는 불행한지) 잘 모르겠으면, 이러한 문제를 당신의 셀그룹에서 또는 당신의 후원자와 나누어 보시지 않겠습니까? 여러분은 두려움이나 공포나 걱정을 계속 안고 살 필요가 없습니다. 천국 시민으로서 누릴 수 있는 하나의 권리는 당신을 불행하게 만드는 사탄의 공격을 극복할 수 있다는 것입니다. 모든 태도는 영적인 상태에 근거하고 있다는 것을 기억하십시오. 우리의 삶은 내주하시는 예수 그리스도의 임재와 연결되어 있습니다. 예수께서는 우리에게 *기쁨과 평화와 행복을 주시기 위해* 이 땅에 오셨습니다. 오늘의 말씀을 묵상하면서 '경청의 방' 안에서 잠시 시간을 보내십시오. *하나님께서 당신에게 하시는 말씀을 들으십시오.*

새로운 삶 시리즈 3권 : 실천

제8주 : 나의 삶

 2일

금주의 주제 : 태도를 다루는 법
오늘의 주제 : 이성 간의 문제를 어떻게 생각하는가?
성경 읽기 : 마태복음 5장 27~30절 ; 고린도전서 6장 9~10절 ;
요한복음 8장 12절

마태복음 5장 27~30절에 의하면 음욕을 품는 것이 실제로 성관계를 갖는 것보다 죄가 덜 심각하다고 말하고 있습니까?

☐ 두 가지 행위는 똑같이 중한 죄입니다.

☐ 간음이 더 심각한 죄입니다.

☐ 음욕을 품은 것이 더 심각한 죄입니다.

☐ 음욕을 품지 않는다는 것은 불가능합니다.

당신은 *간통(adultery)*과 *사통(fornication)*과의 차이점에 대해서 아십니까? 간통은 결혼한 남녀 사이의 성적인 관계를 맺는 것은 말하며 *사통*은 결혼하지 않은 두 남녀가 성관계를 맺는 것을 말합니다.

고린도전서 6장 9~10절에는 이런 이들에게 좀 가혹하게 들릴 만한 말씀이 있습니다. 간음하는 자와 사통하는 자는 '*하나님 나라의 유업*'을 받지 못한다는 말씀이 무엇을 뜻하는 것일까요? '유업'이라는 단어는 하나님의 통치권을 '같이 나눈다'라는 의미가 있습니다. 다시 말해서 이성과의 옳지 않은 관계를 갖는 사람은 비참한 종말에 이르게 된다는 것입니다.

하나님께서는 음욕이나 간음이나 사통 등에 대해서 관대하시지 않습니다. 하나님께서 우리를 통치하실 때에는, 음욕을 마음에 품거나 행하는 일이 있을 수 없습니다. 만일 우리가 그러한 행위들을 허용한다면 우리는 더 이상 하나님 나라의 백성이 아닙니다. 우리 스스로 세운 타락된 나라의 백성이 되는 것입니다.

많은 세월 동안 제 마음은 그리스도인들의 비도덕적인 문제로 인해 상처를 받아 왔습니다. 우리 중에 누가 그런 성적인 불륜으로 이끄는 상황이나 생각들로부터 유혹받은 적이 없다고 말할 수 있습니까?

저는 이런 말을 들었습니다. "사람이 음욕을 품지 않고 산다는 것은 불가능하다. 그것은 감성적인 삶의 한 부분이며 그런 감정을 어누른다는 것은 사람들을 신경성 환자로 만드는 결과만 초래할 뿐이다." 만일 이것이 사실이라면, 예수님께서 이 진리의 말씀을 가르치신 것은 잘못된 것이라고 볼 수밖에 없습니다.

저는 때때로 신학생들을 데리고 세계일주를 하며 '여름 특강'을 엽니다. 그들은 점잖은 젊은이들로 대다수가 결혼했으며 선교의 비전을 갖고 있는 사람들입니다. 5주 후 종상 파티 때에 제가 학생들에게, "우리가 같이 하는 동안에 직면한 가장 큰 영적 전쟁은 무엇이었다고 생각합니까?"라고 묻자 모두가 이구동성으로, "나는 그 기간 내내 음욕과 싸웠습니다"라고 대답했습니다.

이것이 하나님의 나라에서 허용될 수 있는 문제일까요? 그렇지 않습니다. 예수님과 바울은 이것을 분명히 정의합니다. 음욕을 품는 자와 그런 일을 행하는 자는 천국을 유업으로 *받지 못한*다고 말입니다.

저와 동행한 학생들은 아시아에서 버스를 탈 때마다, 옷을 꼭 끼게 입어서 몸이 완전히 드러나 보이는 여성들에게 완전히 무방비 상태가 되어 버립니다. 더 나쁜 것은 생소한 문화속에서는 사람들을 단순한 감정의 대상으로 생각해 버리는 것입니다. 따라서 저와 동행하던 이 젊은 신학생들에게는 그들이 *한 인격체가 아닌 단순한 감정의 대상*으로밖에 보이지 않는다는 것입니다. 음욕이라는 것은 항상 이러한 사실에 근거합니다. 간음이나 사통도 동일합니다. 이러한 불륜의 성관계를 맺는 사람들은 상대방을 하나의 인격으로 생각하는 것이 아니라 단지 자기 만족을 위해 이용하는 것입니다.

이렇게 다른 사람들을 향락의 도구로 사용하거나 또는 악용하는 사람들은 절대로 하나님 나라에 거할 수 없습니다. 그러면 어떤 여자가 노출이 심한 옷을 입고 버스를 탔을 때 *예수님께서는 무엇을 보실까요?*

예수님의 눈을 통해 보는 사람은 이렇게 기도할 것입니다. "주님, 저분은 당신의 자녀입니다. 당신은 저분을 위해 죽으셨습니다. 저 여성은 옷을 점잖게 입을 만한 자존심이 없습니다. 그녀는 아마 자신을 비하하고 있을 것입니다. 그렇지 않다면 저렇게 자기 몸을 드러내지는 않을 것입니다. 당신은 그녀가 단순한 육체가 아니라 인간으로서 사랑받고 존경받기를 원하십니다. 주님은 그녀가 그녀를 소중하게 여기는 한 남성으로부터 진정한 사랑을 받고 또한 당신을 신랑으로 섬기며 존중하기를 원하십니다. 하나님 아버지, 저는 그녀를 위해 기도하기 원합니다. 저는 그녀의 이름을 모릅니다. 다만 그녀에게 하나님을 향한 강한 의지를 불어넣어 주시기를 기도합니다."

예수님께서는, "*만일 네 눈이 그 사람의 진정한 면을 볼 수 없거든 눈을 빼어 버리라!*"고 말씀하셨습니다. 예수님의 눈으로 바꾸십시오! 예수님께서 이전에 다섯 번이나 결혼했으며 지금은 자기 남편이 아닌 남자와 동거하는 한 여성을 만났을 때 만족의 대상으로 이용당하기 쉬운 사람들을 어떻게 다루셨는지 우리에게 보여 주고 계십니다(요 4 : 7~26). 예수님은 우리의 안에서 살고 계십니다. 우리가 보고 듣는 모든 것을 하나님이 주관하실 때, 하나님 나라가 실현되는 것입니다.

이제 '경청의 방'에 들어갈 시간입니다. 고린도전서 10장 13절을 외우시기 바랍니다.

제8주 : 나의 삶

3일 금주의 주제 : 태도를 다루는 법
오늘의 주제 : 약한 형제에게 어떻게 대할 것인가?

성경 읽기 : 로마서 14장 1~15절

 당신은 담배를 오랫동안 피워 왔던 새신자가 있는 한 셀그룹 모임에 참석했습니다. 당신은 우리 몸이 하나님의 성전이라는 것을 믿으며, 그런 습관은 용납될 수 없다고 봅니다. 셀그룹에서 이 문제를 가지고 토의할 때, 그 새신자가 "담배 피우는 것은 나쁘다고 보지 않아요. 그것은 다만 사적인 문제입니다"라고 했을 때, 당신은 어떤 태도를 취하시겠습니까?

☐ 생일 선물로 그에게 담배 한 상자를 준다.

☐ 그것은 내가 상관할 문제가 아니라고 단정한다.

☐ 담배를 끊도록 권유하고 그렇지 않을 경우, 셀그룹에 나오지 못하도록 한다.

☐ 그 점에 대해서 집중적으로 기도하며, 전혀 어떤 말도 하지 않는다.

☐ 그의 후원자가 되어 매주 만나 *이 교재*를 가지고 함께 공부한다.

종교적인 문제들 중에 '해야 하는 것' 과 '하지 말아야 할 것' 을 제시하는 법적인 제도가 있습니다. 본문에서 사도 바울은 우리 모두가 주님 앞에 서서 심판을 받게 될 것이지만 우리가 다른 사람들을 정죄할 권리는 없다고 설명합니다.

하나님의 나라에서 어떤 것은 '항상 잘못된 것' 이 있습니다. 사통과 간음이 여기에 해당됩니다. 그런데 한편으로는 '항상 옳은 것' 이 있는데 '경청의 방' 에서 시간을 보낸다거나 상처 입은 영혼을 돌보는 일들이 그렇습니다. 또한 어떤 부분은 성경에서 권유하지도 금하지도 않는 '불분명한 부분'들이 있습니다. 우리는 이런 부분에 대해서는 어떻게 타인에게 행동해야 될까요?

두 가지 원리

첫 번째 원리는 우리에게 주어진 자유가 하나님을 기쁘시게 해야 한다는 것입니다(롬 14 : 6). 나는 왕의 자녀(*PAIS*)입니다. 우리는 그리스도인 친구들 사이에 속박되어 있지 않습니다. 우리는 머리를 길게 하거나 짧게 하는 것은 자유로우며 절기를 지키거나 무시하는 것 또한 자유롭습니다. 로마서 14장 12절에 의해서, 우리는 언젠가 주님 앞에 설 것이고 하나님께서 나의 삶을 헤아리고 계신나는 것을 압니다. 예를 들어, 우리가 주님이 주신 복을 나태하게 오용했다면 우리는 하나님께 그 점에 대해서 설명해야만 합니다. 아무도 이런 불분명한 부문에 대한 우리의 결정을 정죄할 권리가 없습니다.

두 번째 원리는 *믿는 형제들에 대해 사랑으로 나아가야 한다는 것입니다* (롬 14 : 15). 만일 내 자유대로 산다면 이미 우리는 사랑 안에서 사는 것이 아닙니다. 따라서 때로는 그리스도 안에서 우리의 형제나 자매를 위한 사랑의 행위로서 우리의 *자유*를 포기해야 될 경우도 있습니다.

몇 년 전, 플로리다의 펜사콜라에서 목회할 때, 저는 자주 젊은이들을 바닷가에 데리고 가서 회식을 즐기곤 했습니다. 우리는 교회에서 만나 여러 대의 차에 나눠 타고 수영하기 좋은 장소로 가곤 했습니다. 그런 회식을 나눈 다음 날인 주일날 아침에 설교를 했습니다. 예배가 끝난 뒤 떠나는 사람들과 악수를 하기 위해 문쪽으로 갔습니다.

우리 교회에 제가 가장 좋아하는 마마 마요(Mama Mayo)라는 80세가 넘는 '할머니' 한 분이 계십니다. 그런데 그 주일 아침, 그 할머니가 저와 악수하기를 거절하며 인사도 하지 않는 것이었습니다. 저는 놀라서 길까지 쫓아가서 물었습니다. "마마 마요, 무슨 일이 있었습니까?" 그러자 할머니는 눈물을 주르륵 흘리며 "아마 목사님의 설교를 다시는 안 듣게 될 것입니다. 나는 감히 나의 목사님이 대중 앞에서 그런 반바지 차림으로 있는 것을 보리라고는 상상도 못했습니다!"

그때 저는 교회 강당 앞에서 차에다 음식을 싣고 있던 반바지 차림의 제 모습이 떠올랐습니다. 깨달을 사이도 없이 저는 이 연로한 성도를 당황하게 한 것입니다. "마마!" 저는 슬픈 목소리로 그녀를 불렀습니다. "잘못했습니다. 저는 전혀 마마 마요를 당황하게 할 의도는 없었습니다. 앞으로는 절대 마마 마요 앞에 반바지 차림으로 나타나지 않을 것입니다!"

그때 이후로 저는 바닷가에 도착한 후에만 반바지를 입었습니다. 제게는 자유로이 옷을 입을 수 있다는 저의 생각보다 마마 마요 할머니가 훨씬 더 소중했던 것입니다. 마요 할머니의 가족들이 그녀의 장례식을 집례해 달라고 부탁하던 날이 기억납니다. 그날 저는 그녀의 관 옆에 서서 제게 주어진 자유를 **아가페**의 사랑으로 절제한 것에 대해 얼마나 기쁘게 생각했는지 모릅니다.

셀그룹에 속한 당신은 이런 불분명한 부분들에 대해 서로 이해하는 방법이 틀린 사람들과 어울리게 될 것입니다. 당신은 그분들을 "천국의 사포(Sandpaper)"로 여기시기 바랍니다. 그래서 당신으로 하여금 자신을 위한 삶과 남들 또는 주님을 위한 삶의 차이점을 깨달을 수 있는 계기가 되시기 바랍니다.

이제 '경청의 방'으로 들어갈 시간입니다. 다음의 질문들을 통해서 당신 자신을 평가하고 하나님의 음성을 들으시기 바랍니다.

자기 시험

☐ 내가 먹는 음식 중에 다른 사람에게 시험이 되는 것이 있습니까?

☐ 내가 마시는 것 중에 다른 사람에게 시험이 되는 것이 있습니까?

☐ 내게는 평범한 습관 같은데 다른 사람이 볼 때는 놀랄 만한 것이 있습니까?

☐ 나는 현재, 일정한 삶의 방식을 요구하든지, 또는 그리스도 안에서의 자유를 빼앗아가는 어떤 사람이나 단체에 의해서 희생당하고 있습니까?

☐ 내가 너무 다른 사람에게 민감합니까? 그리고 내 삶이 그들에게 어떤 영향을 미칩니까?

☐ 예수님은, "누구든지 나를 믿는 이 소자 중 하나를 실족케 하며 차라리 연자 맷돌을 그 목에 달리우고 깊은 비디에 빠뜨리우는 것이 나으니리"(마 18 : 6)고 말씀하셨습니다. 나는 셀그룹에 속한 영적인 어린아이의 요구에 민감하게 대처합니까? 예수 안에서의 나의 자유가 나른 사람을 실족하게 만듭니까?

기도 :

"예수님, 저를 다른 사람들에 대해 민감하게 해주시길 기도합니다. 저의 말과 행동을 통한 제 삶이 복이 되게 하소서. 주님이 저를 통하여 얼마나 그들을 사랑하기 원하시는지 제 영으로 알게 하시기 원합니다. 다른 사람을 향한 당신의 사랑을 제게 배나 부어 주시기 원합니다. 어떤 환경에서든지 제 뜻대로 하지 말게 하시고 오직 주님의 뜻대로 하게 하소서! 아멘"

새로운 삶 시리즈 3권 : 실천

제8주 : 나의 삶

금주의 주제 : 태도를 다루는 법
오늘의 주제 : 나의 '서열'

성경 읽기 : 고린도전서 9장 19~23절 ; 갈라디아서 3장 28절 ;
야고보서 2장 1~10절

'서열' 이란 닭들이 먹이를 먹는 순서를 관찰하던 중에 만들어진 표현입니다. 그들 가운데는 대장 수탉이 먼저 모이를 먹고 그 후에 정해 놓은 순서에 따라 나머지 닭들이 모이를 먹습니다.

이 세상에도 사람들 사이에 이와 같은 '서열' 이 있습니다. 종종 백인들은 유색인들을 낮게 봅니다. 제가 아는 어느 한국 친구는 일본 도쿄에서 아파트를 구할 때에 대단한 어려움을 겪었습니다. 그 이유는 일본 사람들의 마음에 한국인은 그들보다 서열상 아래라고 생각하기 때문입니다. 세상의 많은 언어들은 대개 *세 개의* 어휘들로 나누어집니다. 곧 윗사람에게 하는 어휘, 친구에게 하는 어휘, 그리고 아랫사람에게 하는 어휘입니다.

제가 한국을 여행 중일 때에 사역상의 직함은 '참모 비서(Executive Secretary)' 였습니다. 미국에서는 매우 높은 직책인데 한국 목사님들께는 '비서' 라는 말 때문에 다소 분간이 안 되는 직책이었던 것 같습니다. 그들은 제가 그들보다 위에 있는지 아래에 있는지 결정하기가 어려웠던 것 같습니다.

우리는 간혹 이런 말을 들을 때 화가 납니다. *"그렇지만 만약에 당신의 딸이라면 그 사람과 결혼시키겠어?"* 사탄은 우리가 서로 갈라지는 것을 기뻐

하며 그의 나라는 이런 특정한 '서열'들로 이루어져 있습니다. 우리 모두는
그러한 것들의 희생자입니다.

어느 사회학자의 결론

사탄의 나라에서 사람들이 어떻게 서로를 대하는가에 대해서 연구한 폴
란드의 유명한 사회학자는 보고서에서 인간을 다음과 같은 세 부류로 나눌
수 있다고 말했습니다.

1. '사람' 같은 사람

이런 사람들은 우리와 같은 수준이거나 우리보다 수준이 높은 사람들입
니다. 우리는 그들과 같이 있을 때 대단히 편하며 우리의 마음을 솔직히 털
어놓고 싶어집니다. 그들은 사회적으로나 지적으로나 경제적으로 우리와
같은 부류라 볼 수 있습니다. 우리는 그들과 같이 있는 것을 좋아합니다. 우
리는 종종 우리보다 여유가 많아서 우리에게 이익을 줄 수 있는 사람들에게
특별한 친근감을 보이기도 합니다(약 2 : 1~10 참조).

2. '기계' 같은 사람

우리들은 이와 같은 사람들과 사회적으로나 개인적인 차원에서 교제를
나누길 원하지는 않고 단지 그들을 이용하려 합니다. 예를 들면, 은행 사무
원이나 차를 고치는 수리공들이 그런 부류에 속하겠지요. 그들에게 친절하
며 정중한 것, 더 나아가서 그들의 가족의 안부를 묻는 것은 일종의 '겉치
레'이며 단지 그들이 우리에게 더 잘해주게 하려는 수단에 불과한 것입니
다. 사실상 우리는 그들에게 별 신경을 쓰지 않습니다. 만일 그들이 우리에
게 돈을 빌려 달라든가 아니면 어떤 부탁을 한다면 우리는 어떤 이유를 대

서라도 우리를 위해 일하는 '기계' list에서 그들을 삭제시켜 버릴 것입니다.

3. '풍경' 같은 사람

첫째와 둘째 경우에 해당되지 않는 사람들이 있습니다. 우리는 그들에게 전혀 관심이 없으며 그들을 알기 위해 시간을 투자하려는 생각도 없습니다. 그들은 엘리베이터를 같이 탔거나 길가에 스쳐 지나가는 사람들로서 단순히 지나쳐 버리는 '풍경'의 일부분으로 취급합니다. 우리에겐 전혀 가치가 없는 사람들입니다.

✎ 하나님의 왕국에는 '서열'이 없습니다!

오늘의 본문을 다시 생각하면서 다음 빈 칸을 채우시기 바랍니다.

고린도전서 9장 19~23절
"내가 자유하였으나 스스로 모든 사람에게 _종이_ 되었습니다.
유대인에게는 내가 _유대인_ 같이 되었고
약한 자들에게는 내가 _약한 자_ 같이 되었습니다."

갈라디아서 3장 28절
"너희는 _유대인_ 이나 _헬라인_ 이나 _종_
이나 _자유인_ 나 _남자_ 나 _여자_ 없이 다
그리스도 예수 안에서 하나이니라."

야고보서 2장 2~4절
우리 셀그룹 안에서의 차별에 대해서 어떻게 성경이 경고하고 있습니까?

"만일 너희 회당에 _금 가락지_ 를 끼고 _아름다운 옷_ 을 입은 사람이 들어오고 또 _남루한 옷_ 을 입은 _가난한 사람_ 이 들어올 때에, 너희가 _아름다운 옷_ 을 입은 자를 돌아보아 가로되 여기 좋은 자리에 앉으소서 하고 또 _가난한 자_ 에게 이르되 너는 거기 섰든지 내 _발등상_ 아래 앉으라 하면 너희끼리 서로 구별하며 악한 생각으로 판단하는 자가 되는 것이 아니냐"

다음 문제들은 '경청의 방'에서 생각해 보십시오. 당신의 셀그룹에 있는 사람들을 생각해 보십시오. 당신이 어떻게 그들을 대하고 있는지 한 번 적어 보십시오. 그들을 사람, 기계, 풍경 중 어떤 부류로 대하고 있습니까? 당신 안에 계신 예수께서 그들을 어떻게 대하시길 원하는지 알아보십시오.

아래에 이름을 적고 '사', '기', '풍' 으로 표시하십시오.

1. 당신의 직계 가속의 이름을 적고 표시하십시오.
_____ 사 기 풍 _____ 사 기 풍
_____ 사 기 풍 _____ 사 기 풍

2. 당신의 직장이나 학교에 있는 사람들의 이름을 적고 표시하십시오.
_____ 사 기 풍 _____ 사 기 풍
_____ 사 기 풍 _____ 사 기 풍

3. 당신의 셀그룹 멤버들을 적고 표시하십시오.
_____ 사 기 풍 _____ 사 기 풍
_____ 사 기 풍 _____ 사 기 풍

새로운 삶 시리즈 3권 : 실천

제8주 : 나의 삶

 5일 금주의 주제 : 태도를 다루는 법
오늘의 주제 : 누가 누구에게 상처를 주는가?

성경 읽기 : 에베소서 4장 30~32절

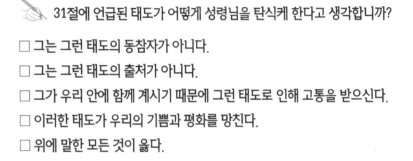 31절에 언급된 태도가 어떻게 성령님을 탄식케 한다고 생각합니까?

☐ 그는 그런 태도의 동참자가 아니다.

☐ 그는 그런 태도의 출처가 아니다.

☐ 그가 우리 안에 함께 계시기 때문에 그런 태도로 인해 고통을 받으신다.

☐ 이러한 태도가 우리의 기쁨과 평화를 망친다.

☐ 위에 말한 모든 것이 옳다.

'탄식하다' 라는 단어는 성경에서 '마음 아픈' 또는 '고뇌'로 해석됩니다. 당신은 그런 감정을 구별할 수 있습니까? 당신은 삶 속에서 그런 커다란 슬픔을 느껴본 때를 기억할 수 있습니까? 그때 얼마나 고통스러웠는지 기억하십니까?

당신이 진정으로 사랑한 사람이 이 세상을 떠난 적이 있습니까? 그 사람과 맺었던 친밀한 감정 때문에 당신은 큰 슬픔을 느꼈을 것입니다. 그리고 헤어짐 때문에 당신은 고통을 느꼈던 것입니다.

우리가 성령님과 맺은 친밀한 관계를 저버릴 때, 우리 안에 계시는 성령님도 똑같이 그런 아픔을 당하십니다. 사도 바울은 *"네 안에 거하시는 성령을 근심케 하는 일들을 당장 없애 버리라"*고 말합니다.

여섯 가지 악한 습관

말씀에 나오는 여섯 가지 태도에 대해서 검토해 봅시다.

모든 쓴뿌리(Bitterness)

이것은 산과 같은 독으로 주위의 모든 것들을 녹인다는 뜻으로 쓰였습니다. 이것은 우리가 과거에 입었던 피해를 계속 기억하면서 길러온 내 안의 증오감을 말합니다. 이런 사람들은 다음과 같은 질문에 전혀 답할 수가 없습니다. *"누가 나의 증오심 때문에 피해 받고 있는가?" "나에게 피해를 입힌 자도 어떠한 상처를 받았는가?"* 모든 경우, 답은 다 같습니다. 그 쓴뿌리는 상대방이 아닌 바로 악독한 마음이 들어 있는 자를 녹입니다. 사탄의 속임수는 이런 사실들을 깨닫지 못하도록 우리의 쓰디쓴 감정을 막아 버립니다. 그런 쓴뿌리의 결과에는 육체적인 쇠약, 정서적인 방해, 그리고 비논리적인 사고 방식 등이 있습니다. *가장 안타까운 것은 성령님께서 그 일로 슬퍼하시며 또한 그것을 어떻게도 하실 수 없다는 것입니다!*

노함과 분냄

노함은 강하고 파괴적인 열정으로 묘사됩니다. *분냄*은 상처를 주기 위해 파괴하려는 욕구를 말합니다. 그것은 쓴뿌리보다 위에 있으며 어떤 파괴적인 행동의 원인이 되는 것입니다. 잠재해 있던 감정이 밖으로 표출되어 나오는 것입니다.

떠드는 것과 훼방하는 것

떠드는 것은 헬라어로 "으르렁대듯이 소리지르는 것"을 뜻합니다. 그것은 사자가 먹이를 앞에 두고 덤벼들 때에 내는 소리라고 볼 수 있습니다. 또한 쓴뿌리는 상처를 주려는 과거의 욕구를 분출하는 것입니다. 이렇게 드러난 행동이 '훼방'입니다. 훼방은 타인을 파괴하려는 의도에서 안에 있는 쓴뿌리가 말로 표출되는 것을 말합니다. 그 말의 사실 여부에는 상관없이 그것의 의도는 상처를 주고, 잘라내고, 파괴하는 데에 있습니다!

모든 악의

*악의*는 다른 사람의 가치를 파괴하려는 사탄의 의도를 뜻합니다. 그것은 다른 사람을 파괴시키기 위해 가능한 모든 일에 전념하는 *삶의 방식*을 의미합니다.

이런 감정들의 배합은 일반적인 현상이다

이 세상의 나라에서 사람들은 이러한 주제에 기초한 많은 영화를 보고 소설을 읽으면서 이러한 일들을 지켜보는 것을 즐깁니다! 더 나아가 이렇게 하여 나쁜 생각에 나쁜 것들이 더하여져서 사회는 점점 더 타락하여 심연의 소용돌이 속으로 빠져 들어가는 것입니다.

당신은 지금 마음 속에 어떤 쓴뿌리와 함께 생활하고 있습니까? 저는 지금 어렸을 때 아버지한테 학대를 받으며 자란 한 여인이 생각납니다. 공장을 유산으로 주겠다고 약속하고는 약속을 무시한 채 임의대로 그것을 팔아 돈을 챙긴 아버지한테 상처받은 한 청년도 기억납니다. 남을 속이는 이야기는 끝이 없습니다. 고용주는 연금을 주지 않으려고 자기를 위해 오랜 세월 동안 열심히 일한 종업원을 해고합니다. 어디를 보나 거기에는 상처받을 이유들로 가득 차 있습니다.

당신은 그런 쓴뿌리를 가지고 있습니까? 누구 또는 무엇 때문입니까?

당신은 이러한 파괴적인 힘 앞에서 삶의 한계를 느끼십니까?

당신은 당신을 붙잡고 있는 이러한 견고한 진들로부터 해방되기를 원하십니까?

31절의 지시는 아주 명백합니다. **이러한 것들을 없에 버리라 — "바로 실행하라"**는 것입니다. 사도 바울은 우리가 첫발을 내딛어야 한다고 말하는데 이것은 매우 중요한 말씀입니다. 자기 연민으로 그 안에 빠져 있는 것은 결코 문제 해결에 도움이 되지 않습니다.

성령님께서는 우리가 이러한 삶에 종지부를 찍기를 원하면서 우리를 바라보시며 슬퍼하시며 울고 계십니다. 우리가 마음의 결정을 내리고 도움을 청할 때 성령님께서는 우리를 도우십니다. 그때 성령님께서 '우리와 동행하시며 도우실' 수 있습니다 (이것이 바로 '보혜사'의 문자적 의미입니다.) 첫발을 내딛었을 때, 그는 더 이상 멀리 계시지 않습니다. 당신의 마음 중심에 성령님을 모실 때 모든 상황이 바뀝니다.

자신에게 물어 보십시오. "나의 태도로 인해 누가 피해를 입고 있는가?" 당신 자신을 그 명단 제일 위에 올려 놓으십시오. 혹 "내가 이런 감정을 가지고 있는 것은 당연해. 내가 과대한 상상을 하는 것이 아니라구. 나에게는 이런 모든 것의 흉터들이 아직 남아 있잖아!" 라고 당신 자신을 정당화하는 말은 하지 마십시오. 그것이 혹 사실일지 모르지만 당신은 스스로 치료받기를 거절하는 것입니다. 그렇지 않습니까? 또 누가 파멸되고 있습니까? 당신이 가장 많이 영향을 끼칠 수 있는 당신의 친구들, 가족들에게 이런 쓴뿌리의 영향이 당신을 만날 때마다 확산될 것입니다.

하나님 나라에서 기억해야 할 두 가지 특이한 예가 있습니다. 바로 예수님과 스데반 집사입니다. 그들은 둘 다 부당한 죽음을 당하면서 같은 영을 나누어 가졌습니다. "아버지, 그들을 용서하여 주십시오. 그들은 그들이 하고 있는 일을 알지 못합니다" 라고 했던 것입니다. 당신이 성령님을 '도우시는 자' 로 초청할 때에 당신은 예수께서 당신의 상처에 그의 사랑과 용서하심으로 응답하심을 발견하게 될 것입니다.

당신은 도움이 필요합니까? 당신의 셀그룹 멤버들이 함께 들어줄 것입니다. 셀 그룹에서 이런 이야기를 털어 놓으십시오. 혹은 당신의 리더와 나누십시오. 자! 이제 '경청의 방' 에 들어갈 시간입니다.

NOTE

제9주 : 권세를 대면함

금주의 주제 : 영적 전쟁

오늘의 주제 : 하나님의 마음

성경 읽기 : 베드로후서 3장 9절 ; 이사야 30장 18절 ;

에스겔 18장 23절, 33장 11절 ; 로마서 2장 4절

하나님 나라에 들어가는 것은 악의 세력과 불신으로부터 떠나는 것을 의미하지는 않습니다. 저는 가끔 하나님께서 아브라함을 인도하셨던 방식에 관해서 읽으면서 미소짓지 않을 수 없었습니다. 히브리서 11장 8~10절에 아브라함이 그의 집을 떠나 먼 여행길에 나선 것은 "*하나님의 지으실 터가 있는 성을 바랐음이니라*" 라고 말합니다.

결국 하나님께서 "아브라함아 네가 드디어 도착하였느니라. 이곳이 바로 네가 정착할 곳이니라" 라고 말씀하셨습니다. 아브라함은 아마도 그곳을 한 번 살핀 후 이렇게 말했을지 모릅니다. "하나님! 여기요? 이런 곳으로 인도하시다니 정말 뜻밖입니다. 제가 왜 떠나왔는지 아시지 않습니까? 하나님과 더욱 가까이 지내고 싶어서가 아닙니까? 그 때문에 가족들과 친구들을 다 떠났습니다. 그런데 이곳은 그 목적과는 좀 다르지 않습니까? 제가 둘러보니 이곳은 아주 추악한 곳인걸요! 저 언덕 위로는 남근상들이 즐비합니다. 이 가나안족들은 우상에게 제사하기 위해 처녀들을 바치고 갓난아기들도 번제물로 바칩니다. 전 하나님께서 한적한 산 속이나 바닷가로 인도하실 줄 알았습니다. 정말 이곳이 제가 올 곳이 맞습니까?"

이상한 하나님!

절대 그렇지 않습니다! 아브라함이 하나님을 좀더 알았다면 그가 당연히 그런 곳으로 와야할 것을 알았을 것입니다. 에스겔 33장 11절은 "주 여호와의 말씀에 나의 삶을 두고 맹세하노니 나는 악인의 죽는 것을 기뻐하지 아니하고 악인이 그 길에서 돌이켜 떠나서 사는 것을 기뻐하노라. 이스라엘 족속아 돌이키고 돌이키라. 너희 악한 길에서 떠나라. 어찌 죽고자 하느냐 하셨다 하라"고 말하고 있습니다. ㅣ 하나님은 그들의 회개하기를 인내하심 .

하나님께서 왜 아브라함을 가나안 족속들에게 보내셨겠습니까? 그리고 같은 이유로 하나님은 그 분의 독생자를 우리에게도 보내셨습니다. 성경에는 하나님의 친절하시고 자비하신 모습이 분명히 나타나 있습니다. 그러나 한 인간의 몸, 그리스도의 몸이 하나님의 성령을 가장 캄캄하고 추악한 곳으로 옮기셨던 것입니다. 구원은 인간의 몸을 입으신 그리스도를 통해서 우리에게 전해졌습니다. 악한 인간에게 하나님의 나라가 임한 것입니다.

베드로후서 3장 9절에서 불신자들을 향한 하나님의 마음이 어떻다고 말합니까?

☑ 그는 불순종하는 이들에게 인내하십니다.
☐ 그는 회개치 않는 자들을 불로 심판하는 날을 고대하십니다.
☐ 위의 둘 다 맞다.
☐ 위의 둘 다 틀리다.

당신은 아주 엄청난 거짓을 가르치는 사람을 만날지 모릅니다. 그들은 구약의 하나님을 노하시는 하나님이라고 말합니다. 또한 신약에 와서 사람들이 하나님을 아주 순하게 만들었다고 합니다. 그것은 터무니 없는 거짓입니다. 조금전에 읽었던 에스겔에 이어 이사야에 기록된 것을 보십시오. "그러나 여호와께서 기다리시나니 이는 너희에게 은혜를 베풀려 하심이요, 일어나시리니 이는 너희를 긍휼히 여기려 하심이라. 대저 여호와는 공의의 하나님이심이라. 무릇 그를 기다리는 자는 복이 있도다"(사 30 : 18) 이 권세 있는 진리가 천국을 침투해 갑니다. 우리의 마음 속에 하나님이 계시므로 불신자들을 향한 연민이 우리 안에서 일어나는 것을 느껴야 합니다. 로마서 2장 4절의 말씀에 보면 '하나님이 인자하시고, 용납하시며, 인내가 풍성하시다 …' 라고 하였는데, 그 이유는 '하나님의 인자하심은 우리를 인도하여 회개의 열매를 맺게 하시려는 것이기 때문입니다.'

이 책이 쓰여진 목적은 당신에게 현존하는 하늘 나라의 가치관은 이해할 수 있도록 돕기 위한 것입니다. 여기에서 무엇보다도 중요한 가치관은 '하나님의 인자하심이 회개를 가져온다!' 는 것입니다.

✎ "하나님께서 가장 중요하게 여기시는 것이 무엇일까?" 하고 생각해 보신 적이 있으십니까? 첫 번째 우선 순위로 생각되는 것에 '1' 번을 쓰고, 두 번째 순위에 '2' 번 … 으로 표시하십시오(정확하게 우선 순위를 정하기는 힘들 것입니다. 그러나 서로의 답을 나눠 보십시오).

___ 그의 독생자(예수)가 사랑과 존귀의 대상이 되는 것
___ 우리 가운데 하나님의 나라가 임하는 것
___ 하나님의 온전하신 뜻으로 우리를 인도하시는 것
___ 우리의 매일매일의 필요를 채워 주시는 것
___ 우리를 유혹에서 건지시는 것
___ 모든 사람을 정의로 심판하시는 것
___ 우리에게 그의 의를 나타내시는 것

_1_ 예수님의 십자가의 죽으심을 통해서 모든 사람에게 영원한 구원을 주시
는 것 ＝ 하나님의 소원

위의 문제를 생각하면서 "이건 정말 말도 안 돼! 어떻게 사람이 하나님의
우선순위를 알 수 있단 말인가?" 하고 말하고 싶을지도 모릅니다. 여러분이
많은 생각을 하였다 할지라도 하나님께서 *가장 중시하는 것*에는 의문의 여
지가 없습니다. **그것은 바로 하나님의 독생자가 십자가 위에서 죽으심으로
말미암아 모든 사람이 영원한 구원을 얻게 되었다는 것입니다.** 이것을 첫
번째로 선택하셨습니까?

성경은 이 진리를 창세기부터 요한계시록 전체를 통해 분명히 밝히고 있
습니다. 하나님의 마음에 타오르는 열성은 모든 사람에게 그의 사랑, 용서,
그리고 교제하심을 알게 하는 것입니다.

그것이 사실이라면 당신이 이 세상에 사는 동안, 하나님께서 당신에게 하
기 원하시는 것은 무엇일까요? (맞다고 생각하는 답에 모두 표시하십시오.)

□ 불신자들과 멀리하고 그리스도인들하고만 교제한다.
□ 사탄의 권세 아래서 구제받아야 할 사람들과 함께 산다.
☑ 복음을 듣지 못한 사람들을 천국으로 인도한다.
□ 하나님과의 교제를 즐기며 주변의 고통받는 사람들은 외면한다.

오늘 공부의 목적은 바로 이 사실을 직면할 수 있게 하는 것입니다. 즉, 모
든 사람을 향한 하나님의 사랑을 깨닫는다면 그리스도인으로서 우선 순위
를 최대한 많은 사람들을 십자가 앞으로 인도하는 데 두게 됩니다. 그것을
우리의 첫 번째 가치관으로 세울 때 우리의 삶에 엄청난 변화가 일어나는
것을 경험할 수 있습니다. *이제 '경청의 방'으로 들어갈 시간입니다.*

제9주 : 권세를 대면함

 2일 금주의 주제 : 영적 전쟁
오늘의 주제 : 사탄의 마음

성경 읽기 : 요한복음 8장 44절 ; 고린도후서 4장 3~4절 ;
요한일서 5장 19절

운동 선수들은 경기를 앞두고 상대 팀이 다른 팀과 경기한 비디오 테이프를 봅니다. 상대 팀을 알면 알수록 더 유리하게 그들과 대적할 수 있기 때문입니다.

우리는 어제 하나님의 마음에 대해 생각해 보았습니다. 하나님께서는 모든 사람을 사탄의 지배로부터 구원하시길 원한다는 것을 우리는 분명히 압니다. 그리스도의 군사로서 우리는 사탄의 전략을 아는 것이 무척 중요합니다.

사탄에 관해 가장 강하게 묘사한 것이 요한복음 8장 44절입니다. 예수님은 여기에서 불신하는 유대인들에게 말씀하십니다. 그들은 종교의 모습은 갖추고 있으나 하나님을 그들의 주권자로 받아들이지 않았습니다. 그들은 교만하고 난폭하고 또 잔악했습니다. 주님께서는, *"너희는 너희 아비 마귀에게서 났으니 너희 아비의 욕심을 너희도 행하고자 하느니라. 저는 처음부터 **살인한 자**요 진리가 그 속에 없으므로 진리에 서지 못하고 거짓을 말할 때마다 제 것으로 말하나니 이는 저가 **거짓말쟁**이요 거짓의 아비가 되었음이니라"*고 말씀하십니다.

이 말씀 한 마디 한 마디가 우리 대적의 성품에 관해 우리를 경각시킵니다. 무엇보다도 먼저, 그는 모든 악한 사람들의 '아버지'라고 했습니다. 헬라어로 '마귀'란 말은 "다른 사람들을 멸망으로 인도하는, 의도적으로 진리를 변형시키는 자"라는 뜻입니다. 우리의 적은 살인자입니다. 그 안에는 진리가 없고, 그는 잔악한 속임수로 가득한 자입니다. "그는 제 것으로 말하나니"라는 말을 보십시오. 그는 어떤 경우에도 진리를 말하지 않습니다. 따라서 '거짓의 아비'의 자녀들은 결코 진리를 들을 수 없습니다.

거짓의 아비는 불신자들에게 무엇을 하는가?

고린도후서 4장 3~4절에서 그 답을 찾을 수 있습니다. 그리고 요한일서 5장 19절은 사단의 세력이 얼마나 널리 퍼져 있는지를 말하고 있습니다. "온 세계가 그의 지배 아래 있습니다." 이 세상은 하나의 큰 감옥이며 모든 사람은 그 안에 있는 영적 수감자들입니다. 사탄은 그 감옥의 교도소장이며 모든 사람의 마음이 어두워져 그리스도의 빛을 볼 수 없도록 최선을 다하고 있습니다.

눈을 가리고, 넓은 널빤지 위에 올라가서 서 있는 게임을 해보신 적이 있습니까? 두 사람이 그 널빤지를 조금 들어 올려서 흔든 다음 다시 내려놓습니다. 다른 사람들은 무릎을 꿇고 낮게 앉아서 널빤지가 얼마나 높이 올라갔다고 말합니다. 목소리가 아래서 들리기 때문에 착각을 일으킵니다. 마지막으로, 눈가림한 사람에게 "뛰어내리라!"고 하면 높은 곳에서 뛰어내려야 하는 줄 알고 잔뜩 긴장한 채 뛰어내리는데 사실은 바로 2센티미터도 안 되는 높이인 것입니다.

그 게임을 하고 나서 내가 속았다고 생각하니 기분이 좋지 않았습니다. 그 일을 다시 생각해 보니 사탄이 바로 모든 불신자에게 쓰는 속임수가 어떤 것인가를 알게 되었습니다. 마음에 눈가림을 당한 사람들은 이 세상에서 자신이 커다란 성공과 미래의 행복을 향해 올라가고 있다고 생각합니다. 그것이 사탄의 속임수임을 깨닫는다면 얼마나 놀라겠습니까?

사탄과 그의 마귀들은 자기들이 영원한 불못에 던지우게 될 것이라는 것을 알고 있습니다(마 25 : 41). 또한 그들은 자기들뿐만 아니라 모든 악을 행하는 자들도 그와 같이 될 것이라는 것을 알고 있습니다(계 21 : 8). 사탄은 '**파괴자**'라고 불리우기도 합니다. 그는 사람들을 감옥에 넣기 위해서 하나님의 사랑에 관한 진리를 알지 못하도록 눈을 가리는 일에 혼신의 힘을 다하고 있습니다.

불신자를 그리스도 앞으로 인도하는 것은 전쟁이다

사탄은 자기의 포로가 된 자들을 쉽게 풀어주지 않습니다. 사탄의 포로가 된 사람들에게 단순히 구원의 계획만을 설명하는 것으로는 효과를 거두기가 힘들 것입니다. 그들은 *하나님의 나라*를 먼저 볼 수 있어야 거기에 들어가고 싶은 마음이 생길 것입니다. 사탄은 불신자들의 마음을 가려서 하나님 나라를 볼 수 없도록 속이는 영들을 보냅니다. 그러므로 우리는 이것이 바로 *영적 전쟁*이라는 것을 깨달아야 합니다.

아래의 빈 칸에 하나님의 사랑으로부터 눈가림을 당한 가족이나 친구 두 사람의 이름을 적으십시오.

1._____, 2._____

위에서 읽은 내용을 생각할 때, 이 두 사람의 눈가림을 어떻게 설명하겠습니까?(아래의 맞는 곳에 표시하십시오.)

☐ 그들은 100% 시각장애인이 되어 완전한 암흑 속에 있다.

☐ 내가 전에 그리스도에 관해 그들에게 이야기했을 때 불친절하게 거절당했다.

☑ 그들은 하나님이나 예수님의 사랑에 대해 전혀 이해하지 못한다. 그들은 완전히 속고 있다.

이들에게 당신 안에 거하시는 그리스도를 알려야 하는 책인에 대하여 어떻게 생각하십니까? '불가능하다' 고 단념하지는 않았습니까? 만일 그렇다면 사탄은 당신 안에 있는 하나님의 능력을 무력화 하는데 성공한 것입니다. 당신은 "내가 더 이상 무엇을 할 수 있습니까?"라고 물을지 모릅니다.

여기서 다시 한 번 제6주 5일(142페이지)에 배운 원리로 돌아갑시다. 거기에서 우리는 응답받을 때까지 하는 *기도의 중요성*에 대해 배웠습니다. 끝까지 견디는 기도는 *투쟁하는* 기도입니다. 다음 며칠 동안 이것에 대해 더 많은 이야기를 할 것입니다.

당신의 친구를 위해 다음과 같이 기도하십시오

'경청의 방' 의 노트를 사용하십시오. 한 사람당 한 페이지를 사용하십시오. 첫 줄에 불신자의 이름을 쓰고 그 사람에 대해 아는 것을 모두 생각해 봅시다. 그리고 그 사람의 삶에 대해서 아는 대로 그가 속고 있는 것들, 악한 습관, 잘못된 신앙관 등을 적으십시오. 적은 날짜도 함께 기록하십시오. 이 한 장의 종이가 당신의 '영적인 전쟁터' 가 됩니다!

당신은 매일 '경청의 방'에 갈 때마다 그 사람을 위해서 기도하십시오. 전에 적었던 견고한 진들을 그 사람에게서도 없애 주실 것을 위하여 기도하십시오. 하나님께서 사탄의 속박으로부터 그 사람을 자유케 하실 때까지 계속 기도하십시오. 속이는 영의 세력이 더 발견되거든 추가해서 적으십시오. 또한 주님께 그 사람을 *섬길 수 있는* 기회를 달라고, 모든 방법을 동원해서 그 사람에게 *사랑과 관심을 보일 수 있게* 해달라고 기도하십시오.

사탄은 전능하지 않습니다. 하나님의 **아가페** 사랑이 그의 감옥 안으로 침투하는 것을 막을 수 있는 힘이 사탄에게는 없습니다. 오랫동안 저는 많은 신자들에게 이런 식의 간단한 방법으로 영적 전쟁을 시도할 것을 가르쳐 왔습니다. 수많은 사람들이 이렇게 **'끝까지 하는 기도'**를 통해서 이루어진 변화를 간증했습니다.

이제 '경청의 방'으로 가시겠습니까?

NOTE

제9주 : 권세를 대면함

3일 금주의 주제 : 영적 전쟁
오늘의 주제 : '이루어질 때까지 하는 기도'의 능력

성경 읽기 : 시편 30편 4~5절 ; 시편 126편 5~6절 ;
에스겔 22장 30절

실화

라일라와 그녀의 남편은 우리 셀그룹에서 '이루어질 때까지 하는 기도'의 원리를 적용하고 있었습니다. 그녀는 우리에게 마음 속 깊은 곳에 있는 아픔을 이야기했습니다. "제 어머니는 72세입니다. 어머니는 필리핀에서 가장 유명한 영화배우였습니다. 제가 태어난 후, 아버지와 이혼하고 사람들을 멀리하시기 시작하셨습니다. 저는 결혼하여 첫 아기를 낳은 후, 남편과 함께 그리스도인이 되었습니다. 제 어머니는 우리에게 일어난 변화에 대해 이야기할 때마다 몹시 분노하십니다. 그래서 아직 어머니 앞에서 나의 주님에 대해 말할 수가 없었습니다."

우리는 그녀와 함께 '경청의 방' 노트에 그 어머니를 위한 페이지를 마련했습니다. 매일 '이루어질 때까지 하는 기도'의 시간을 갖기 시작했습니다. 저는 우리 셀그룹이 텍사스의 터치렌치(Touch Ranch)라는 곳으로 수양회를 갔던 그 아름다운 주말을 잊을 수가 없습니다. 저는 어느 이른 아침에 아름다운 일출 광경을 보려고 밖으로 나갔습니다. 거기 아직 어둑한 곳에 라일라가 있었습니다. 저는 그녀에게 "안녕하세요?"라고 인사한 후, "이곳에 오래 있었습니까?" 하고 물었습니다.

어머니

기도를 시작한 날	기도가 필요한 상황	응답받은 날
2월 4일	그리스도에 관해 이야기하는 것을 거부함	3월 12일
2월 4일	과거의 아픔을 나누는 것을 거부함	3월 5일
2월 4일	나의 남편과 딸을 거부함	3월 1일
2월 4일	집에 성경을 두지 못하게 함	3월 15일
3월 1일	우리의 사랑을 받아들이시도록	3월 5일
3월 12일	나의 간증이 좋은 씨앗이 되도록	3월 15일
3월 15일	우리 소그룹을 방문할 수 있도록	4월 1일
4월 10일	랄프의 설교를 듣기로 허락하도록	4월 20일
4월 20일	그리스도를 알기를 원하는 마음이 생기도록	5월 25일
5월 25일	그리스도인으로 성장하도록	
5월 29일	우리 셀그룹에 들어오고 싶은 마음이 생기도록	

라일라의 '경청의 방' 노트의 한 페이지

그녀는 "여기서 밤을 새웠어요. 랄프 아저씨!" "우리 어머니의 영적인 상태가 마치 무거운 쇠처럼 내 마음을 누르고 있습니다"라고 말하며 울었습니다. 저는 그녀에게 시편 126편 5~6절을 조용히 읽어 주고 함께 기도했습니다.

약 한 달쯤 후에 저는 설교를 하려고 강단에 올라갔을 때, 라일라와 그녀의 남편과 딸이 늘 앉던 자리에 앉아 있는 것을 보게 되었습니다. 그리고 그녀 옆에는 아름다운 까만 머리의 72세 노인이 함께 앉아 있었습니다. 라일라와 내가 눈이 마주치자 그녀는 "예, 이분이 바로 우리 어머니예요!" 하고 속삭였습니다.

그 후 한 달 동안, 라일라와 그녀의 어머니는 처음으로 삶의 깊은 정을 서로 나누었던 것입니다. 그녀의 영화배우 시절의 모든 아픔이 노출되었습니다. 그리고 라일라는 하늘나라의 삶에 대해 나눌 수 있었습니다. *그녀의 어머니가 주일 아침 사람들 앞에서 그녀의 삶을 하나님께 바치겠다고 고백하던 날을 저는 잊을 수가 없습니다.* 하나님의 임재하심이 오랫동안 하나님을 부인해 오던 그 여인의 어두움 속으로 침투했던 것입니다. 이것은 딸이 기도로 싸운 영적 전쟁의 결과였습니다.

몸으로 막아설 자가 아무도 없는가?

에스겔 22장 30절은 약간의 설명이 필요합니다. 하나님께서 이 말씀을 하셨을 때, 예루살렘은 파괴되어 있었습니다. 적군들의 공격을 막을 수 있는 성벽이 없었습니다. 그래서 이 도시는 아무도 지켜줄 자가 없이 버려진 사람들을 상징합니다.

이 성경 말씀에서 적이란 이스라엘의 악한 지도자들을 말합니다. 이들은 이스라엘 사람들을 노예로 만들어 갔습니다. 27절에 그들의 행위가 기록되어 있습니다. *"그 가운데 그 방백들은 식물을 삼키는 이리 같아서 불의의 이를 취하려고 피를 흘려 영혼들을 멸하거늘"* 예루살렘은 그들을 공격하는자들을 전혀 방어할 수 없는 사람들로 비유된 것입니다.

하나님께서 이와 같이 말씀하셨습니다. *"이 땅을 위하여 성을 쌓으며 성무너진 데를 막아서서 나로 멸하지 못하게 할 사람을 내가 그 가운데서 찾다가 얻지 못한 고로…"*(겔 22 : 30)

수백년 동안, 우리는 '민족 대학살' 이라는 끔찍한 소식을 들어왔습니다. 2차 세계대전 때, 유대인 학살 사건은 모든 이들에게 엄청난 아픔을 가져왔습니다. 잔인한 군인들이 연약한 사람들을 죽이고, 고문하고, 강간했습니다. 1993년에 전세계는 보스니아의 세르비아인들이 똑같은 짓을 하는 것을 뒤에서 지켜만 보았습니다. 텔레비전에서 보도되는 비참한 장면들을 보며 온 세계는 분노하였습니다. 그러나 몇 주가 지나고 몇 달이 지나도 아무도 그것을 막기 위해 나서지 않았습니다.

에스겔 22장 30절은 당신이 알고 있는, 사탄에 의해 파멸되어 가고 있는 사람들에 대하여 이야기하고 있습니다. 이들은 사탄의 흉악한 공격으로부터 '방어하는 벽'이 없습니다. 천국 시민인 우리가 이들의 비참한 상황을 외면할 때, 하나님의 보호하심은 그들에게 제공되지 못합니다. 잃어버린 자들을 위한 중보기도가 바로 '몸으로 막는 것'입니다. 이것은 사탄의 부자비한 공격을 막아 주는 강한 힘입니다.

본질은 "…막아서서 …못하게 할 사람을 …찾다가…"라고 기록되어 있습니다. 이것은 놀라운 사실입니다. 천국으로 들어올 수 있는 많은 사람들이 멸망하는 것은 그리스도인들이 이들을 위해 열심히 기도하지 않기 때문입니다.

'경청의 방'에서 갖는 여러분의 기도는 하나님의 은혜를 믿지 않는 자의 부패된 마음과 연결시켜 줍니다. 고린도전서 7장 13~14에서는 "어떤 여자에게 믿지 아니하는 남편이 있어 아내와 함께 살기를 좋아하거든 그 남편을 버리지 말라. 믿지 아니하는 남편이 아내로 인하여 *거룩하게 되고* 믿지 아니하는 아내가 남편으로 인하여 *거룩하게 되나니*…"라고 가르칩니다. '거룩하게 된다'는 말을 직역하면 '성별되어 거룩하게 됨'이란 뜻입니다. 다시 말해서 그리스도인이 불신자와 결혼하게 되면 바로 '몸으로 막아서는 것'으로 중보해야 한다는 뜻입니다.

사탄의 속임수로 인해 마음이 가리워진 사람들과 같이 살면서 그들의 상황을 외면하는 것은 무척 심각한 일입니다. 캄보디아의 수많은 사람들이 크

메르 루지(Khmer Rouge)의 '정화' 라는 명목으로 죽임을 당하고 그들의 뼈가 죽음의 터를 뒤덮었습니다. 제 친구 하나가 그곳에서 사람의 다리뼈들이 땅 바깥으로 삐져 나와 있는 끔찍한 모습을 본 경험을 이야기했습니다. 그 뼈들은 이들을 지키지 못한 온 세계의 냉정함을 역력히 보여 주고 있습니다.

　천국의 삶이란 다른 사람들이 외면하는 것들을 책임지는 삶을 말합니다. 당신은 몸으로 막아서서 사탄의 파괴에 대적해서 싸울 준비가 되었습니까? 다시 '경청의 방' 으로 갈 시간이 되었습니다.

NOTE

제9주 : 권세를 대면함

 4일 금주단원의 주제 : 영적 전쟁
오늘의 주제 : 우리의 중요성

성경 읽기 : 로마서 10장 3절 ; 고린도후서 4장 3~4절

우리는 태어날 때부터 가까운 사람들의 행동을 따라하게 됩니다. 어린아 아일 때, 우리는 집안 사람들의 태도나 행위를 흉내냅니다. 이것을 아는 사 탄은 우리가 태어날 때부터 우리를 파괴할 계획을 세워 공격합니다.

로버트 맥기(Robert McGee)가 쓴 『중요성의 추구』(*Search for Significance*)에서는 사탄이 우리를 파괴하기 위해 세 가지 거짓말을 사용한다고 말합니다.

1. 하나님의 성품을 잘못 이해하게 한다.
2. 하나님의 사랑이 조건적이고 우리의 행위에 달려 있다고 믿게 한다.
3. 하나님께 인정받기보다 다른 사람으로부터 인정받도록 유도한다.

보통, 이 세 가지의 거짓말은 우리 부모님으로부터 우리에게 새겨지게 됩니다. 그들은 행동과 말로 우리에게 가르칩니다. "너의 가치는 너의 *행위*에 달려 있다. 만일, 네가 나의 사랑을 받으려면 똑바로 행동해야 한다. 내가 만족하지 못할 땐 너를 사랑할 수 없다." 많은 경우, 부모로부터 '사랑'을 받는 것은 상을 받는 것과도 같았습니다. 음식을 남기지 않고 먹을 때, 학교 에서 성적을 잘 받았을 때, 운동을 뛰어나게 잘할 때 등등. 어른이 되어서도 우리의 부모들은 우리가 성공했거나 많은 돈을 벌었을 때, 우리를 인정하게 됩니다. 어려서부터 우리의 행위의 성과가 미달될 때는 사랑을 잃는다는 것을 배우게 됩니다. 그러면 우리 자신의 가치도 함께 잃게 되는 것처럼 느낍

니다.

사탄은 지금까지 살아온 이 세상 모든 사람들에게 이 같은 개념을 심어 왔습니다. 우리는 인류의 첫 가정에서도 이것을 볼 수 있습니다. 어머니 하와는 "나도 하나님과 같이 중요한 존재가 되겠어요." 아버지 아담은 "하와, 나도 역시 중요한 존재가 되고 싶어."라고 말합니다. 그들의 두 아들은 그들의 *행위*로 중요성을 인정받을 수 있다는 것을 부모에게서 배웠습니다. 가인이 그의 형제인 아벨보다 인정받지 못했을 때, 그는 *살인*을 저질렀습니다. 인류는 곧 자신의 *가치*를 인정받는 것이 사람의 생명보다 더 중요하다고 생각하게 되었습니다.

*당신은 아마도 모든 불신자들은 자기의 행위를 통해서 자신의 중요성을 재고 있습니다. 그리고 다른 사람에게서 인정 받으려 합니다*라는 사실을 분명히 알고 있을 것입니다. 여러분은 불신자를 천국으로 인도하려 할 때, 이 사실을 기억해야 합니다.

불신자들은 항상 두려움 속에 삽니다(210페이지 그림 참조). 그들에게는 중요성을 인정 받지 못하는 것은 가치가 없다는 것이고, 쓸모없는 인생이라는 것을 의미하기 때문입니다. 사탄의 능력이 불신자에게로 바로 미치기 때문에 그는 하나님께서 자기를 인정하신다는 것을 알지 못합니다. 그는 자신의 가치를 달성해야 합니다.

이 세상에는 수천 가지 선택의 대상들이 사탄에 의해 주어집니다. 그는 묻기를, "*유명하게 되고 싶으냐?*" "*부자가 되고 싶지?*" "*유식한 학자가 되길 원하니?*" "*유명한 운동 선수로 만들어 줄까?*" "*큰 사업가는 어때?*" "*저명한 음악가?*" 경쟁을 원치 않는 사람들에게 많은 선택을 강요합니다. 마약, 술, 자포자기 등등 그리고 좌절하게 합니다. 이와 같은 사람들은 서로의 가치를 인정해 주는 사람들끼리 모이기 시작합니다. 그들은 그들만의 문화를

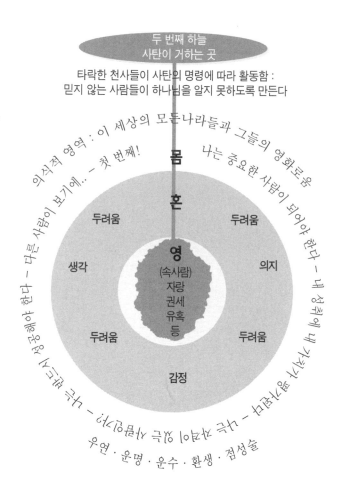

그리스도께서 우리에게 평안을 약속하셨을 때, 사탄의 의도는 반대이다. 베드로전서 5장 8절은 우리에게 "근신하라 깨어라 너희 대적 마귀가 우는 사자같이 두루 다니며 삼킬 자를 찾나니"라고 말하고 있다. 당신 안에 두려움이나 무서움이 느껴진다면 공격받고 있다는 사실을 알아야 한다. 기도하라 !

조성합니다. 사탄이 제시하는 많은 것들이 있습니다. 이교, 신비주의, 폭력단, 선동, 정치적 대립 등.

사탄의 유혹은 끝이 없습니다. "너의 멋진 *육체*를 사용하여 인기를 얻고 모델이 되렴! *여가 선용*을 위해서 바쁘게 움직여라! 휴식보다는 그것이 너의 우상이 될 것이다. *증권시장*에 깊이 빠지든지 *궁중요리*를 즐겨라! 최고의 수영 선수나 *테니스 선수*가 되라! 정욕을 마음껏 즐겨라! 새로 나오는 쇼를 보아라! *무엇이든지 단지 삶의 한 순간의 의미를 더해 주는 일들을 찾아서 즐겨라!* 라고 말합니다.

'I민은 하나님께서 우리를 있는 그대로 받아 주신다는 사실을 우리가 알지 못하게 하려고 합니다. 당신은 그 사람들을 향한 당신의 사랑으로 그들이 하나님의 사랑을 알게 해야 합니다.

말레이시아의 아이포(Ipoh)에서 17세의 소년이 그리스도를 영접했습니다. 그의 부모는 하네문(Hanemun)이라는 원숭이 신을 섬겼습니다. 그의 아버지는 이 사실을 알아내고는 분노하여 그 아들을 몹시 때리고 집에서 쫓아냈습니다. 소년은 그날 밤 갈 곳이 없어서 자기 집 문턱에서 잠을 자기로 마음 먹었습니다. 그곳의 문화는 대개 신발을 집 바깥에 있는 신장에 넣어 두는데, 이 소년은 보이는 신발을 모두 꺼내어 깨끗이 닦기 시작했습니다.

다음날 밤에는 신발을 닦는 것은 물론 아버지의 차도 닦았습니다. 일주일 동안 밖에서 자면서 온갖 방법으로 화난 아버지에게 봉사했습니다. 결국 아버지는 울면서 아들을 받아들이고 예수님도 믿게 되었습니다.

지금, 성령님께서는 불신자들을 받아들이기 위해 당신의 삶을 통해서 누군가에게 하나님의 사랑을 나타내기를 원하십니까? 모든 사랑을 조건 없이 받아들이시는 그분의 사랑을 어떻게 나타낼 수 있을까요?

자! '경청의 방' 으로 갑시다.

새로운 삶 시리즈 3권 : 실천

제9주 : 권세를 대면함

5일
금주의 주제 : 영적 전쟁
오늘의 주제 : 그리스도를 닮은 사람들

성경 읽기 : 빌립보서 2장 4~8절 ; 사도행전 20장 24절

1975년 1월, 룻과 저는 열두 살 난 우리 아들 랜덜(Randall)을 전쟁에 찌든 베트남으로 데리고 갔습니다. 4월에 사이공이 점령당하는 바람에 그곳에 오래 머물지는 못했습니다. 우리가 그곳에 있는 동안, '형제(The Brother)' 라 불리우는 한 사람에 대해서 들었습니다. 그의 명성이 도시의 동쪽에서 우리가 있던 서쪽에까지 전해진 것입니다. 렉 레이머(Reg Reimer)와 저는 그를 찾아나섰습니다.

넓은 빈민가에 차를 세워 놓고 렉이 지나가는 사람들에게 물었습니다. "'형제'를 어디에서 찾을 수 있을까요?" 그는 "이 골목으로 쭉 가서 진흙을 조심하고 한 1분 동안 걸어간 후 다시 물어보시오. 누군가 인도할 것입니다" 하고 대답했습니다. 우리는 계속 꼬불꼬불한 길을 지나며 물었습니다. "'형제'는 어디에 있습니까?" 이곳 빈민가에 사는 모든 사람들은 그를 알고 있었습니다. 결국 찾게 된 그의 집은 방 한 칸짜리 판자집이었습니다. 그곳 으로 들어가 헤진 농부의 옷을 입은 '형제'를 만났습니다. 마침 그는 굶어 죽어가고 있는 사람에게 음식을 먹이고 있었습니다. 잠시 후, 우리와 이야 기를 나누었는데 그는 영어와 불어를 완벽하게 구사했으며, 불란서의 소르 본 대학에서 박사 학위까지 받은 사람이었습니다. 전에는 천주교 신부였고 큰 성당에서 사역하다가 빈민촌에 와서 살고 있었습니다. 그는 이렇게 말했 습니다. "우리 주님은 하나님께서 조건 없이 우리를 사랑하신다는 것을 알

리기 위해 종으로 우리에게 오셨습니다. 이 사람들은 아무것도 없습니다. 그래서 아무도 상관하지 않습니다. 그리스도께서 저를 이곳으로 보내서서 그의 사랑의 도구가 되게 하셨습니다."

그는 여러 해에 걸쳐 히브리어로 기록된 시편을 베트남어로 번역하는 데 종사했다고 말했습니다. 아주 정성껏 한줄 한줄 베트남어로 노래할 수 있도록 번역했습니다. 그는 책장에서 아주 낡은 사본 하나를 보여 주었습니다.

병들고 더러운 곳에서 살고 있는 이런 훌륭한 사람과 만났던 일이 인상깊게 남아 있습니다. 그는 매일 밤 8시에 베트남어로 시편을 노래하며 사람들을 불러 모았습니다. 그 후에도 몇 번이나 룻과 함께 다시 가서 에베에 참석했습니다. 그도 제가 목회하던 교회에 가끔 와서 설교를 들었습니다.

그의 대화는 항상 빌립보서 2장 4~8절로 귀결되었습니다. 그는 말했습니다. "우리는 그리스도의 마음을 가져야 합니다. 그는 자신을 낮추어 종이 되었습니다. 하나님의 사랑을 이 세상에 전할 방법이 달리 없습니다!"

이제껏 하나님의 사랑을 한 마을에 이처럼 완전히 침투시킨 사람을 보지 못했습니다. 수많은 사람들이 그의 음식과 약으로 삶을 연장할 수 있었을 뿐 아니라 함께 와서 기도하며 부처가 아닌 영원하신 아버지께 예배할 수 있었습니다. 그는 단지 그리스도를 나타내려고 헌신한 분이었습니다.

나중에 베트남을 떠날 때가 되었습니다. 우리의 선교 동역자들은 우리가 싱가포르로 이주한 몇 주 후에 그곳을 떠났습니다. 그들을 통해서 베트콩들이 '요주의 인물'들의 명단을 갖고 있으며 그 시내에 들어 오는 대로 그들을 학살할 것이라는 소식을 들었습니다. 그 신부님도 명단에 포함되었다고 합니다.

저는 가끔 '형제'가 어떻게 마지막을 맞이 했을까 궁금합니다. 고문을 당

213

했는지, 목베임을 당했는지, 총살을 당했는지. 군인들이 들어왔을 때, 그가 우리와 같이 예배드리던 교회 건물에 서 있었을까? 죽으면서 그가 즐겨 부르던 시편을 노래했을까?

언젠가는 천국에서 그를 만나게 될 것입니다. 그때는 우리가 어떻게 죽었는지 문제가 되지 않을 것입니다. 그는 그가 순교당하기 전에 이미 죽어 있었습니다. 그는 자신에 대해 죽었고, 야망에 대해 죽었으며, 자신의 명성에 대해 죽었습니다. 그는 다만 그리스도 안에서 교제하며 살고 있었습니다. 마치 사도 바울과 같이 그는 이렇게 고백했었습니다. *"나의 달려갈 길과 주 예수께 받은 사명 곧 하나님의 은혜의 복음 증거하는 일을 마치려 함에는 나의 생명을 조금도 귀한 것으로 여기지 아니하노라."*(행 20 : 24)

주님께서 그를 기억나게 하실 때마다 저는 이렇게 기도합니다. "주님! 저도 그와 같은 마음을 갖게 하여 주옵소서. 그와 같이 추한 곳에서 살지는 않을지라도 항상 하나님께서 원하시는 마음의 준비가 되어 있도록!" 나와 함께 기도하시지 않겠습니까? **종(PAIS)**은 언젠가 한 번은 아무 거리낌 없이 그와 같은 결정을 해야 합니다. 당신은 제7주 4일에 읽었던 글(165 페이지)을 기억합니까?

> **종의 의무는 그의 주인에게 순종하는 것이다.**
> **주인의 책임은 그 종의 필요한 것을 공급하는 것이다.**
> **그러므로 종은 결코 염려하거나 두려워해서는 안 된다.**

제10주 : 권세를 대면함

1일
금주의 주제 : 씨름하기
오늘의 주제 : 어두움의 주관 세력
성경 읽기 : 에베소서 1장 20~21절, 6장 10~18절 ;
　　　　　로마서 8장 38~39절

　에베소서 1장에 그리스도께서 하나님 아버지의 우편에 앉아 계신 *셋째 하늘*이 묘사되어 있습니다. 에베소서 2장 6절을 보면 우리들 역시 그곳에 앉아 있다고 합니다. 그러면서 바울은 *둘째 하늘*에 거주하는 자들에 관해 이야기합니다. 그가 말하기를 그리스도는 그곳에 사는 자들보다도 훨씬 크다고 하였습니다(40페이지 그림을 참조).

　✎ 에베소서 1장 21절에서 바울은 누가 둘째 하늘에 살고 있다고 기술하였습니까? (맞는 답에 표시하십시오.)

ㄱ 모든 정사
ㄴ 모든 권세
ㄷ 모든 능력
ㄹ 모든 주관자(여러 지역)
ㅁ 모든 직함
ㅂ 모두 맞다.

　이들 성경 구절에서는 첫째, 둘째, 셋째 하늘에 있는 일들에 관해 가르칠 장면을 설정해 놓고 있습니다. 에베소서 6장 말씀을 읽어 보면 우리는 *첫째*

그 능력이 그리스도 안에서 역사하사 죽은 자들 가운데서 다시 살리시고 하늘에서 자기의 오른편에 앉히사 모든 정사와 권세와 능력과 주관하는 자와 이 세상 뿐 아니라 오는 세상에 일컫는 모든 이름 위에 뛰어나게 하시고 (엡 1:20~21)

하늘에 살고 있는 자로 기술되어 있습니다. 우리는 마치 '씨름' — 엄밀히 말하면 '레슬링 경기' — 을 하고 있다고 하면서, 우리의 적들을 다음과 같이 열거해 놓고 있습니다.

에베소서 6장 12절에서 바울은 누구를 둘째 하늘에 살고 있는 자로서 기술하였습니까? (맞는 답에 표시하십시오.)

☑ 정사들
☑ 권세들
☑ 어두움의 세상 주관자들
☑ 하늘에 있는 악의 영들
☐ 모두 맞다.

두 가지 일람표를 비교해 보십시오. 분명한 것은 우리가 *셋째* 하늘에서 그리스도와 함께 앉아 있을 때, 저들은 *둘째 하늘*에서 우리 밑에 있다는 것입니다. 그리스도께선 우리 안에 살고 계시기 때문에 우리는 결코 그들의 능력과 통제하에 있을 필요가 없습니다.

에베소서 6장 13절에 의하면 우리는 언제 이들 악의 영들과 씨름합니까?

"이는 ____악____ 한 ____날____ 에 너희가 능히 대적하고"

이 기간은 번민과 아픔이 엄습해 오는 일정 기간을 가리킵니다. 그것이 나오는 출처는 이 세상이 아니라 둘째 하늘에 있는 악의 영들입니다. 가난과 고통의 상태가 정해져 있습니다. 지상에서 하나님 나라에 속해 살면서 둘째 하늘에 있는 '악의 영들' 로부터 공격받을 수 있다는 것을 우리는 압니다. 이 적들은 누구입니까? 다음 용어들을 살펴보면 우리가 상대하는 적들을 이해하는 데 도움이 될 것입니다.

정사 : 정치적 서열과 권력에서 제1순위에 있는 자

권세 : 다른 사람에게 강제적 힘을 쓸 수 있는 세력을 가진 자

어두움의 세상 주관자들 : 세상의 지배자들

하늘에 있는 악의 영들 : 한 무리의 타락하고 해로운 피조물들

사탄은 이와 같은 초자연적인 피조물들 외에 또 16절에 '악한 자' 로 묘사되어 있습니다. 사탄은 계급이 분명하게 규정된 권세를 가진 어떤 불가시적인 힘들을 지시, 조정합니다. 눈에 보이지 않는 이 힘들은 마치 우리를 향해 쏘아대는 불타는 화살들과 같아서 우리에게 번민과 상처를 가져다 줍니다.

주목할 것은 *여러분이 그리스도인이 된다고 해서 이 힘들로부터 해방되는 것은 아니라는 점입니다.* 그들은 우리 그리스도인 모두를 공격합니다. 그래서 바울이 우리에게 '하나님의 전신갑주' 를 입으라고 당부하고 있습니다. 만약 당신이 그것을 입고 있다면 '능히 대적할 수' 있게 될 것입니다. 전투가 끝나고 '모든 일' 을 행한 후에 당신은 승리 가운데 서 있게 될 것입니다.

나쁜 소식과 좋은 소식

이 세상에서 하나님 나라에 속해 살면 고통이 없으리라고 성경은 약속하지 않았습니다. 베드로는 *"사랑하는 자들아 너희를 시련하려고 오는 불시험을 이상한 일 당하는 것같이 이상히 여기지 말고 오직 너희가 그리스도의 고난에 참예하는 것으로 즐거워하라. 이는 그의 영광을 나타내실 때에 너희*

로 즐거워하고 기뻐하게 하려 함이라."(벧전 4 : 12~13)고 기록했습니다. 고통당한다는 것은 *나쁜* 소식입니다.

좋은 소식은 사탄과 그의 영적 세력들은 셋째 하늘의 권능 아래에 있으며 우리는 성령님의 보호하심을 받고 있다는 것입니다.

아래의 성경 구절에서 우리를 하나님의 사랑으로부터 끊을 수 있을 만큼 강하다고 언급한 모든 조건을 찾아 보십시오.

"내가 확신하노니 사망이나 생명이나 천사들이나 권세자들이나 현재 일이나 장래 일이나 능력이나 높음이나 깊음이나 다른 아무 피조물이라도 우리를 우리 주 그리스도 예수 안에 있는 하나님의 사랑에서 끊을 수 없으리라."
(롬 8 : 38-39)

다음의 중요한 진리들을 인식하십시오.

1. 우리는 셋째 하늘에서 예수님과 함께 앉아 있지만 아직은 첫째 하늘에 있는 하나님 나라의 일부에 아직 속하여 살고 있다.
2. 우리를 공격하여 멸망시키려고 애쓰는 영적 세력들이 둘째 하늘에 있다.
3. 에베소서 6장 13절에서 '악한 날' 이라 불리우는 시기는 예고 없이 사탄의 세력들이 우리를 공격하는 때를 가리킨다.
4. 우리는 악한 날이 언제 올지 모르기 때문에 항상 *임전 태세*를 갖추고 *있어야* 하며 그럼으로써 사탄의 전략인 기습적인 공격으로부터 벗어난다.
5. 우리는 공격받을 때 기필코 굳게 설 수 있도록 해주는 갑옷과 무기를 갖고 있다.

지금까지 공부한 서론에 뒤이어 나머지 단원은 갑옷과 무기를 습득하는 데 시간을 할애할 것입니다. 이것들은 단지 특별한 때에만 입는 것이 아니라 평상복으로서 착용하고 있어야 합니다.

제10주 : 권세를 대면함

 2일
금주의 주제 : 씨름하기
오늘의 주제 : 전진하는 그리스도의 군사

성경 읽기 : 에베소서 3장 10~11절

파수대에 서 있는 보초병들처럼 우리는 항상 영적 전투를 위한 준비 태세를 갖추고 있어야 합니다. 우리에게 해를 입히려고 대항해 오는 것들의 배후에는 사탄이 있음을 깨달아야 합니다. 매일 '경청의 방'에서 떠날 때, 의식적으로 하나님께서 주시는 영적 갑옷을 입으십시오. 전투에 임하십시오. 갑옷을 입는 것도 중요하지만 무엇보다도 먼저 고려해야 할 중요한 것이 있습니다.

전쟁은 한 사람의 군인에 의해서가 아니라 군대에 의해서 이긴다

에베소서 6장 10~18절의 말씀을 정독하십시오. 이 글은 바울이 개개인이 아닌 공동체에게 쓴 것임을 발견할 것입니다. 각 구절에서 대명사는 '너희', '너희들의' 또는 '우리'라는 말로 항상 복수형입니다. 한 병사가 혼자서 전쟁터로 행진한다고 생각해 보면 우스꽝스러운 일이지 않습니까? 다른 전쟁처럼 영적 전쟁도 한 무리의 그리스도인들이 전력을 다해 대처해야 할 과업입니다.

전쟁을 치르는 데 필요한 병참술을 생각해 보십시오. 병사들이 함께 훈련을 받지 개별적으로 따로 받지는 않습니다. 가파른 길을 오르든지 참호를 파든지 간에 그들은 항상 집단으로 조직화되어 일을 수행합니다. 217페이지에 열거된 사탄의 세력들을 다시 보십시오. 모두가 복수 형태로 언급되어

있습니다. 하나님의 세력도 역시 조직화되어 여러 그룹으로 전투에 참여해
야 합니다!

✎　아래에 기술된 에베소서 3장 10~11절의 말씀을 정독하고 하나님께서
자신의 지혜를 사탄의 세력들에게 나타내 보이는 방법을 설명하는 한 단어에
밑줄을 치십시오.

"이제는 교회로 말미암아 하늘에 있는 정사와 권세들에게 하나님의 <u>각종</u> 지
혜를 알게 하려 하심이라. 곧 영원부터 우리 주 그리스도 예수 안에서 예정하
신 뜻대로 하신 것이라."

여러분이 밑줄 친 단어에 복수적 의미가 있음을 깨닫고 있습니까? 그리스
도 안에 있는 삶은 곧 셀그룹에 참여하는 것을 하나님 나라의 삶에서 가장
높은 비중을 두는 것을 말합니다. '하나님의 각종 지혜'가 어떻게 사탄의
청부업자들에게 일러지게 될 것인지에 대하여 우리의 생각을 넓혀 봅시다.
'각종(manifold)'이란 말은 흔히 쓰이는 단어가 아닙니다. 그 말이 의미하
는 바를 이해하는 것이 중요한데 그것은 '다양한 색채를 지닌'이란 뜻입니
다.

누가 셀그룹에 참석하는가

물론 참석한 각 사람의 이름을 부를 수 있지만 거기서 끝내지 마십시오!
성령님께서 임재하고 있습니까? 물론 그렇다면 여러분의 예배 시간은 그런
사실을 찬양한 다음, 서로를 세우기(*oikodomeo*) 시작합니다. 강한 영적 통
찰력이 하나님 아버지께로부터 마음으로 흘러나와 그것을 함께 나누면서

어려움 속에서 고전하고 있는 어느 그룹 멤버를 격려하게 됩니다. 한 자매님이 그룹 멤버들을 감동시키는 시편 한 구절을 읽어 나갑니다. 골수암으로 고통받고 있는 어느 그룹 멤버 주위로 모여서 그에게 안수하고 함께 기도할 때에 치유가 허락되는 느낌이 그룹 멤버들에게 느껴집니다. 그런 다음, 그룹 멤버 중 한 분이 이렇게 조용히 말하는 시간이 뒤따릅니다. "저는 오늘 저녁 저의 죄를 고백하기 위해 셀그룹에 오게 되었어요. 저는 주님의 마음을 아프게 했고 저의 비판의 영으로 이 몸에 상처를 입혀 왔습니다. 제가 이 문제를 전적으로 주님께 일임하도록 기도해 주시고 제가 분담하는 바에 대해 책임질 수 있도록 저를 붙들어 주세요."

그 외에 또 누가 있는가

영적 존재가 여러분과 함께 모여 있습니까? 시편 91편 11절은 이렇게 말합니다. *"저가 너를 위하여 그 사자들을 명하사 네 모든 길에 너를 지키게 하심이라."* 그리고 히브리서 기자가 쓴 다음 말씀을 읽어 보십시오. *"… 천만 천사와 하늘에 기록한 장자들의 총회와 교회와…"*(히 12 : 22~23) 그들은 의자도 필요 없이 여러분 주위로 빽빽하게 모여들 것입니다!'

마지막으로, 또 하나 중요한 것

사탄이 하나님 나라의 시민권자들이 모이는 것을 내버려둔다든지 자신을 나타내지 않으리라고 한 순간이라도 생각하지 마십시오. 여러분이 모이는 곳에는 **악의 영**들이 존재해 있습니다. 이들은 그들 주인을 대신하여 우는 사자처럼 배회하면서 무장하지 않은 그리스도인을 찾아 삼켜 버립니다. 그들은 무리를 지어, 즉 '하늘에 있는 정사와 권세'들을 가지고 거기에 숨어 있습니다. 이들에게 발을 내딛을 틈을 주기만 하면 곧 여러분에게 더러운 술책을 부릴 것입니다.

그러나 매우 독특한 일이 생기는데, 곧 '영원하신 뜻'이 이제 막 나타나려는 것입니다 성령님이 임제로 말미암아 성령의 은사가 흘러나오면서, 둘째 하늘로부터 와서 여러분의 셀그룹에 침투해 있는 정사와 권세들에게 하나님의 다채로운 지혜가 알려지게 됩니다. 여러분의 영적 은사는 하나님께서 그의 자녀를 지키시겠다는 약속의 무지개와 같습니다. 눈을 부시게 하는 강한 빛이 해를 입히러 온 귀신들의 어두움을 꿰뚫고 나갈 때에 이들은 고통스럽게 소리지릅니다.

여러분이 오랫동안 셀그룹에 참석해 왔다면 제가 수년 동안 경험해 온 바를 여러분도 틀림없이 체험했으리라 믿습니다. 셀그룹 시간이 끝날 즈음에 모두가 온화함과 안도외 기쁨의 느낌을 갖게 됩니다. 대부분 우리 셀그룹은 주위 사람이 모두 함께 포옹하는 것으로 끝맺습니다. 저는 소리 높여 주님을 찬양하면서 모임 후의 뒷정리를 하는 제 아내를 도와주곤 했습니다.

이러한 일들은 바로 하나님 아버지께서 예수 그리스도를 통하여 우리 안에서 성취하신 바로부터 어두움을 주관하는 세력이 도망쳐 나갈 때 생기는 일들입니다. 우리는 이미 그들에게 공격받는 것을 느끼기 때문에, 악의 세력들은 결코 돌아다니면서 우리에게 말을 걸거나 머뭇거리지 않습니다. 우리는 부름 받은 자들, 곧 교회이므로 마귀들은 그저 도망쳐 나가 버립니다.

아이보리 코스트의 수도, 아비장(Abidjan)에 있는 셀교회를 방문했던 일을 저는 잊을 수가 없습니다. 그 교회에는 3만 명 이상의 셀그룹 교인들이 있는데, 부활절에 불신자들을 초청하여 함께 예배를 드렸습니다. 다이온 로버트 목사님이 조용히 강단에서 이르기를 "이제 성령님께서 우리 가운데 임하여 주시기를 기도하고자 합니다. 여러분이 성령님의 특별한 체험을 원하

신다면 그분께 간구하십시오. 여러분께서 혹시 치유받기를 원하신다면 앞
으로 나오지 마시고 그 자리에서 기도하십시오. 그분께서 앉아 있는 그대로
여러분을 치유하실 것입니다. 그분께 요청만 하십시오" 일분 정도의 죽은
듯한 침묵이 흐른 후, 몇 사람이 그들의 삶에서 주님께서 행하신 바에 대해
찬양을 드리기 시작했습니다. 이와 동시에 어머니 뱃속에서부터 마귀에게
바쳐진 많은 사람들이 신음하며 땅바닥에 엎드려 몸부림치며 괴로워하기
시작하였습니다. 이들은 사랑의 손길에 이끌려 기도를 통해 귀신으로부터
자유함을 받았습니다. 저는 귀신들이 도망쳐 나가는 것을 목격하였습니다.
하나님께서 도우셔서 여러분도 이 진리를 깨닫기를 원합니다. 그것은 인생
을 전환시키는 일입니다. 전투는 군대에 의해 이뤄지는 것이며 여러분의 셀
그룹은 하나의 분대(8~12명으로 이루어진 군 단위)입니다!

NOTE

제10주 : 권세를 대면함

금주의 주제 : 씨름하기
오늘의 주제 : 전쟁을 향한 진군
성경 읽기 : 에베소서 6장 14~17절

우리의 갑옷은 우리를 보호합니다

에베소서 6장 14~17절에서 바울은 1세기 로마 군병이 입는 전투복을 묘사하고 있습니다. 전투에 임하기 전에 이러한 갑옷을 착용하였습니다. 우리가 대면해야 할 적들은 악한 영적 존재들이므로 우리가 입는 갑옷도 영적인 것이어야 합니다. 로마서 13장 12절에서 바울은 그것을 '빛의 갑옷'이라 일컬었습니다. 그것은 셋째 하늘에서 우리에게 보내어진 것이므로 우리의 적은 그것에 접근할 수 *없습니다.* 이들 품목의 어느 하나도 사탄의 무기류에서 찾아볼 수 없습니다. 더군다나 사탄은 우리의 방호를 꿰뚫을 만한 어떠한 무기도 갖고 있지 않습니다. 우리는 안전합니다!

에베소서 6장 14~17절에서 보면 갑옷의 각 부품을 어디에 착용해야 합니까? (왼쪽 항목과 이것들이 보호하는 오른쪽 신체 부분을 선으로 연결하십시오.)

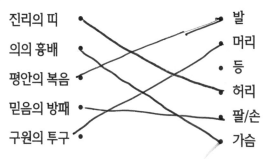

진리의 띠   발
의의 흉배   머리
평안의 복음   등
믿음의 방패   허리
구원의 투구   팔/손
      가슴

갑주가 없는 신체의 한 부분을 발견하지 않았습니까? 등을 보호하지 않는 이유는 우리의 등을 적에게 돌려대지 않기 때문입니다. 에베소서 6장 18절에 "깨어 있으라"고 합니다. 어두움의 세력에 맞서서 우리는 그리스도 십자가의 피로 산 영역을 차지합니다. 그리스도께서 "다 이루었다"(요 19 : 30)라고 큰 소리로 말하실 때 그것은 우리의 승리가 확실하다는 보장입니다. 아브라함 큐퍼(Abraham Kuyper)는 "그리스도께서 '그것은 내 것이다!'라고 말하지 못할 인생의 어떠한 영역도 없다"고 기록했습니다.

일람표를 다시 한 번 검토해 보십시오. 우리가 입은 갑옷이 곧 그리스도 자신이지 않습니까? 그분께서 "내가 진리요"라고 말하지 않았습니까? 그분만이 우리의 의로움이시고 모든 장벽을 허물어뜨리신 평화입니다. 그 분은 우리들의 끊임없는 구원의 근원입니다. 우리는 하나님의 아들을 믿는 믿음으로 우리를 가립니다(갈 2 : 20). 우리들이 보호막은 썩고 침투되지 않을 것이며 우리를 전투에 보내신 주님 자신이 우리의 방패이십니다.

누가복음 10장에 보면 예수님께서 제자들을 둘씩 나누어 파송시켜 전쟁에 참여케 합니다. 모든 영적 전쟁의 궁극적인 목표는 잃어버린 자들을 예수님께로 데려오는 것입니다. 따라서 예수님께서 제자들을 보내어 하나님의 나라가 피레(지금의 요단)라 불리우는 지역에 임하였다고 선포하셨습니다. 예수님께서 "내가 너희를 보냄이 어린 양을 이리 가운데로 보냄과 같도다."(눅 10 : 3)라고 말하신 것은 흥미롭습니다. 양은 자기 방어 수단을 전혀 갖고 있지 않다는 것을 아십니까? 양은 날카로운 이빨이나 발톱 등을 가지고 있지 않습니다. — 아무것도 없습니다! 휴! 걱정되는군요!

겁이 납니까? 사실은 그렇지 않습니다. 아시다시피 양들은 목자가 그들을 보호하리라는 것을 알고 있으니까요. 예수님께서 우리 안에 계실 뿐 아니라 우리를 외부로부터 보호하고 있다는 것을 우리 역시 알고 있어야 합니다. 그분께서는 우리 안에 계시며 또한 우리의 갑옷이 되십니다. 그분께서 결코 우리를 떠나거나 내버리지 않을 것이라고 약속하셨습니다.

우리의 무기는 쳐부수기 위한 것이다

사탄의 군대에 맞서서 싸울 우리의 주요 무기는 **"성령님의 검, 즉 하나님의 말씀"**입니다. 이것은 분명히 성경에 기록된 하나님의 모든 말씀을 가리키지만 특별한 상황에 대한 성령님의 조명도 포함하는 것으로 보아야 합니다. 군사장교는 병법을 설명하는 책을 가지고 공부하지만 그가 전투 중에 있을 때는 병법서뿐만 아니라 지휘사령관의 명령에 의거해서 결정을 내립니다.

영적 전쟁에도 같은 원리가 적용됩니다. 사탄이 지배하는 지역에 들어가 불신자들을 구출하여 그리스도께로 데려올 때 우리는 성경뿐만 아니고 성령님으로부터 직접 오는 말씀을 통하여 하니님께서 우리에게 말씀하시는 모든 것에 민감해야 합니다. 하나님의 말씀의 능력은 놀랍습니다!

한 번은 그리스도께로 인도하기 위해 한 대학생을 만나 말씀을 전했습니다. 그 학생은 제게 "저에게 성경에 대해 말하지 마세요! 전 그것을 믿지 않아요!" 라고 말했습니다. 물론 그랬겠지요! 그의 마음은 사탄의 기만으로 어두워져 있었습니다. 그가 믿든 안 믿든 간에 하나님의 말씀은 능력이 있다는 것을 그는 알지 못했습니다. 그 학생과 이야기하면서 저는 이도저으로 성경 말씀을 곁들어 넣었습니다. 요한복음 3장 16절 말씀을 그 학생에게 암송해 주었을 때, 그는 성령님에 외해 미음이 흔들리고 있었습니다. 그는 "하나님께서 사랑하신다는 것을 믿기가 어렵습니다. 하나님은 전지전능하신데 무엇 때문에 인류를 염려하신단 밀입니까?" 라고 제세 물었습니다. 그는 진리를 찾고 있는 중이었습니다. 그는 여러가지를 질문하기 시작하였습니다. 그것은 그의 어두운 영혼 속에 여명의 빛이 비추어졌음을 의미하는 것입니다. 저는 귀신들이 고통스럽게 소리지르는 것을 감지할 수 있었습니다. 성경 말씀을 몇 시간이고 계속해서 인용하면서 결국 그 학생이 그리스도를 영접하는 기도를 하도록 도왔습니다. 그가 믿지 않았던 바로 그 하나님의 말씀이 그의 어두움을 꿰뚫는 검이었습니다.

바울이 우리에게 부탁한 바 *"모든 기도와 간구로써 범사에 성령으로 기도하라"*는 말씀을 실천해 봅시다. 성령님안에서 기도하는 것은 무기가 아닙니다. 그것은 전투 행위 자체입니다. 갑옷과 검은 갖고 있어야 하지만 전투란 기도를 통해서 둘째 하늘에 침투하는 것입니다. '경청의 방' 이란 말이 본 교재에서 자주 나오는데 이는 하나님 나라의 일을 하는 데 매우 중요하

229

기 때문입니다. 여러분의 성경에서 에베소서 6장 18절을 찾아 "··· **항상 힘쓰며 여러 성도를 위하여 구하고**"에 밑줄 치십시오.

"성령으로 기도하라"는 것은 무엇을 의미합니까? 성령님 안에 있지 않을 때의 기도를 여러분은 이미 알고 있으리라 믿습니다. 그것은 권태와 피로를 남겨 놓는 단조롭고 예식적인 행위가 되기 쉽지만 전쟁이 지금 진행중이라고 의식하면서 기도하면 더 이상 그럴 수가 없습니다. '몸으로 막아서는 것'(204~206페이지 참조)은 성령님 안에서 기도하는 것입니다. 여러분에게 주어지는 영적 은사로 말미암아 그런 기도가 보다 더 위력 있어질 때에 놀라지 마십시오.

이제 '경청의 방'으로 갈 시간입니다.

셀그룹 커리큘럼 새로운 삶 시리즈 3권:실천

NOTE

제10주 : 권세를 대면함

4일 금주의 주제 : 씨름하기
오늘의 주제 : 세 가지 차원의 전쟁

성경 읽기 : 고린도후서 10장 3~5절 ; 마태복음 16장 18~19절

오늘 성경 말씀에서 분명한 것은 우리의 전쟁은 혈과 육에 속한 세상적인 것이 아니며 우리가 쓰는 무기는 모두 초자연적이라는 것입니다. 고린도후서 10장 3~5, 9절에는 몇 가지 흥미로운 헬라어가 있습니다.

4절 말씀에 '견고한 진(strongholds)' 이라는 단어는 모든 침략자를 막는 두터운 벽으로 지어진 '성채(fortresses)' 를 의미합니다. 우리 안에 있는 하나님의 능력은 이런 마귀의 장애물을 파괴할 수 있는 무기입니다.

5절 말씀에 '이론(arguments)' 이란 단어는 '상상(imaginations)' 또는 '공리공론(speculations)' 을 가리키며 인간의 사색적 생활과 연결되어 있습니다. 그리고 '높아진 것(pretension)' 은 헬라어로 '높은 탑' 이란 뜻입니다. 어떤 학자의 말에 의하면 그것은 고대의 바벨탑을 가리키는데 여기서 사람들은 하늘에 닿게 하는 탑을 세우기로 마음 먹었다는 것입니다.

하나님 나라는 우리 안에 거하며, 또한 우리는 영적인 전쟁터에서 살고 있습니다. 마태복음 16장 18~19절에서 예수님께서 처음으로 교회를 언급하실 때 '음부의 권세' 바로 위에 교회를 세우시고 우리가 이 땅에서 매고 푸는 것은 하늘에서도 매고 풀리며, 우리의 영적인 전투에 결코 패하지 않을 것이라고 약속하셨습니다. 우리는 승리자입니다!

피터 와그너(Peter Wagner) 박사의 저서인 『전장에서의 기도』(*In*

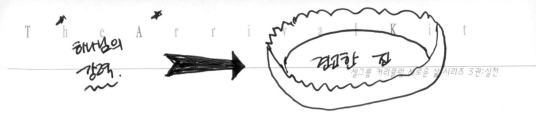

Warfare Prayer)에는 세 가지 차원의 영적 전쟁이 기술되어 있습니다.

1. 기초적 차원의 영적 전쟁

이것은 귀신을 쫓아내는 사역입니다. 싱가포르에서는 이러한 문제로 괴로워하는 사람들을 자주 상대합니다. 믿는 자만이 이런 유형의 압제로부터 사람을 해방시키는 권위와 능력을 가집니다. 이런 류의 해방은 그리스도의 몸인 교회의 지속적인 사역목표이어야 한다는 점을 예수님께서 분명히 하셨습니다. 귀신에 사로잡히는 것이 단지 헐리우드 영화에서만 일어나는 일이라고 생각하지 마십시오. 텍사스 주 휴스톤 시에서 어느 성령 충만한 정신과 의사와 동석한 자리에서 저는 처음으로 귀신에 사로잡혀 있는 어떤 여자에게 복음을 전하였습니다. 그 정신과 의사는 정서적인 발작 증세와 영적인 문제점들의 차이를 잘 알고 있었기 때문에 그 여성을 저에게로 데려와 구원시키도록 하였습니다.

2. 주술적 신비 차원의 영적 전쟁

사탄은 세계 도처의 무수한 사람들 가운데 주술적 미신을 심어 놓았습니다. 아프리카에서 여자들은 임신하기 위해서 염소의 피를 마시고 그렇게 해서 낳은 자녀들에게 귀신을 숭배하라고 가르칩니다. 브라질에서 저는 부모에 의해서 다리 하나가 절단되어 있던 사람들을 보았는데 그 절단된 다리는 귀신에게 드리는 희생 제물로 쓰여졌습니다. 싱가포르에서는 도교 승려의 피를 받아 마시는 귀신에 홀린 사람을 보았습니다.

미국에서는 통일교도나 뉴에이지 전도자들에 의해 세뇌 교육을 받은 사람들과 상대해 본 적이 있습니다. 제가 한 미션스쿨에서 가르치고 있을 때, 사우스 캐롤라이나 주에서 온 한 학생이 도움을 요청했는데, 그는 열네 살

이후로 계속 사탄에게 동물희생제사를 드러왔습니다. 사역하면서 그런 사람들을 만나게 되면 도망치지 마십시오. 여러분이 만일 전투 경험이 없는 '군인'이라면 교회의 목사나 전도사에게 도움을 구하십시오. 그들은 반드시 해방되어야 합니다.

3. 전술적 차원의 영적 전쟁

이것은 와그너 박사의 용어인데 '지역적인 영들'에 대항하여 기도할 필요가 있음을 인식시키기 위한 것입니다. 바울은 이 점에 관해 "우리의 씨름은 혈과 육에 대한 것이 아니요 정사와 권세와 이 어두움의 세상 주관자들과 하늘에 있는 악의 영들에게 대함이라"고 기록하였습니다.

49~50페이지에서 다니엘 10장 12~13절 말씀을 둘째 하늘에서 일어나는 영적 전투의 실례로서 살펴보았습니다. '어두움의 주관 세력과 권세'는 여러 영역, 여러 집단의 사람들, 또는 특정한 죄들을 지배 관리하는 악령들을 가리킵니다. 이들이 어떤 영역에 들어와 있을 때 민감한 그리스도인들은 이를 명백히 포착합니다.

실례로, 싱가포르에서 '기아수'라는 중국어는 전 주민의 '영'을 가리키는데 흔히 쓰여집니다. 심지어 그 이름으로 쓰여진 연재 만화까지 있습니다. 그 단어의 뜻은 "나 자신을 위한 모든 것을 통틀어서"입니다. 이것은 자신의 영화로움에 기반을 둔 매우 악한 소망입니다. 우리는 *이 나라를 위해 기도하면서 그 국민 위에 군림하는 특정한 어두움의 세력은 '기아수'라는 것을 알게 되었습니다.*

암스테르담 도시에는 오천 명의 매춘부들이 상점 진열창에 즐비하게 전시되어 있습니다. 방콕 시에는 그 숫자의 수배에 달하는 매춘부가 있는데 그 대부분이 부모들이 팔아 넘긴 사춘기의 소녀들입니다. 이들 도시가 공통적으로 갖고 있는 것은 무엇일까요? 그들을 주관하는 어두움의 세력은 매춘입니다.

미국에선 여러 어두움의 세력들이 각 지역들에 걸쳐 군림하고 있습니다. 그것은 샌프란시스코에선 동성연애이고, 뉴올리언스에선 술 마시고 춤추며 노래하는 주신제이며, 워싱턴에선 권력입니다.

우리가 무엇을 할 수 있습니까? 로저 포스터(Roger Forster) 씨와 그의 동료들은 린딘에서 '예수 행진'이란 모임을 조직하여 그리스도께서 사탄의 영도를 차지하러 오셨다고 어두움의 세력들에 신포하였습니다. 이곳 싱가포르에서는 여러 셀그룹들이 함께 심야 기도회를 하는데 때로는 공영 주택단지를 조용히 도보 행진하며 거기에 있는 어두움의 세력들에 맞서서 기도합니다. 노시의 어느 구역으로 들어가면 그곳을 지배하는 어둠의 세력이 있음을 느낄 수 있습니다.

여러분의 셀그룹은 이들 세 가지 차원에서 기도의 영으로 깨어 있을 필요가 있습니다. 불신자들의 삶 속에 있는 견고한 진들을 하나하나 열거하고 그것에 대하여 그룹으로 모여 기도하는 일은 중요합니다(204~206페이지 참조). 함께 이웃 지역으로 가서 복음에 접해 보지 못한 거주자들을 위해 기도하면 영적인 열매를 맺을 것입니다.

우리들 개개인이 얼른 깨닫지 못하는 눈먼 비행과 악습이 우리 주변에 흔히 있다는 것을 기억하십시오. 그런 문화가 어두움의 주관 세력과 능력들에 의해서 깊이 침투되어 있습니다. 이런 문제를 다루는 일은 그리스도인이 가장 처리하기 힘든 것들 중의 하나입니다. 중국 속담에 "물이 어떠한지를 결코 고기에게 묻지 말라"는 말이 있습니다. 그런 이유로 영적 예언자들의 음성이 옛날 이스라엘 시대에 중요했던 만큼 오늘날도 중요합니다.

자신의 중요성을 인정받기 위해 당신은 무엇을 합니까? 당신은 누구에게 영향을 끼치려고 노력합니까? 우리가 입는 것, 사는 곳, 운전하는 것, 일하는 법 등 매우 많은 것들이 우리 주변에 있는 어두움의 세력과 능력들의 영향을 받고 있습니다. 여러분과 저는 우리 자신과 우리가 하는 많은 것들이 공중 권세를 잡은 어둠의 세력들의 결과라는 것을 깨닫지 않는 한 결코 변하지 않을 것입니다. **이들 모든 생각을 '경청의 방'으로 가지고 가십시오. 거기서 무엇을 듣고 계십니까?**

NOTE

제10주 : 권세를 대면함

 5일 금주의 주제 : 씨름하기
오늘의 주제 : 앞으로 향한 전진

성경 읽기 : 골로새서 2장 15절 ; 베드로전서 3장 22절

제가 십대 소년이었을 때, 네이트 세인트(Nate Saint) 씨가 인디애나(Indiana) 주 포트 웨인(Fort Wayne) 시에서 가까운 베어 필드(Baer Field) 지역으로 와 저희 교회에 다녔습니다. 그분은 좌석 두 개가 달린 비행기를 소유하고 있었는데 제게 비행기 조종법을 가르쳐 주었습니다. 저는 그분이 저희 교회에서 가장 아름다운 미혼 여성과의 교제를 단절하는 것을 보았는데, 그것은 그 여자가 선교 조종사의 아내로서 섬기도록 부름받지 않았다고 그분이 느꼈기 때문이었습니다.

대학교에 들어간 후, 저는 짐 엘리엇(Jim Elliott)과 에드 맥컬리(Ed McCulley) 씨를 만났습니다. 짐은 제가 여태껏 만난 사람 가운데 가장 성령이 충만한 분이었는데, 그는 졸업할 때 저에게 인상 깊은 감명을 남겼습니다. 에드는 뛰어난 미식축구 선수이며 제 주변에서 유일하게 신형 자동차를 타고 다닌 학생이기 때문에 기억하고 있습니다. 네이트 세인트 씨도 공군에서 재대한 후 그 당시에 나타났습니다.

이들은 피트 플레밍(Pete Fleming)과 로저 유데리안(Roger Youderian) 씨와 더불어 아우카(Auca) 인디언 부족에게 복음을 전하러 남미 에콰도르에 갔습니다. 사람을 사냥하는 이 야만인들은 복음을 접해본 적이 없었으며, 그들 가운데서 살아남은 외국인은 아무도 없었습니다.

· 정사와 권세를 벗어나며 벗어 ... 십자가로 승리하였느니라 (골2:15)
· 저는 하늘에 오라 해방 우편에 계시나 천사들과 권세들과
능력이 저에게 순복하나니라. (벧3: 22)

아우카 밀림지대의 상공을 여러 번 날아다닌 후, 네이트 씨는 둥글게 선
회하면서 한 장소에 줄에 매단 선물 바구니를 내려놓고 쿠레이 강의 모래
강변에 착륙했습니다. 우정의 선물을 갖고 호의저로 아우카 부족에게 접
근했지만 그들은 결국 원주민들의 칼에 맞아 죽었습니다. 이들의 시신은 강
물에 던져져 물고기 밥이 되었으며, 그들의 젊은 아내들은 졸지에 과부가
되었습니다.

그 당시에 나는 워싱턴 시 근교에 있는 조그만 교회에서 목회를 하고 있
었습니다. 병원에서 집으로 운전해 가던 중, 라디오 뉴스를 통해 그들의 사
고 소식을 접했습니다. 저는 차를 도로변에 세워놓고 울고 또 울었습니다.

집에 도착했을 때, 아내 룻도 울고 있었습니다. 우리는 결혼하기 전 네이
트 씨와 그의 아내 마지(Marge)와 더불어 데이트를 하곤 했었는데 이러한
일이 생겼다는 것이 실감나지 않았습니다.

이런 비극적인 사건으로 인해 우리의 삶은 영원히 바뀌었습니다. 그 전까
지만 해도 저는 수년 간 빌리 그래함의 전도 사역을 포함한 목회 활동을 즐
기고 있었고 상류층 인사들이 모인 근교에 교회를 개척하고 있었습니다. 하
나님께선 저와 아내를 부르셔서 선교지에서 섬김의 일을 하라고 하셨는데
도 저는 하나님의 부르심에 마음 문을 닫고 있었던 것입니다. 이렇게 닫혔
던 마음이 이 사건을 통하여 열리게 되었습니다.

우리가 선교지에 나가려고 준비하고 있을 때, 이들 순교자들의 아내들은
남편들이 시작한 전도 사역을 마무리 짓기로 결심하였습니다. 과부들 중 두
자매가 금발 머리의 어린 딸을 데리고 그 지역에 들어가 그들 남편을 살해
하였던 사람들과 함께 살면서 모든 부족이 복음화될 때까지 그곳에 남아 있
었습니다. 엘리자베스 엘리엇(Elizabeth Elliott) 여사는 남편 짐 엘리엇을 죽

인 바로 그 사람을 미국으로 내려와 그가 예수님을 영접하던 은혜의 순간을 간증하였습니다.

짐 엘리엇 씨는 우리가 대학을 떠나기 전 저의 학급 연보에 자필로 이렇게 써 놓았습니다. *"놓칠 수 없는 것을 얻기 위하여 간직할 수 없는 것을 주는 자는 어리석지 않다."* 영어의 '순교자(Martyr)' 라는 단어가 헬라어의 '증인' 이라는 단어에서 파생되어 온 것을 아십니까? 증인과 더불어 어둠의 세력에 대항할 때, 그것은 값진 대가를 치르는 일이 될 수 있음을 깨달아야 합니다. 하나님 나라는 많은 순교자와 증인을 가지고 있습니다. 우리가 이 책과 함께 하는 여행을 마칠 즈음에 여러분은 하나님 나라에서의 삶에 대해 결정을 내려야 합니다. 파묻혀 안주해 살면서 이르기를 "이것이 내가 가는 데까지 간 것이다"라고 말할 수 있는 장소는 정말로 없습니다. 이 여행은 멈추는 지점이 없으며 곧장 계속해서 영원 안으로 향합니다.

"정사와 권세를 벗어버려 밝히 드러내시고 십자가로 승리하였느니라"(골 2 : 15)

골로새서 2장 15절 말씀을 묵상하십시오. 여러 세대 동안, 아우카 인디언 사람들을 지배 통치했던 정사와 권세를 깨뜨리기 위해 성령님께서 이들 선교사 부부를 사용하셨던 방법에 대해 생각해 보시고 아래 공란에 기록하십시오.

십자가의 능력으로 말미암아 하나님 나라에 살고 있는 자들은 죽음을 두려워하지 않는 담대함을 가집니다. 예수님이 십자가에 못박혔을 때, 사탄은

전쟁에서 이긴 줄로 알았습니다. 사탄은 자기가 어떻게 패배했는지를 전혀 깨닫지 못했습니다. 죽음은 우리에게 방해가 되지 못합니다. 지상에서 우리의 삶의 기쁨은 하늘 나라를 바라보는 것입니다. 불신자들에게 죽음이란 비극이지만 우리에게는 "죽는 것도 유익"합니다(빌 1 : 21). 우리에게서 제거하는 데 가장 어려운 것들 중의 하나가 죽음에 대한 두려움입니다. 우리에게 죽음은 아무것도 아니며 무덤은 우리를 이기지 못합니다(고전 15 : 55).

베드로전서 3장 22절은 밑줄을 긋고 싶은 많은 구절들 중의 하나입니다. "저는 (예수님께서) 하늘에 오르사 하나님 우편에 세시니 **천사들과 권세들과 능력들**이 저에게 순복하느니라." 에과노르에서 순교하였던 다섯 남자들은 아우키 사람들을 그리스도께로 데리고 왔던 마지막 분투를 지금 축하하고 있을 것입니다. 그들은 셋째 하늘에서 그리스도와 함께 앉아 있으며, 우리들 역시 곧 거기에 이를 것입니다!

이 그림을 보면서 고린도전서 2장 6~9절 말씀을 읽으십시오.

제11주

 금주의 주제 : 다음 단계
오늘의 주제 : 여행 도중의 정거장
성경 읽기 : 디모데후서 2장 8~13절, 4장 7~8절

바울은 소아시아 전역에 걸쳐 수년 동안 사역을 한 후, 예루살렘에서 붙잡혀 배를 타고 로마로 끌려가 믿음에 대한 시험대에 서게 되었습니다. 처형의 날이 임박하면서 그는 이제 곧 들어갈 영원한 미래를 기대하며 과거를 회상하였습니다. 연금 상태에서 그는 믿음의 아들, 디모데에게 편지를 썼는데, 우리가 묵상해 보아야 할 두 가지 성경 구절은 다음과 같습니다.

✎ 디모데후서 2장 11~13절에서, 바울은 행위를 그에 따르는 결과와 연결시키고 있습니다. 빈 칸을 채우시고 당신이 처한 상황을 검토해 보십시오.

우리가 주와 함께 _____으면, 또한 주와 함께 _____ 것이요
_____으면, 또한 주와 함께 _____노릇할 것이요
우리가 주를 _____하면, 주도 우리를 _____하실 것이라.
우리는 _____이 없을지라도 주는 일향_____시니,
자기를 부인할 수 없으시리라.

당신이 여행하는 동안, 만나는 정거장

러시아의 수도 모스코바는 아마도 세계에서 가장 우수하고 빠른 대량 운송체제를 갖추고 있습니다. 이용하는 법을 한 번 완전히 익히면, 대도시 주

변을 돌아다니는 일이 매우 쉽습니다. 처음 이용할 때는 흠칫 놀랐는데 이는 모든 안내 표지가 시릴 알파벳(역자 주 : 그리스 정교를 믿는 슬라브 민족의 알파벳, 현 러시아 알파벳의 모체)으로 쓰여졌기 때문입니다. 하지만 새 글자를 읽는 데는 두세 시간 정도의 공부로 충분했습니다. 하지만 정거장에 있는 승강장 사이를 다니는 방법을 배우는 것은 또 다른 어려움이 있었습니다.

제가 운동을 시작하려 했을 때 제 앞을 쏜살같이 스쳐 지나간 어떤 숙녀의 티셔츠에서 본 *"바로 실행하라! (Just Do It!)*라고 쓰여진 표어를 생각해 보았습니다. 결국 수백만의 모스코바 사람들이 그것을 사용할 수 있다면 나 역시 그것을 사용할 수 있으리라 생각했습니다.

일단 기차를 타면 벽 위에 선명하게 인쇄된 지도가 다음 정거장이 어디인지를 보여 줍니다. 목적지에 이를 때까지 정거장의 수를 세어 보았습니다.

하나님 나라로 들어가는 당신의 여정도 이와 비슷합니다. 당신은 새로운 용어를 배워야 되고, 여행하면서 어느 정거장에 있는지를 알아야 합니다. 셀그룹 리더들은 지도와 여행 안내서를 준비하여 신자들이 어디에서 잠깐 멈추어서 영적 능력을 개발시켜 나가야 할 필요가 있는지를 결정할 수 있도록 도와주어야 합니다. 여기에 그러한 것들을 열거해 놓았습니다. 당신은 *이미* 어디에서 중단했는지를 스스로 평가해 보면서 이제 잠깐 머물러서 붙잡아야 할 어떤 '정거장' 들을 볼 것입니다. 사역을 위해 무장시킬 그러한 정거장에 이르는 여정을 이제 계획해 보십시오.

당신의 후원자 및 셀그룹 리더는 하나님 나라의 특정 생활 영역에서 여러분이 힘써서 발전시켜 나갈 때 도움을 줄 수 있습니다. 이번 주에 그 문제에 관하여 그들에게 이야기해 보십시오.

243

표시 방법 : 이미 방문하였던 정거장 앞에는 '+', 아직까지도 방문할 필요가 있는 정거장 앞에는 '─'로 표시하십시오.

여행 안내 평가 양식 ('+' 사실 ; '─' 아직 사실이 아님)

(   ) 정거장 1 : 구원의 확신을 가짐

당신은 그리스도인이 되어서 하나님 나라에 들어가는 것이 무슨 뜻인지를 이해하고 있으며, 이것을 타인에게 당신의 경험과 성경 말씀을 함께 나눔으로써 전하였다.

(   ) 정거장 2 : 가치 체계가 변화됨

당신은 하나님 나라로 향하는 여행에 부적합한 개인적인 가치관을 분별하고 있으며 당신의 생활 방식에 덧붙일 필요가 있는 다른 가치관들을 첨가하고 있다.

(   ) 정거장 3 : 소그룹에 우선권을 둠

당신은 하나님 가족 안에 있다는 강한 소속감을 갖고 있으며, 셀그룹 참석에 높은 우선 순위를 둠으로써 동료 구성원들을 힘써 세운다.

(   ) 정거장 4 : 그리스도인 가치관들로 짜여진 여행

당신은 '셀그룹 커리큘럼'에 있는 여러 가지 여정들을 알고 있으며, 섬김과 사역의 생애를 준비하기 위해 당신 자신을 그들에게 전적으로 위탁해 왔다.

(   ) 정거장 5 : 견고한 진이 극복됨

당신은 자신의 생활 가운데 있는 고질적이고 완고한 성품들을 식별해 내고 구역원들이나 목사님으로부터 도움을 받아 이것들을 깨뜨려 없애는 경험을 하였다.

(   ) 정거장 6 : 성경적인 청지기 직분이 계속 실습됨

종의 임무는 주인에게 순종하는 것이며, 주인은 종의 필요한 모든 것을 채워주는 것임을 당신은 알고 있기 때문에 당신은 셀그룹의 사역을 보조하고 십일조 헌금을 하는 데 충실하다.

(   ) 정거장 7 : 하나님의 음성을 듣는 시종 일관된 시간

당신은 매일 조용한 '경청의 방'에서 하나님의 음성을 듣는 시간을 발전시켜 나감으로써 하나님께 의논하며 기도하는 법을 알고 있을 뿐 아니라 기도함으로써 삶의 여러 상황늘에 대처한다.

(   ) 정거장 8 : 즐거운 활동이 되는 예배

당신은 개인 또는 축제 연합 예배를 통해서 하나님의 임재를 체험한다.

(   ) 정거장 9 : 일관된 생활 태노로서의 봉사 직분

당신은 타인의 필요성에 민감하여 심지어 비전한 일까지도 다른 사람을 섬길 의지를 갖고 있으며 섬기는 사람들에게 모두 공평하나

(   ) 정거상 10 : 은사를 위한 하나님의 통로가 됨

당신은 성령 충만의 중요성을 인식하고 있으며 사역을 위한 영적 은사의 통로가 되는 데 완전히 자신을 내놓고 있다.

(   ) 정거장 11 : 영적 은사를 정기적으로 활용함

당신은 시종 일관 성령 충만을 체험하며, 이것이 자연스럽게 흘러 나와 성령의 은사로 동료 신자들을 세우며 복음을 접해 보지 못한 사람들에게 전도한다.

(   ) 정거장 12 : 직장과 학교 생활에서 정직함

당신의 직장과 학교 생활에서의 활동은 높은 차원의 정직성을 보여준다.

(   ) 정거장 13 : 하나님의 어린 자녀를 위한 사역을 시작함

당신은 갓 태어난 그리스도인의 후원자가 되며, 그룹 안에 고통 받거나

어려움에 처한 사람들의 필요한 것들을 예민하게 알아차려 그들을 위해 돌보고 기도한다.

( ) 정거장 14 : 영적 전쟁의 실습

당신은 타인의 생활 가운데서나 여러 지역에서 사탄의 세력에 대적하여 권위를 가지고 그것에 대항하는 법을 배웠다.

( ) 정거장 15 : 가족적인 그리스도인 관계 확립

당신은 하나님 나라 안에 있는 당신의 생활을 밝히 보여 주고 하나님을 영화롭게 하는 방식으로 가까운 가족 및 먼 가족의 사람들과 더불어 사는 법을 배웠다.

( ) 정거장 16 : 그리스도를 주님으로 영접할 수 있도록 조력함

당신은 타인들과 함께 복음을 나누어 본 적이 있으며 또 다른 사람이 그리스도를 주님으로 영접하도록 인도하여 그분을 셀그룹의 한 사람으로 만들어 놓았다.

( ) 정거장 17 : 전도적인 생활 방식을 발전시켜 나감

당신은 동료 셀그룹 멤버들과 함께 전도 소그룹을 형성하는 데 개인적으로 참여하여 복음에 무관심한 사람들에게 손길을 뻗쳤다.

( ) 정거장 18 : 젊은이들을 무장시켜 복음에 관심 있는 사람들을 끌어들임

당신은 또 다른 셀그룹 멤버가 요한복음 3장 16절 말씀을 함께 나누는 법을 익히도록 도와주며, 그가 어떤 잃어버린 사람을 그리스도께로 인도하여 셀그룹 안으로 끌어 데려오는 것을 보았다.

( ) 정거장 19 : 전도 소그룹 사역을 경험함

당신은 두세 개의 다른 셀그룹 멤버들과 함께 참여하여 복음에 무관심한 사람들을 위해 전도 소그룹을 형성하고 이런 사역으로 말미암아 새로운 신

자가 셀그룹 안으로 들어오는 것을 보았다.

( ) 정거장 20 : 셀그룹 안에서 인턴이 됨

당신은 셀그룹을 이끌어 갈 수명이 있음을 느끼고 인턴으로서의 훈련 절차에 들어갔다.

( ) 정거장 21 : 특정 사역에서 인턴이 됨

당신은 셀그룹을 인도하라는 하나님의 부르심을 받고 셀멤버 사역에서 리더를 보조하든지 아니면 음악, 상담, 복음전도, 리더 등을 포함한 셀그룹의 다른 분야에서 사역하여 무장해 왔다.

( ) 정거장 22 : 인도자 사역에 관여함

당신은 목자의 마음으로 다른 사람들을 여러 사역으로 인도할 책임을 지고 있으며, 또한 어느 특정 사역을 이끌어 나가 어느 그룹을 인도하거나 리더로서 섬기는 차원에서 당신을 대신 할 인턴을 무장시켜 왔나.

( ) 정거장 23 : 표적 집단 사역에 관여함

당신은 주의 부르심을 받아 주님을 위한 특정 그룹에 들어가 전도 대상집단에 개입함으로써 그들을 계속적인 사역의 표적으로 삼아 왔다.

( ) 정거장 24 : 특정 지역 목회를 위해 부르심을 받음

당신은 일상 업무를 재조정해서 지역 목회의 인턴으로서 훈련받기 위해 교회로부터 승낙받아 일 년 동안의 집중 훈련을 위한 셀그룹 커리큘럼에 들어갈 준비를 하고 있다.

( ) 정거장 25 : 셀그룹을 개척하기 위한 부르심을 받음

당신은 지역 목회의 생활을 경험하고 목회실의 승인을 받아 현재 사는 문화 지역이나 세상의 다른 지역에서 새로운 하나님의 일을 개척할 부르심을 받고 당신의 파송 교회의 보조를 받아 개척 교회 팀의 일원으로서 보내심을 받았다.

제11주

 2일

금주의 주제 : 여행
오늘의 주제 : 당신은 제사장입니다

성경 읽기 : 요한계시록 1장 6절 ; 사도행전 2장 44~47절 ;
에베소서 4장 11~16, 29, 32절

아빠가 목사인 4살짜리 손자에게 할머니가 물었습니다. "너는 커서 무엇이 되고 싶으니?" 손자는 이렇게 대답했습니다. "저는 아빠처럼 설교하는 사람이 될래요. 할머니, 저는 지금 설교자이지만 설교를 할 수는 없어요"

당신도 사역자로 부름받음에 대하여 이렇게 생각합니까? 에베소서 4장 11~12절 말씀에 "그분이, 어떤 사람은 사도로, 어떤 사람은 예언자로, 어떤 사람은 복음 전도자로, 또 어떤 사람은 목회자와 교사로 삼으셨습니다. 그것은 성도들을 준비시켜 봉사의 일을 하게 하고, 그리스도의 몸을 세우게 하시려는 것입니다.(표준새번역)" 모든 성도는 봉사의 일을 할 준비가 되어 있어야 합니다. 하나님은 우리 모두 개개인이 동료 그리스도인을 돌보고 복음에 접해 보지 못한 사람들에게 전도하기를 원하십니다.

세상 도처에서는 지금, 성령님께서 그리스도인들을 도와서 교회는 '성직자' 와 '평신도' 로 이루어져 있다는 사탄의 기만으로부터 벗어나게 하고 있습니다. 그리스도 사역에서 '성직자' 라 불리우는 '신성한 사람들' 과 헌금을 모으고, 설교를 들으며, 일상 잡무를 하는 '평신도' 들 사이에 어떤 구분이 있어서는 안 됩니다.

더욱이 놀라운 일은 성경에서는 '성직자' 나 '평신도' 라는 말을 사용한 적이 없으며 교회가 그런 식으로 구성되어야 한다고 한 번도 가르쳐 본 적이 없다는 것입니다. 위의 성경 구절에서 분명히 알 수 있는 것은 하나님께서 사람들에게 여러 은사들을 주셨는데, 그 은사를 가지고 그리스도 복음 사역을 위해 쓰도록 준비시켜 놓았다는 것입니다. 가장 명백한 신약 성경의 가르침들 중의 하나는 모든 그리스도인은 그리스도의 사역자이며, '성직자' 라 불리우는 엘리트 집단이 없다는 것입니다.

사탄은 교회 생활 속에 성직자, 평신도의 구분 개념을 서서히 불어 넣었는데, 거의 300년에 걸쳐서 그리스도의 신부인 교회의 본래 모습을 변질시켜 왔습니다. 사탄은 그의 목적을 성취시킴으로써 소위 교회에 '좌석만 지키는' 평신도가 되어 버린 수백만의 사람들이 실제로 수행했어야 할 그리스도의 복음 사역을 무력화시켜 놓았습니다.

항상 그렇지만은 않았다!

초대교회의 첫 몇 주 동안에 3,120명의 신자들이 회당장에 보여 사도들의 가르침을 들었습니다. 그들의 사역이 드러난 때는 그들이 집집마다 옮겨 다니며 서로를 격려하며 세워주고, **아가페** 사랑을 베푸는 식사를 같이 하며, 서로를 위해 기도하였을 때였습니다. 그래서 예수님의 사도들은 성도들이 봉사의 일을 하도록 준비시키는 데 초점을 두었고, 실제 사역은 모두 개개 신자에 의해서 이루어졌습니다.

그 후 수세기에 걸쳐, 아무도 교회에서 무슨 일이 일어나고 있는지에 대해 개의치 않았습니다. 그러다가 마르틴 루터 시대(서기 1517년)에 성직자 — 평신도 구분을 배척하는 그룹들이 형성되기 시작하였는데, 이 집단에 속한 사람들은 위험 인물로 간주되어 어떤 이는 화형에 처하기도 하고, 어떤

새로운 삶 시리즈 3권: 실천

당신은 성직자이고 제사장이다!

이는 감옥에 갇히기도 하며, 혹은 다른 나라로 추방되기도 하였습니다.

존 웨슬리 시대에는 셀그룹을 조 모임이라고 불렀는데 이것은 성령님의 강력한 활동 도구가 되어 왔습니다. 셀교회 운동은 수세기 전으로 거슬러 올라갑니다. (전통 교회의 역사를 보다 폭넓게 다루려면 『셀교회 지침서』(*Where Do We Go From Here?*) 책자를 참조)

전세계에 걸쳐 수백 개의 교회가 이제 신약 성경의 모범으로 되돌아 갔으며 여러분도 이제 복을 받아 그런 교회의 한 일원이 되기를 기도합니다.

성경에는 당신을 제사장으로 묘사하는 여러 가지 구절이 있습니다. 예를 들어, 요한계시록 1장 6절 말씀에 예수님께서 *"그 아버지와 하나님을 위하여 우리를 나라와 제사장으로 삼으신…"*이라 하였습니다. **파이스(*PAIS*)**란 직함에 '사역자'를 첨가하십시오. 당신은 하나님의 *자녀*요, *종*이요, *제사장*입니다.

그림에 나타난 바와 같이, 제사장은 인간에 대하여 하나님을, 하나님에 대하여 인간을 대표합니다. 베드로는 서신으로 당신에게 다음과 같이 말하고 있습니다. *"너희도 살아 있는 돌같이 신령한 집으로 세워지고 예수 그리*

스도로 말미암아 하나님이 기쁘게 받으실 신령한 제사를 드릴 **거룩한 제사장**이 될지니라 … 오직 너희는 택하신 족속이요, **왕 같은 제사장**들이요 거룩한 나라요 그의 소유된 백성이니 이는 너희를 어두운 가운데서 불러 내어 그의 기이한 빛에 들어가게 하신 자의 아름다운 덕을 선전하게 하려 하심이라. 너희가 전에는 백성이 아니더니 이제는 하나님의 백성이요 전에는 긍휼을 얻지 못하였더니 이제는 긍휼을 얻은 자니라."(벧전 2 : 5, 9, 10)

세사장은 하나님 아버지와 교제해야 하므로 *거룩해야* 합니다. 우리의 의는 계명을 지킨 결과가 아니라, 예수님께서 우리 안에 내주하시므로 우리의 의가 된 것이며, 그래서 우리는 거룩한 것입니다. 그렇다면 제사장이 사역할 때 그는 왕 같은 제사장이며 왕 가운데 속한 의복을 입습니다.

당신은 제사장입니다. 이는 당신이 **중보자**로서 세속석으로 섬길 것을 뜻합니다. 서부 텍사스 주에 사는 한 나이든 카우보이기 힌 빈은 목사들에게 다음과 같이 말한 적이 있었습니다. "이보시오! 하나님이 여러분을 불러 그의 종으로 삼으셨다면, 왕이나 대통령 되기를 원하는 정도의 낮은 자세로 몸을 굽히지 마시오." 우리가 성취할 수 있는 것 가운데서 신령한 은사를 가지고 한 손으로 하나님과 접촉하며 다른 손으로 타락한 이들을 하나님 앞으로 이끌어 인도하는 것보다도 더 위대하고 영원한 가치를 찾아볼 수 있습니까?

제11주

 3일 금주의 주제 : 여행
오늘의 주제 : 무장의 해
성경 읽기 : 디모데후서 2장 15절

디모데후서 2장 15절의 말씀은 다음과 같이 바꿔 쓸 수 있습니다. *"진리의 말씀을 사용할 줄 알며, 숙련되고 자격 있는 부지런한 일꾼으로서 전심전력을 다하여 자신을 하나님께 드려라."*

하나님 나라의 삶에서 가장 중요한 것은 우리 자신을 영적으로 철저히 무장하여 온전히 주님을 섬길 태세를 갖추는 것입니다. 당신의 셀그룹이 하나님 군대의 일원임을 우리는 이미 알았습니다. 군인들은 처음에 기본 훈련의 과정을 거칩니다.

수년 동안, 저는 어느 조그만 마을에 있는 신학교에서 학생들을 가르쳤는데, 그 마을에는 새로 입대한 군인들을 위한 기본 훈련 학교가 있었습니다. 나는 종종 비행기를 타고 집으로 갔는데, 기내에는 한두 명의 민간인을 제외하고는 신병 막사로 가는 젊은 남자들로 가득 차 있었습니다. 그들은 한마디로 엉망이었는데, 하나같이 긴 머리에 턱수염을 기른 채 냄새 나는 의복을 입고 있었습니다.

그 비행기는 마을을 떠나 한 번 더 군인들로 채워지는데, 이번에는 젊은 남자들이 수개월 간의 훈련을 마친 후 다른 장소로 옮겨지는 것이었습니다. 얼마나 대조적인지 말쑥하게 차려 입은 군복, 짧은 머리 및 그들의 엄숙한 거동이 매우 인상적이었습니다. 그들이 동일한 사람이었다는 것을 믿기 힘들 정도였습니다.

군인이 전투에 나설 때는, 옆에 있는 동료들이 서로 힘을 합쳐 역할을 제대로 수행할 수 있는지 확실히 해 둘 필요가 있습니다. 생명이 위태로울 때, 당신 주위에 있는 군병력에 의존할 필요가 있습니다.

이런 이유로 당신은 주님께 *"자격 있는 일꾼으로 전심전력을 다하여 자신을 하나님께 드려라. …"*는 분명한 다짐을 해야 합니다. 셀교회에서 그리스도 사역을 위해 당신을 무장시키는 일은 매우 중요합니다.

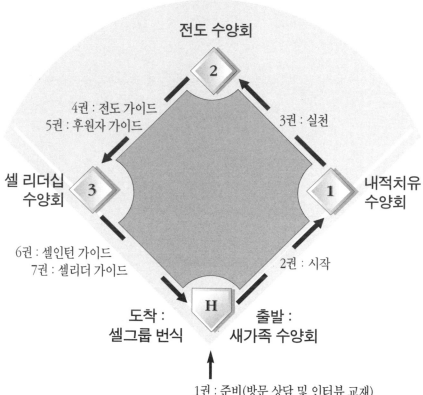

터치 셀그룹 커리큘럼 야구장 도표

전도 수양회

2

4권 : 전도 가이드
5권 : 후원자 가이드

3권 : 실천

셀 리더십
수양회

3

내적치유
수양회

1

6권 : 셀인턴 가이드
7권 : 셀리더 가이드

2권 : 시작

도착 :
셀그룹 번식

H

출발 :
새가족 수양회

1권 : 준비(방문 상담 및 인터뷰 교재)
0권 : 안내(구원 확신과 셀그룹 소개)

터치국제본부에서는 그 동안 출판한 70여 권의 셀교회에 대한 셀그룹 교재들을 바탕으로 '셀그룹 커리큘럼'을 만들어서 사용해 왔습니다. 셀멤버는 1년 동안 스스로 공부하는 교재와 주말에 이루어지는 수양회를 통해 '셀그룹 커리큘럼' 전과정을 마칠 수 있게 되어 있습니다. 그 동안 '셀그룹 커리큘럼'에서 각 단계는 여행을 하는 기차의 정거장으로 설명되어 왔습니다.

이와 같이 지난 10여 년간 사용되어 온 정거장 '셀그룹 커리큘럼'을 터치 국제본부에서는 2001년부터 공식적으로 야구장 다이아몬드 그림으로 더욱 알기 쉽게 바꾸었습니다. 이 야구장 그림은 터치 셀그룹 커리큘럼 사용을 쉽게 하기 위해 베다니 교회와 콜럼비아 G-12의 ICM 교회 등 여러 셀교회에서 사용하여 검증한 더욱 발전된 셀그룹 커리큘럼입니다.

2001년에 발표되는 셀그룹 커리큘럼은 랄프 네이버의 35년간의 셀교회 노하우와 그 동안 전세계의 다양한 셀교회에서 임상 실험하여 어느 문화권에도 적용할 수 있는 검증된 원리들로 만들어졌습니다. G-12 원리의 콜럼비아 ICM교회 사역으로 1루 내적치유 수양회가 보강되었고, 2루 전도 수양회는 싱가포르 FCBC 교회에서 발전되었으며, 3루 셀 리더십 수양회는 전세계 대표적 셀교회 리더십 훈련을 통해 발전된 내용을 기본으로 만들어졌습니다. 셀그룹 커리큘럼 교재들도 미국 베다니 교회, 싱가포르 FCBC, 콜럼비아 ICM 교회 등 세계의 여러 셀교회에서 10여 년 동안 사용되며 개정된 내용으로, 세계 터치 네트워크를 통하여 국제터치본부에서 2001년도에 발표하게 되었습니다.

이 셀그룹 커리큘럼의 특징은 수양회 중심으로 이루어지는 것입니다. 여기서는 각각의 수양회로 가기 위하여 단계적으로 진행되는 양육 교재(0~7권)를 사용합니다. 그러므로 각 양육 교재의 내용은 수양회 프로그램과 연관되어 있습니다. 수양회에 참석하려면 새신자가 반드시 각 양육 교재를 스스로 공부하고 매주 후원자를 만나 교제하며 도움을 받아야 합니다. 이러한 과정을 통하여 새신자가 교회에 정착하게 되며, 수양회에서 하나님을 만나는 경험은 그들의 신앙을 성장시켜 주고 그 다음 단계로 가기 위한 준비를 해 줍니다. 셀그룹 양육 과정을 경험하면서 새신자는 스스로 영적인 진리를 발견하는 법을 배우게 되고 후원자의 도움을 받으면서 미래의 후원자, 더 나아가서 셀그룹의 리더로 준비되는 것입니다.

새로운 삶 시리즈 3권 : 실천

제11주

 4일 금주의 주제 : 여행
오늘의 주제 : 후원자가 됨

성경 읽기 : 로마서 12장 10, 16절, 13장 8절, 14장 13절, 15장 7, 14절

> *"내 형제들아 너희가 스스로 선함이 가득하고 모든 지식이 차서 능*
> *히 서로 권하는 자임을 나도 확신하노라."(롬 15 : 14)*

셀그룹 안에서는 후원을 주고 받는 사역의 근거를 이 성경 말씀에 두고 있습니다. 다른 사람들로부터의 도움이 없이는 성장할 수 없으므로 우리 교회는 '주고 받는 후원 관계(Sponsor-sponsee Relationship)' 로서 셀그룹 멤버들 간에 개인적인 상호 관련성을 발전시켜 왔습니다.

'후원 받는 사람' 은 사역 여행 중인 동료 멤버에 의해 인도 받습니다. '후원하는 사람' 은 '안내자' 로서 다른 멤버를 돕고 격려할 책임을 집니다. 후원하는 모든 개개인도 후원자를 갖고 있습니다.

처음 셀그룹에 들어가면 후원 받는 사람이 됩니다. 본 교재를 통하여 여행하면서 정규적으로 후원자와 만납니다. 일단 이런 과정을 마치고 나서 후원자가 되어 어떤 다른 사람이 그 과정을 마칠 수 있도록 도와 줌으로써 당신은 유익을 얻게 될 것이며, 이렇게 함으로써 당신은 그리스도의 사랑과 사역의 살아 있는 연결고리로 다른 사람들과 연결될 것입니다. 모든 그리스도인은 후원을 주고 받는 양자의 역할을 동시에 감당할 수 있는 목표를 설정해 두어야 합니다. 당신의 리더가 후원자가 될 기회를 줄 것이며 이런 사역을 받아들이는 것은 당신에게 큰 특권입니다.

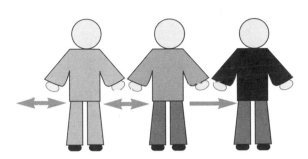

당신은 후원자가 됨으로써 성장한다

후원자가 된나는 것은 당신의 영적 성장에 중요합니다. 성숙한 그리스도 인이 되기 위해서는 타인을 돌봄으로 말미암아 유익을 얻은 후에 거낌없이 사람을 위해 일하는 법을 배워야 합니다. 게다가 후원하는 일은 셀그룹의 생명에 결정적이며 이는 셀그룹 멤버들 사이에 세워진 관계에 의해 지탱됩니다. 후원하게 되면 어떤 셀그룹 멤버가 참석치 못하거나, 고성에 저해 있거나 또는 죄에 빠져 있을 때 확실하게 자동적인 후속실차가 뒤따를 것입니다.

당신이 후원하는 사람에게 사역하는 동안, 도움이 필요하다고 판단되면 당신 편에서 당신의 사역을 도와줄 후원자를 찾게 될 것입니다.

후원자가 된다고 해서 가르칠 의무가 있는 것은 아니다

관계 확립은 후원자가 일차적으로 이루어 놓아야 할 일입니다. 후원자는 인도자가 될 필요는 없으며 단지 돌보는 친구로서 족합니다. 후원을 주고 받는 자들 사이에 정기적인 접촉이 이루어져야 하는데 이것은 셀그룹 모임 밖에서 일어나야 합니다. 양자 모두에게 가장 편리한 시간과 장소를 택하고 필요에 따라 전화로 연락하십시오.

257

후원을 주고 받는 사람의 관계를 위한 제안

1. 기도회나 셀그룹 및 축하 모임에서 서로를 지지, 격려하십시오.

2. 서로를 도와 '경청의 방' 에서 하나님의 음성을 듣는 시간을 가지십시오.

3. 당신의 후원 받는 사람이 '무장의 해' 의 과정을 마칠 수 있도록 격려하십시오.

4. 구원받지 못한 친구들을 함께 방문함으로써 서로를 도우십시오.

5. 당신의 후원 받는 사람과 『전도 가이드』(Touching Hearts Guidebook) 과정을 공부하는 동안, 복음을 받아들이기 쉬운 사람들을 접촉하고 방문하도록 시간을 마련하십시오. 그런 다음, 전도 소그룹(share Group), 또는 표적 집단(Target Group)의 일원으로서 힘써서 함께 일하면서 'B 유형' 의 불신자들에게 구원의 손길을 뻗치십시오.

6. 6개월마다 적어도 한 사람을 그리스도께로 인도하도록 노력하십시오. 당신의 가족과 친구들 중에 믿지 않는 사람들을 위해 기도하는 시간을 마련하고, 믿는 자의 가장 중요한 일은 잃어버린 자를 구세주 앞으로 인도하는 것임을 항상 기억하십시오.

연쇄 기도 고리는 연결체의 역할을 한다

후원을 주고 받는 이들은 연쇄 기도 고리를 통해서 그룹의 다른 모든 멤버들과 연결됩니다. 염려되거나 곤궁한 일이 생기면 기도 고리를 통하여 그들과 함께 하십시오.

어떤 셀그룹 멤버의 생활 가운데 위급한 일이 일어나는 때가 있을 경우, 그분의 후원자에게 전화 한 통화를 하면 연쇄 전화 연락망을 통해서 그런 사실을 그룹의 모든 사람에게 알릴 것입니다. 사역팀 목사로서 나는 종종 병원 침실에 도착해서 비로소 셀그룹의 여러 멤버들이 이미 참석했음을 알았습니다. 관찰 주목하는 불신자들에게 우리가 보여줄 수 있는 가장 강력한 증거는 우리의 **(아가페)** 사랑과 서로를 위한 돌봄입니다. 수세기 전 플리니(Pliny)라는 불신자는 그 당시의 셀그룹들을 바라보고 나서 *"그들이 얼마나 서로를 사랑하는지 보라. 그러면 서로를 위해 하지 못한 것이 하나도 없다."* 고 말했습니다.

연쇄 기도는 후원을 주고 받는 모든 사람을 연합시킨다

"…너희도 그리스도 안에서 충만하여졌으니 그는 모든 정사와 권세의 머리시라."(골 2 : 10)

제11주

 5일 금주의 주제 : 여행
오늘의 주제 : 희어진 들판

성경 읽기 : 마태복음 28장 18~20절 ; 사도행전 1장 8절 ;
로마서 15장 19~23절

본문을 읽으시고 아래 문장들을 생각해 보시기 바랍니다.

1. 예수님은 모든 하나님의 자녀에게 제자를 삼을 임무를 부여하셨다

여기에는 확실히 당신도 포함됩니다! 우리의 주된 임무는 믿지 않는 다른 이들을 하나님 나라로 인도하는 데 있습니다. 성경에 쓰여진 '족속(Nations)' 이란 말은 지정학적인 영역을 지칭하는 것이 아니라 인종적 집단을 가리키므로, 그것은 광동인, 크핵인, 후이인, 수단인, 우즈벡인, 몽고인 등을 가리킵니다. 사탄은 모든 족속(인종 집단)이 복음을 듣게 되면 종말이 올 것을 알기 때문에 인간을 두꺼운 감옥인 그들 문화의 장벽 속에 가두어 두려고 힘씁니다. 오늘날 그리스도의 증인이 없는 많은 지역들이 있는데 우리는 그리스도의 복음을 이들 지역에 사는 족속들에게 전하도록 부르심을 받고 있습니다.

사도행전 1장 8절에 보면, 예수님은 사도들에게 그들이 있던 곳 *예루살렘*에서 제자 삼기를 시작하라고 말씀하셨습니다. 그런 다음, 그들은 예루살렘 시 주변에 있는 *유대* 지역의 백성으로 가기로 되어 있었습니다.

그후 유대인에 의해 멸시받던 사람들이 사는 인접해 있는 사마리아 지방으로 갔으며, 마지막으로 '땅 끝' 까지 가기로 되어 있었습니다. 이것은 단지 소수의 사도들에게만 해당되는 것이 아니고 그 당시 예수님과 동행했던 모든 사람에게 해당되는 임무였습니다.

✎ 이런 위임 명령에는 저와 여러분이 포함되므로 다음 언급된 장소에 해당되는 인종 집단을 기입하십시오.

예루살렘(당신이 사는 도시) : _____

유대(당신이 사는 지역) : _____

사마리아(인접 국가) : _____

땅 끝 (당신의 정반대에 있는 나라는 어떤 나라라고 생각하십니까?)

_____

주님께서 당신을 지명하여 다른 장소로 가서 복음을 접해 보지 못한 사람들과 더불어 주님의 사랑을 나누라고 하실 수 있다고 생각하십니까? 주님께서 그렇게 하실 수 있습니다! 그곳은 도보 거리 내에 있거나 아니면 매우 멀리 떨어져 있을지 모릅니다. *당신은 갈 의향이 있습니까?* 예를 들어, 텍사스 주의 휴스톤 시에는 92개의 상이한 인종 집단이 있는데 그들 중 상당수가 그리스도인과 단 한 번의 접촉도 없이 살고 있습니다.

싱가포르에 있는 한 셀그룹은 고층 건물 주택에 사는 많은 주민들을 보았습니다. 이곳은 그들이 살던 지역에서 도보 거리 내에 있었습니다. 그들은 그 지역에 있는 사람들을 방문하기 시작해서 그들의 '유대' 지역에 곧바로 새로운 셀그룹을 시작하였습니다.

또 다른 셀그룹은 한 시간 도보 거리에 떨어진 전혀 그리스도인이 없는 지역으로 갔는데 그들은 그곳을 '*사마리아*'라고 불렀습니다. 주말마다 방

문해서 사람들을 만나고 복음 전도를 위한 셀그룹을 만들었는데 곧바로 사람들이 예수님을 따르고 새로운 셀그룹이 시작되는 것을 보았습니다. 셀그룹이란 지도상의 테두리를 갖는 것이 아니라 그리스도 사역을 위한 하나의 운동임을 그들은 알았습니다.

정지윤(Chong Chee Yuen)과 루비(Ruby)는 싱가포르에 있는 커뮤니티 침례교회의 일원인데 지윤 씨는 천 명 이상의 사람들이 셀교회에 속해 있을 때까지 싱가포르 북쪽 지대의 지역 목사로서 일하셨습니다. 그런 다음, 그와 루비는 홍콩으로 가서 셀교회를 세움으로써 국내 셀교회의 사역을 *가장 먼 곳으로까지 확장시켰습니다. 셀교회가 세계 도처에 세워졌는데 이것은 그리스도 복음을 땅 끝까지 들고 다녔던 그룹 멤버들, 즉 여러분과 같은 사람들에 의해서 이루어졌습니다.*

2. 그리스도를 사람들에게 전하는 과업은 끝이 없다

바울은 여행을 마치고 나서 그가 개척해 놓았던 교회들을 만족스럽게 되돌아보면서 다음과 같이 기록하였습니다. "이 일로 인하여 내가 예루살렘으로부터 두루 행하여 일루리곤까지 그리스도의 복음을 편만하게 전하였노라" 그는 또 하나의 목적지를 갖고 있었는데 곧 그가 생각하는 땅 끝인 스페인이었습니다.

"내가 그리스도의 이름을 부르지 않는 곳에는 복음을 전하기로 항상 힘썼노니"(롬 15 : 20)라고 기록할 당시, 바울은 특별한 그리스도인이 아니었습니다. 우리도 이런 마음의 자세를 가져야 합니다.

셀교회 식구들이 복음을 전하는 방식에는 3가지가 있는데, 첫 번째 방식은 다른 셀그룹 멤버들과 함께 협력하여 잃어버린 자들을 찾아 정기석으로 셀그룹 멤버 수를 번식시키는 것입니다. 두 번째 방식은 셀그룹 멤버 개개인이 하나님의 부르심을 듣고 지역 사회에서 사역을 하면서 리더가 되고 나이가 지역 목사가 되는 것입니다. 세 번째 방식은 하나님께서 어떤 분을 부르셔서 그가 셀교회 개척팀의 일원이 되어 '땅 끝' 까지 파송되는 것입니다.

그러한 일이 생기면, 우리가 그 인에 함께 동참할 수 있는 네 번째 방식이 있는데 그것은 하나님께서 우리에게 맡겨 주신 것들을 성실한 청지기 직분으로 사용하는 것입니다. 우리 모두 주님의 종이란 뜻의 **오이코노모스(oikonomos)**가 되어서 하나님께서 셀교회의 증인을 늘리기 위해 보내신 사람에게 '적절한 시기에 적절한 양식'을 제공해야 합니다. 어느 셀그룹 멤버가 말한 바처럼 "나는 다른 사람이 이처럼 믿음의 순전한 삶을 살도록 나도 하나님의 종으로서 순전하게 사는 것을 배우게 되었습니다."

잠시 시간을 내어 오늘의 성경 말씀을 한 번 더 읽어 보시고 '경청의 방' 으로 들어가서 주님의 음성에 귀기울여 보십시오. 그때에 주님께서 당신이 할 바에 대해 말씀해 주실 것입니다. 아래 칸에 당신에게 떠오르는 생각을 기록하십시오.

매주 사용할 후원자 지침

후원자로서 봉사하는 법

당신은 셀양육 교재 *새로운 삶 시리즈 3권* 『*실천*』을 마치셨습니다. 아마 최근에 마치셨을 것입니다. 매주 관계를 쌓아갈 수 있는 대화를 통하여 다른 사람을 섬길 때 당신도 많은 유익을 경험하게 될 것입니다! 교재도 중요하고 성경 말씀을 매주 암기하도록 돕는 것도 중요하지만 피양육인과의 관계가 더 중요합니다. 우리 주님도 그 관계 형성에 더욱 관심이 있으실 것입니다.

아시다시피 셀양육 교재 *새로운 삶 시리즈 3권* 『*실천*』의 목적은 우리의 옛 사람의 가치관을 다시 평가하여 하나님 나라의 가치관을 새롭게 깨닫도록 하는 것입니다. 사실 당신이 이 교재보다 더 중요합니다. 바로 당신이 하나님 나라의 가치관을 깨닫도록 하는 과정에서 피양육인에게 더 큰 영향을 미칠 것입니다.

사람들의 사고 방식은 여러 이유로 바뀝니다. 때론 영적인 것에 이유가 있지만, 대부분은 관계나 감정을 통하여 변하게 됩니다. 예를 들면 저는 그리스도인과 결혼하기를 원하는 예수님을 영접한지 얼마 안 되는 한 청년과 셀양육 교재 *새로운 삶 시리즈 3권* 『*실천*』을 공부한 적이 있습니다. 저는 그가 다른 동기로 미혹되지 않도록 조심하였습니다. 그가 약혼녀를 기쁘게 하려는 단 한 가지 이유로 그리스도인이 되려고 하는 것은 진정한 결정이 아닐 것입니다. 물론 하나님께서는 이것을 사용하고 협력하여 선을 이루실 분이라는 것을 잘 압니다.

당신이 *새로운 삶 시리즈 3권 『실천』*을 가지고 피양육인과 관계를 쌓아가면서 알아야 하는 것은 어떻게 가치관이 바뀌고 새로운 가치관을 갖게 되느냐 하는 것입니다. *"나는 그리스도인이 되고 싶습니다."* 라고 누군가 이야기했는데 사실 그 뜻은 *"나는 조금 달라지고 싶다."*라는 뜻이었습니다. 그는 그리스도인이 되고 싶다고 하여도 아직 그의 가치관은 예수님을 완전히 그의 주인과 소유자로 받아들이지 않고, 본인의 인생을 완전히 내어주지 않은 것입니다.

사람들은 모델로 따라 할 수 있을 때 가치관이 가장 많이 변합니다. 피양육인을 섬기면서 중요한 것은 당신이 그분을 위하여 모델이 되어야 하나는 것입니다. 두려워하지 마십시오! 아마도 당신은 당신이 '완벽한' 그리스도인의 모델이 아니라고 생각할 것이 확실합니다. 맞습니다, *모델이 될 만한 완벽한 그리스도인은 물론 없지요!* 예수님께 순종하는 마음으로 그분이 사용하시도록 그분께 나를 후위자로 드리는 것만으로도 당신은 자격이 충분합니다. 피양육인을 위해 하나님께서 당신을 모델로 만드시도록 기도하십시오. 후원자 사역은 바로 당신의 성장을 위한 것이며 피양육인을 향한 하나님의 마음을 체험하게 될 것입니다.

조심해야 할 것은 당신이 경험하지 못한 영적인 생활과 알지 못하는 것들에 관하여 '진실하라' 는 것입니다. 마치 아는 것처럼 말하고 행동하면 그리스도의 생명력이 저하될 수 있습니다. 성령님은 당신의 진실하고 정직한 말과 모습을 피양육인에게 사용하실 것입니다. 당신의 진실된 마음이 있는 그대로 전달되었을 때, 그리스도의 생명력 또한 전달될 것이며 당신은 진정으로 좋은 모델이 될 것입니다.

피양육인과 관계를 맺으면서 그 사람의 영적 여행이 아마도 당신과 똑같지는 않을 것입니다. 당신이 경험한 일과 다른 사람이 경험할 일들을 비교하지 마십시오. 좋은 간증이고 주관적인 체험이 될 수 있지만 누구나 전부 경험해야만 하는 객관적인 사건이 될 수는 없습니다. 중요한 해결책은 내 가치관을 강요하는 것이 아니고 상대방의 말을 듣는 것입니다. 정죄하거나 판단하지 말고 들으십시오. 답을 주거나 나의 가치관과 나의 체험을 강요하지 마십시오. 그들이 스스로 하나님의 말씀으로만 깨달을 수 있도록 옆에서 격려하고 도와 주십시오. 성경만이 신앙 성장의 잣대요 기준입니다.

영적 성장의 구성 요소란

영적 성장의 구성 요소를 알아야 하는 세 가지 이유는 다음과 같습니다.

1. 영적 성장의 구성 요소가 무엇인지 알지 못하면 준비할 수 없고 효과적인 영적 성장을 할 수 없습니다.

2. 영적 성장의 구성 요소를 알지 못하면 무엇이든지 변화가 있을 때 맹목적으로 무조건 받아들일 것입니다. 이 말의 뜻은 아무 벽에 총알을 쏘고 난 후, 박힌 총알을 중심으로 과녁을 그리고 명중했다고 말하는 것과 같습니다.

3. 영적 성장의 구성 요소가 무엇인지 알지 못하면 영적 성장의 구성 요소를 체험할 때도 그것이 구성 요소인지 알지 못할 것입니다.

어떻게 그리스도인들이 성장하는가 ?

매일의 삶, 마음, 생각들을 그리스도의 인도하심에 완전히 맡기고 최선을 다해서 그분의 인도하심을 따라갈 때, 그리스도인으로 성장하게 됩니다. 물론 한 순간에 예수님께 모든 것을 맡기고 따르겠다고 결정해 버릴 수도 있

겠지만 모든 것을 맡기고 따르는 과정이 그 결정보다 더 중요합니다. 그래서 바울은 로마서 10장 10절에 현재 진행형을 사용하고 있습니다. 우리는 예수님을 나의 주인이며 소유자이심을 내 입으로 *'시인하고 시인히고 또 시인해야'* 합니다. 우리가 회개하면서, 즉 나의 가치관을 계속 바꾸어 나가면서 예수님이 나의 주인이며 소유자이실 뿐만 아니라, 모든 것의 주인이심을 인정하고 체험하는 과정이 그리스도인들을 성장하게 만들 것이다.

피양육인을 위하여 해야 할 가장 중요한 것은 바로 이 사실을 분명하게 전달하는 것입니다. 옆에서 지켜 봤을 때 사람들이 예수님을 온전히 따른다는 것을 그 사람의 말로는 정확히 알지 못합니다. 우리는 온전히 따른다는 것을 그 사람의 행동을 보고 알 수 있습니다. 증거를 보기 전에는 성장하는 그리스도인이라고 가정하지 마십시오.

후원 하실 분은 다음과 같은 분이어야 합니다

1. 예수님을 나의 구원자, 주인으로 영접하는 기도를 합니다.
2. 스스로 글을 읽을 수 있어야 합니다. 만일 읽을 수 없으면 내용을 대화나 카세트 테이프를 통해 남김으로써 도와줄 수도 있습니다.
3. 스스로 성경구절을 찾을 수 있어야 합니다. 후원자로서 성경구절 찾는 데 도움을 줄 수 있거나, 중요한 것은 스스로 할 수 있도록 도와주어 그들도 다른 이에게 가르쳐 지키게 할 수 있어야 합니다.

어떻게 믿음이 성장하는가 : 하나님께 '다가가는' 단계

누가복음 3장 8절에서 세례 요한은 "회개에 합당한 열매를 맺고…"라고 말했습니다. 믿는 자들은 죄에서 오는 슬픔으로부터 벗어나 참회함으로서 하나님 나라에서 살 준비를 해야만 합니다. 이것은 그리스도인의 삶에서 하나님께 '*다가가기*' 단계라고 불리웁니다. 어느 찬송가는 이 단계를 다음과 같은 말로 나타내고 있습니다. "*오! 나는 더 많이 알기 원하네!*" 당신의 피양육인은 그러한 마음의 애통함을 가지고 있습니까?

그리스도 안에서의 믿음이 강해지기 전에, 사람들은 바뀌게 될 현 상황에서 분명 *타오르는* 열망을 가지고 있을 것입니다. 이것은 인생의 평범한 순환을 망가뜨리는 비극적인 재난을 통해 종종 일어납니다. 예를 들어, 저의 신학교 교수님은 다른 그리스도인이 가진 '과장된 감정 표현'에 대해 매우 비판적이었습니다. 그의 부인이 수막염으로 죽을 정도에 이르기 전까지 말입니다. 그는 고통 가운데 하나님께 울부짖으면서, 하나님께서 고치실 수 있다고 믿는 것을 방해하는 지식 위주의 신앙을 고백하고 회개했습니다. 그는 부인의 병 고침을 위해 기도했습니다. 그가 하나님 아버지께 '*다가갔을*' 때, 그는 하나님의 깊은 임재하심을 경험했습니다.

몇 시간 동안, 그의 부인의 상태가 급격히 호전되었습니다! 그리고 나서 그는 몇 년 동안의 믿음의 부족이 목사들을 훈련시킬 때 하나님의 권능이 임하는 것을 방해했었다는 것을 깨달았습니다. 그는 가르치는 사역 가운데 다시는 그렇게 행하지 않았습니다.

당신은 이와 같은 것을 스스로 경험한 적이 있습니까? 당신이 하나님께 "*주님, 당신 뜻대로 하시고 내 원대로 마옵소서*"라며 울부짖어 본 적이 있습니까? 만약 그렇다면 우리는 주님께 '*다가가는*' 특별한 시간에 대한 당신의 개인적인 경험으로부터 당신을 알 수 있습니다. 당신이 피양육인과 함께 할 때, 당신은 그 역시 이런 성령님과의 '특별한 순간'을 가져 본 적이 있는지 알고 싶을 것입니다. 처음 몇 번은 그가 이것을 경험하며, 모양을 갖추게

됩니다. 양육 교재 속에서 '경청의 방' 을 강조하는 것은 이러한 것을 촉진시키기 위한 것이다.

새로운 삶 시리즈 3권 『실천』이 변화에 대해 타오르는 열망을 창조할 수는 없다는 점을 인지하십시오. 이것을 얻기 위해서, 11주 훈련이 매우 큰 도움이 될 것이긴 하지만, 그렇지 않은 이들에게는 이것이 단순히 끝내야 할 숙제로 여겨질 것입니다.

당신의 피양육인이 하나님께 '다가가고' 있지 않다면, 당신은 영적인 것에 대한 무감각과 반쯤 식은 열정을 느낄 것입니다. 만약 그가 하나님께 대하여 갈급하지 않다면, 이 일을 어떻게 하셨습니까? 첫째로, 이것에 대해 기도하고, 기도하고, 또 기도하십시오. 당신은 기도가 당신의 피양육인 안에서 효과적인 변화를 이루어내는 것을 발견하고는 놀라움을 금치 못할 것입니다. 둘째로, 그리스도의 임재에 대한 더 큰 열망에 대해 나누십시오. 타오르는 열망은 다른 어떤 불(어떤 것이 닿았을 때 확 타오르는)과도 같습니다. 쉼 없이 당신을 지배하는 주님의 임재를 더더욱 많이 경험하기를 원하는 당신의 깊은 열망을 고백하십시오. 후원자의 입장에서, 당신의 삶 속에 깊이 임재하시길 하나님께 부르짖어 기도하십시오.

새로운 삶 시리즈 3권 『실천』의 목표는 세속적인 가치관과 견고한 진을 깨고, 믿는 자를 훈련시키는 것입니다. 여기에는 공정치 못한 방법으로 돈을 버는 것과 물질 만능주의, 성적인 타락 등도 포함됩니다. 이 교재는 하나님께 '다가가는' 단계에 있는 사람의 삶에 효과가 있을 것입니다. 또한, 이 교재는 '경청의 방' 과 다른 이들과 믿음을 나누는 것에 대해 보다 더 많은 시간을 갖고자 하는 열망을 자극할 것입니다.

믿음이 어떻게 자라는가 : '하나님께 다가가는' 단계

1. *새로운 삶 시리즈 3권 『실천』*을 다 끝냈다는 것이 어딘가에 '도달했다'
는 것이라는 인상을 주지 마십시오. 그들은 단지 하나님 나라의 삶으로
의 짧은 여행을 한 것뿐입니다. 정말 그뿐이며, 더 가야 할 길이 있습니
다. '셀그룹 커리큘럼' 은 이 여행의 더 긴 부분입니다. 그러나 이 단계
를 통과하는 것도 깊은 영적인 성숙을 이룰 수 있는 것은 아닙니다.

2. *새로운 삶 시리즈 3권 『실천』*에 대한 명상을 꼭 해야 한다는 것을 강조
하십시오. 그러나 이 책의 내용을 배우는 것이 예수 그리스도와의 깊은
관계를 형성하는 것과 동일할 수는 없습니다.

3. 당신의 마음 속에 명쾌한 목표를 가지십시오. 당신의 피양육인은
   (1) 하나님에 대해 더 많이 알아야 한다는 것을 깨달아야 합니다.
   (2) 가치관이나 생활 방식을 하나님 나라의 삶에 맞게 변화시켜야 합
   니다.
   (3) *하나님의 말씀을 듣는 법을 배워야 합니다.*

4. 만약 당신의 피양육인이 그리스도와 깊은 관계를 형성하지 못하고 여
러번 '*다가가기*' 단계에서 맴돌기만 한다고 해서 그에게 자책감을 주
지 마십시오. 저의 사역 경험으로 볼 때, 저 또한 그러한 미숙한 영의
흔들림을 자주 보았습니다. 그런 현상을 '뒤로 미끄러짐' 으로 보지 말
고 긍정적인 경험으로 보십시오. 예를 들면 샘 라이(Sam Lai)는 약물중
독자이고 범죄자였던 홍콩 사람입니다. 그는 잭키 풀링거(Jackie
Pullinger) 박사에 의해 그리스도께 인도되었습니다. 몇 달 후, 그는 두
세상에서 방황했습니다. 그가 되돌아올 때마다, 잭키 박사는 사랑으로
그를 받아들였습니다. 저는 그에게 물었습니다. "샘, 당신은 얼마나 자

주 옛 생활로 되돌아갔다가 다시 잭키 박사에게로 돌아왔습니까?" 그는 "랄프, 수도 없이 그랬지요." 잭키 박사는 그를 위해 항상 거기에 있었고, 그가 다음 단계로 발을 내딛도록 격려했습니다. *현재, 샘은 교회의 리더입니다!*

이러한 '*다가가기*' 단계에 사람들이 얼마 동안 머무르게 될지는 정해져 있지 않습니다. 그들에게 하나님을 갈구하는 마음이 생기고, 오랜 가치관을 거부하는 현상이 나타날 때, 다음 단계로 들어가게 됩니다.

우리가 다음 단계에 대해 생각하기 전에, 자문해 보십시오!

(해당되는 곳에 동그라미 하십시오.)

네 가끔 아니오 나는 하나님에 대해 더 알기 원하는가?

네 가끔 아니오 나의 가치관은 하나님 나라의 삶에 맞는가?

네 가끔 아니오 내가 하나님의 믿음을 듣고 있는가?

믿음이 어떻게 자라는가 : '그곳에서 살기' 단계

믿음이 성장했다는 증거는 삶의 다른 부분에서 하나님의 영광 안에 나타납니다. 이것은 '*살아가기*' 단계입니다.

믿음은 무언가를 믿고 있는 것이 아닙니다. 믿음은 그 믿음의 결과로 일어나는 실천(*행위*)에 있습니다. 믿음의 성장은 내 삶의 각 부분에 더 완전히 하나님의 손길을 받아들이는 것을 말합니다. 이것은 또한 내가 그리스도께서 이끄시는 일과 그 일의 결과를 받아들이는 것을 의미합니다.

이 단계에서는 피양육인의 그리스도에 대한 새로운 헌신과 옛 것에 대한 헌신이 강하게 대립할 것입니다. 후원자로서, 당신은 무슨 일이 일어날 것

인지 가장 잘 알 수 있습니다. 그것은 거의 항상 내면의 견고한 진으로부터 자유함을 얻는 일과 관련될 것입니다. 당신이 7~8주 동안 공부하면서, 해방을 위한 필요에 민감하십시오. 필요하면 당신의 셀리더/목자나 피양육인으로부터 추천 받은 사람에게 도움을 구하십시오.

당신이 할 일 : 하나님 나라의 가치관에 대한 소유 의식을 창조하십시오

당신의 피양육인은 이미 공부한 매일의 성장 교재 *내용*에 열중해 왔습니다. 그를 만났을 때, 또 다시 가르치려 하지 마십시오! 당신의 일은 삶의 현상황에 진실을 *적용시키도록* 돕는 것입니다.

그러므로 당신은 각 기간에 대한 질문을 제공받을 것입니다. 이것을 당신의 피양육인과 함께하는 시간에 지침으로 사용하십시오. 그 질문들은 당신에게 설교의 특권을 주지 않는다는 것을 기억하십시오! 그보다는 당신이 당신의 지식을 새롭게 바꾸는 것을 도와줄 것입니다. 우리가 무언가를 배우고 그것을 실천할 때, 그것은 우리의 가치 체계가 됩니다. 다음에 당신이 매주 물어볼 질문들이 있습니다.

1. 당신은 이번 주의 내용 중 무엇이 가장 **좋았습니까**?
2. 당신은 이번 주의 내용 중 무엇이 가장 **싫었습니까**?
3. 당신은 무엇을 이해하지 못했습니까?
4. 당신은 하나님에 대해서 무엇을 새로이 알게 되었습니까?
5. 당신은 개인적으로 그것에 대해 무엇을 해야 합니까?
6. 이번 주의 성경 암송 구절 중 당신의 훈련 과정을 위해서 어떤 것이 가장 중요합니까?

후원자로서의 유능함은 얼마나 새로운 삶 시리즈 3권 『실천』의 내용을 소
화하고, 그것을 그들에게 잘 가르치는가에 달린 것이 아니라, 당신이 얼마
나 당신의 피양육인과 깊은 관계를 맺는가에 달려 있습니다. 당신이 자신의
여행에서의 싸움과 승리에 대해 그들과 나눌 때, 당신은 상호간의 약한 부
분과 강한 부분을 발견할 것입니다. 이것들은 성령님에 의해서 당신을 그리
스도께로 또한 서로에게로 더 가까이 인도해 줄 것입니다. 깊은 나눔은 당
신이 '친해지기' 단계에서 '깊이 신뢰하는' 단계로 옮겨 갈 때 가능합니다.
이것을 발진하기까지는 3주에서 4주가 걸립니다.

첫 번째 시간 : 친해지기

하나님 나라에 오신 것을 환영합니다(4~5페이지)

당신은 11주 동안, 당신의 피양육인을 한 주에 한 번 만나게 될 것입니다.
만남의 규칙적인 장소와 시간에 대한 일정을 짜십시오. 새로운 삶 시리즈 3
권 『실천』을 받게 되면 그 피양육인은 4~17페이지를 읽고 나서 당신과 만나
게 됩니다. 이 최초의 시간은 두 사람의 마음을 하나로 묶어줄 것입니다.

1. 퀘이커 질문으로 시작하십시오.

이 네 개의 질문에 대한 대답을 서로 나누십시오.

● 당신은 7살때부터 12살 때까지 어디에서 살았습니까? 당신의 형제, 자
   매는 몇 명입니까?

● 당신 가족의 교통 수단은 무엇입니까?

● 당신은 그 나이에 누구를 가장 가깝게 느꼈습니까?

● 언제 '하나님' 이 말씀보다 더 가깝게 느껴졌습니까?

2. 당신의 대답을 8~10페이지에 있는 퀴즈와 비교해 보십시오

모든 기간에서 *새로운 삶 시리즈 3권『실천』*을 가지고 다니십시오. 그리고 당신이 쓴 대답들을 숨김 없이 나누십시오. 그것들을 당신의 피양육인의 대답과 비교하십시오. 또한 거기서 비슷한 점과 다른 점을 살펴 보십시오.

3. 적당한 때 다음의 주제를 사용하십시오

- 당신이 후원자가 되는 것에 대해서 어떻게 느끼는지 나누십시오.
- 피양육인이 '셀그룹 커리큘럼'에 들어가는 것에 대해서 어떻게 느끼는지 물어 보십시오.
- 당신이 *새로운 삶 시리즈 3권『실천』*을 공부하면서 얻은 좋은 점을 설명하십시오.
- 기도 제목이 될 만한 서로의 걱정들에 대해 나누십시오.

성경 구절 암송의 중요성을 강조하십시오. 심지어 당신은 당신의 피양육인이 그 구절들을 잘라내는 것을 도울 수도 있습니다.

제 1 주

단원의 주제 : 하나님 나라의 삶
금주의 주제 : 나의 새 가족

당신의 피양육인이 *새로운 삶 시리즈 3권『실천』*에 있는 퀴즈들에 대한 대답을 실제로 쓰는 것이 필수적입니다. 18~37페이지을 보십시오. 이번 주에는 펜이나 연필을 사용하여 풀어야 할 12개의 퀴즈들이 있습니다. 당신이 몇 주 전에 썼던 대답을 보십시오. 오늘도 똑같이 대답하시겠습니까?

당신이 피양육인을 만났을 때, 그의 책에 있는 1주 분의 내용을 모두 보십시오. 퀴즈들이 **모두** 풀어져 있습니까? 만약 그렇지 않다면, 기간이 시작되는 시점에서 모든 것을 완성하도록 도우십시오. 그저 마음 속으로 대답하는 것보다 실제로 대답을 써 보는 것이 거의 6배나 효과적이라는 사실을 설명하십시오. 당신의 피양육인이 이것을 확실하게 기억하도록 하기 위해서, 펜이나 연필로 퀴즈를 풀어보는 노력이 가치가 있다고 강조하십시오. 만약 그 질문들이 아직도 풀리지 않았다면, 당신의 피양육인이 그 답을 써 넣을 수 있도록 도우십시오. 당신이 각 주마나 이해되지 않는 어떠한 질문들에 대해서도 도울 것이라는 것을 알리십시오. *이것은 매우 중요합니다!*

다음의 질문들에 대해 토론해 보십시오.

1. 당신은 이번 주의 내용 중 무엇이 가장 좋았습니까?

이번 주의 주된 주제는 셀그룹 내의 그리스도인들이 각기 다른 수준에 있다는 사실을 제시하는 것입니다. 우리는 서로를 도와야 할 필요가 있습니다. 이것이 명확하게 이해되었습니까? 당신은 멤버들 간에 열린 의사소통이 필요하며 셀그룹 안에서 보게 될 모순과 잠재된 문제들에 대해서 토론할 수도 있습니다. 각각의 모임은 서로 서로를 세우는 시간이 되어야 합니다.

2. 당신은 이번 주의 내용 중 무엇이 가장 싫었습니까?

이것은 매우 부정적인 질문같이 보이겠지만, 개인적인 필요나 문제들을 겉으로 드러내는 중요한 방법입니다. 예를 들어, 만일 당신의 피양육인이 다른 사람들과 허물없이 지내는 것을 매우 망설인다면, 이번 주의 내용은 그것을 드러낼 것입니다. 사역 시간은 이 질문들 뒤에 따라오게 됩니다.

3. 당신은 무엇을 이해하지 못했습니까?

토론할 부분은 영적인 '아버지들', '청년들'과 '어린아이들' 간의 다른 점입니다. 영적 성장의 3단계를 복습하십시오. 아마도 이야기는 셀그룹 안의 각각 다른 단계에 있는 사람들에 의해 이루어질 것입니다.

4. 당신은 하나님에 대해서 무엇을 새로이 알게 되었습니까?

하나님의 세계에 대한 지식은 진취적인 것이어야 합니다. 매 기간마다 계시하시는 하나님의 성품에 대한 새로운 통찰력을 겉으로 드러나도록 하는 질문을 각 주마다 반복하십시오. 만약 피양육인이 이 질문에 대해서 확실한 대답을 갖고 있지 않다면, 그가 하나님에 대해서 아는 것과 그분의 세계에 대해 혼란스러워 하는 것을 복습하는 시간을 좀더 가지십시오.

5. 당신은 개인적으로 그것에 대해 무엇을 해야 합니까?

매 시간은 하나님 나라의 원리와 현재의 가치관이 대조되어야 합니다. 이것은 특별한 필요를 나누는 또 다른 시간입니다. 인생의 쓴 부분, 오랜 습관, 오랜 두려움으로부터 벗어나길 바라는 사람이 있습니까? 사역자는 당신에게 이 문제들에 대한 통찰력을 제공할 것입니다.

6. 이번 주의 성경 암송 구절 중 당신의 훈련 과정을 위해서 어떤 것이 가장 중요합니까?

새로운 삶 시리즈 3권 『실천』에 있는 성경 암송 구절은 당신의 피양육인이 그리스도를 영접했을 때를 위해 준비된 것들입니다. 모든 새신자들은 이 구절들을 배워야 합니다. 그 구절들은 다음과 같습니다.

요한일서 1장 9절, 5장 11~12절 ; 시편 3편 5~6절 ; 요한복음 16장 24

절 ; 고린도전서 10장 13절 ; 고린도후서 10장 3~4절

만약 이 구절들을 배우지 않았다면, 한 주에 한 번씩 당신은 외워야 할 여분의 성경 구절로서 이것들을 덧붙이도록 격려 받을 것입니다. 실제로, 만약 이러한 목적을 위해서 계속적으로 약간의 시간을 이용한다면, 한 주에 세 구절을 외우는 것은 그렇게 어려운 일이 아닙니다. *예를 들어, 버스를 기다리면서, 차를 운전하면서, 혼자서 점심을 먹으면서… 등등*

이번 주에는 두 구절이 선택되었습니다. 에베소서 2장 19절은 우리가 '하나님의 가족 구성원' 이라는 사실을 말하고 있습니다. 그것은 신약 성경에서 '가족' 이라는 단어가 실제로 셀그룹을 의미한다는 것입니다. 이 점을 강조하면, 셀그룹은 '하나님 가족' 이 첫 번째 우선임을 알 수 있습니다.

두 번째 구절인 요한일서 2장 13절은 피양육인의 기억에서 믿는 자의 세 가지 수준을 말하고 있습니다. 당신이 이것에 관하여 이야기할 때, 모든 셀그룹 안으로 사람들이 모이게 될 것입니다. '악마를 극복'하지 못한 사람은 영적으로 '성년' 으로 간주될 수 없고, 요한복음 3장에서 예수님에 의해 거듭남을 경험하지 못한 사람은 영적인 '아버지'로 간주될 수 없습니다.

제 2 주

단원의 주제 :하나님 나라의 삶
금주의 주제 : 함께 여행해 봅시다.

만약 당신의 피양육인이 이 책에 언급된 세 가지 '하늘' 에 대해 혼란스러워 한다면, 에베소서 2장 6절과 골로새서 3장 1절의 말씀이 준비될 것입니다. 이 구절들은 영적으로 우리가 지금 "하나님 나라에 그분과 함께 앉아 있음"을 설명합니다. 이 구절들은 우리가 지금 셋째 하늘에서 그리스도와 함께 있음을 나타냅니다. 갈라디아서 2장 20절을 사용하여, 동시에 그리스도께서 현재 우리가 육체를 입고 살고 있는 첫째 하늘에도 함께 계심을 보여 주십시오.

그러므로 그리스도인의 삶은 영적인 삶입니다. 우리는 그리스도와 함께 있고 그분이 우리 안에 거하십니다. 셋째 하늘의 권능은 이미 셋째 하늘에서 '묶였고 풀렸던' 것들을, 우리가 이 땅 위, 즉 첫째 하늘에서 '묶거나 풂'으로써 나타납니다(마 16 : 19 참조). 이것은 인정하기엔 매우 놀라운 사실입니다. 우리 믿는 자들은 실제로 하나님의 권능이 위로부터 이 땅 위로 내려오는 통로가 됩니다.

1. 당신은 이번 주의 내용 중 무엇이 가장 좋았습니까?

각 주간의 내용에서, 한 가지 의미있는 생각은 피양육인에게 깊은 인상을 남길 수 있습니다. 매일의 삶의 행위들에서 이 모든 발전된 방법들을 적용하는 특별한 시간을 가지십시오. 몇 주 안으로, 이 첫 번째 질문이 토론 시간의 대부분을 차지할 수 있기를 기대합니다.

이 개요(요점)에 집착하지 마십시오. 당신이 함께 나눈 것처럼 성령님의 지시에 마음을 여십시오. 그리고 뒤따르는 토론에 적용하십시오.

2. 당신은 이번 주의 내용 중 무엇이 가장 싫었습니까?

우리가 하루에 한 시간씩 기도하자는 46~47페이지의 제안을 구체적으로 요청하십시오. 새로운 삶 시리즈 3권 『실천』에 대한 당신 자신의 경험으로부터, 당신은 다음 부분에서 '경청의 방'이 매우 강조될 것을 알고 있습니다. 2

주째의 이 제안은 남은 주간에도 계속될 것입니다. 만약 피양육인이 기도에 한 시간씩 투자하는 것에 부정적인 반응을 보인다면 억지로 강요하지 마십시오. 하나님께 *다가가지* 않는 사람들은 그렇게 오래 기도하지 못합니다.

3. 당신은 무엇을 이해하지 못했습니까?

현재 이 땅의 상황에 대한 중요한 사실은 이번 주 교재에 나옵니다. 사람의 죄에 따른 저주로 인해 심지어 산과 바다가 '신음' 한다는 것은 중요한 사실입니다.

4. 당신은 하나님에 대해서 무엇을 새로이 알게 되었습니까?

11주 동안, 언제ㅣ 피양육인에게 하나님의 성품과 그분이 세계에 내한 관점을 완전히 설명하도록 노력해야 합니다. 믿는 자들은 너무나 사수 그분을 피합니다. 왜냐하면 하나님에 대한 그들의 개념은 왜곡되어 있기 때문입니다. 하나님이 우리의 반항을 눈감아 주는 '인자한 노인' 으로 보여지거나, 또는 우리가 불순종할 때, 우리에게 강타를 날릴 준비가 되어 있는 화난 '조직의 보스' 로 보여지지는 않습니까? 하나님을 *기쁘게* 여기지 않는 성도는 그와 함께 있는 것을 항상 피하기만 할 것입니다.

만약 이것이 타당하다고 생각된다면 그러한 생각 중 몇 가지를 말하고 하나님께서 품고 계시는 길을 발견하십시오.

5. 당신은 개인적으로 그것에 대해 무엇을 해야 합니까?

다섯째 날의 '짐 목록' 은 피양육인이 당신과 나누기에는 너무나 사적일지도 모릅니다. "58페이지의 퀴즈가 당신에게 어떤 의미가 있었습니까?" 라고 물으면서 부드럽게 알아보십시오. 이것은 당신이 투명하게 당신의 대답을 나누는 순간이 될 것입니다. 당신은 "어떤 짐이 바로 지금 당신에게 가장 큰 문제를 일으키고 있다고 말할 수 있습니까?"라고 묻는 것이 중요합니다.

6. 이번 주의 성경 암송 구절 중 당신의 훈련 과정을 위해서 어떤 것이 가장 중요합니까?

로마서 8장 38~39절의 내용은 재난 가운데 있을 때 커다란 위안이 됩니다. 이것을 외우면, 비극이 폭풍처럼 다가올 때 그 진실이 쉽게 받아들여질 것입니다. 어떻게 하면 이 구절이 첫째, 둘째, 셋째 하늘과 관련이 있는지 함께 묵상하십시오.

누가복음 17장 20~21절의 두 번째 내용은 이 세상에서의 하나님 나라의 위치를 강조합니다. *그것은 우리 안에 있습니다! 무슨* 뜻입니까? 이 기간이 끝날 때까지, 피양육인은 하나님 나라의 삶에 대해 확실히 이해해야 합니다. 우리가 어디에 가든지, 우리가 말하는 모든 것, 우리가 하는 모든 행동은 우리 주위의 세상에서 우리 안에 있는 하나님 나라와 연결됩니다. *이것은 놀라운 생각입니다!*

예수님은 그분이 훈련시키셨던 사람들이 어리석은 일들을 말하고 행하는 것을 묵묵히 받아들이셨습니다. 사실, 예수님과 가장 가까이에 있었던 그들은 큰 실수만 하는 것처럼 보였습니다(의심 많은 도마와 성격이 거친 베드로를 생각해 보십시오!). 만약 당신의 피양육인이 진실하게 배우려고 노력하고 있다면, 당신은 거의 어떤 실수라도 참을 수 있습니다. 당신의 피양육인의 *최고의* 것만 보려고 노력하십시오.

제 3 주

단원의 주제 : 이 세상 나라들
금주의 주제 : 낡은 것들

피양육인과 함께하는 것은 하나님께로 '다가가게' 해 줄 것입니다. 이 과정은 *전달자(당신), 내용(새로운 삶 시리즈 3권 『실천』), 피전달자(피양육인)*로 구성되어 있습니다. 당신은 이 세 부분 중에서 어디에 초점을 맞추겠습니까? 하나님께서 사람들과 말씀하실 때처럼 우리도 피양육인에게 초점을 맞추어야 합니다. 그분은 이 땅에 오셔서 우리와 함께 사셨기 때문에 우리가 무엇을 알기를 원하는지 이해하실 수 있었습니다. 당신은 당신 자신이나 당신의 필요에만 초점을 맞추시 말고 그분의 방식을 따라야 합니다. 당신의 피양육인과 함께 지낸 귀중한 시간들에 내해서 생각해 보십시오. 당신은 피양육인의 필요에 관심을 갖고 있습니까? 다음의 질문들을 잘 생각해 보십시오.

67페이지의 연습은 잘 이루어졌습니까?

이것이 이번 주에 당신이 해야 할 것 중 가장 중요한 것입니다. 가능하면 지금 *바로* 그 부분을 보고 나머지 내용을 보십시오.

그것은 '*나의 가치 체계, 제1부*'를 잘하기 위한 준비입니다. 만약 피양육인이 그것을 하고 싶어 하지 않았다면, *지금 그것을 함께 해 보십시오.* 이것이 가치관에 대한 당신 자신의 선택을 더 깊이 나눌 수 있는 좋은 방법이 될 것입니다. 그 가치관에 대해서 1위부터 18위까지 순위를 매기는 것은 최우선 순위를 고를 수 있는 선택의 폭을 넓혀 줄 것입니다. "당신은 왜 이 가치

관을 다른 것보다 중요하다고 생각하십니까?"라고 물어 보십시오. 이 가치
관 목록은 다른 가치 체계를 가지고 있는 사람들에 대해 연구하여 만들어진
것입니다. 이 연구에 대한 흥미로운 것 중 한 가지는 "하나님의 뜻을 행하
는 것"에 따른 순위입니다. 교회에 다니지 않는 사람들은 거의 다 그것을 18
위나 17위에 둡니다. 그리고 교회에 다니는 사람들은 그것을 1위에서 6위
사이에 둡니다. 그러나 거의 아무도 1위로 생각하지는 않습니다! 마태복음
6장 33절의 내용이 이 이야기와 관련이 있습니다.

다음으로, 솔로몬의 가치 체계를 살펴봅시다(70페이지). 단지 두 가지 선
택만 주어졌다는 것에 주목하십시오. 한 가지는 '1위'이고 나머지 한 가지
는 '18위'입니다. "솔로몬이 하나님께로부터 받은 지혜를 *지혜롭게* 사용했
다고 생각하십니까? 왜 그렇게 생각하십니까?"라고 물어 보십시오.

1. 당신은 이번 주의 내용 중 무엇이 가장 좋았습니까? 또는

2. 당신은 이번 주의 내용 중 무엇이 가장 싫었습니까?

가장 좋았던 것 또는 나빴던 것이 무엇이든지 간에 그것은 61~62페이지
의 다음 내용을 포함할 것입니다. "하나님 나라의 시민권자로서 서약할 때
사탄에 의해 창조된 문화에 대한 당신의 충성은 버려야 합니다." 사탄적인
문화와 중립적인 문화의 요소들에 대해 토론해 보십시오. 하나님 나라의 가
치관들을 부인하지 않고 당신이 살고 있는 사회의 가치관들을 받아들이는
것이 가능합니까? 당신의 피양육인과 의견이 다른 부분은 무엇입니까?

3. 당신은 무엇을 이해하지 못했습니까?

당신의 피양육인은 타락한 천사들이 이 세상의 모든 나라들을 '왕자'처

럼 다스리고 있다는 것을 인정하십니까? 아마 다니엘서 10장 20~21절이 이 것을 잘 설명해 줄 것입니다. 하나님 나라에서 산다는 것은 우리로 하여금 과학이 모든 것을 설명할 수 있는 우주에 살고 있지 않다는 사실을 알 것을 요구합니다. 과학적 조사로는 초자연적인 것을 설명할 수 없습니다.

4. 당신은 하나님에 대해서 무엇을 새로이 알게 되었습니까?

이번 주에 공부한 주제에 대해서 피양육인과 토론하는 것은 그 사람이 하 나님에 대한 개념을 더 살 이해할 수 있도록 도와줄 것입니다. 당신이 매주 이것을 물어 본다면, 당신의 피양육인이 하나님 아버지와 예수님과 성령님 에 대해서 얼마나 이해하고 있는지를 파악하게 될 것입니다. 하나님은 우리 의 삶의 목적입니다! 우리가 그 분을 더 잘 알아갈수록 우리는 그분과 더 친 해질 것입니다.

5. 당신은 개인적으로 그것에 대해 무엇을 해야 합니까?

당신은 피양육인의 일상적인 생활 방식에 익숙해져 있습니까? 아니면, 당 신은 그 사람이 당신의 *방식대로* 행동하고 말하기를 기대해 왔습니까? 만약 당신이 개인적으로 그 사람의 오이코스들을 만났다면, 이 질문에 대한 답은 더 많은 것을 의미할 것입니다.

6. 이번 주의 성경 암송 구절 중 당신의 훈련 과정을 위해서 어떤 것이 가장 중요합니까?

갈라디아서 3장 26~28절은 그리스도 안에서 우리가 연합할 것을 강조합 니다. "그리스도의 이름으로 세례를 받는 것"은 성령님의 일을 일컫는 말이 고, 그것은 물로 세례를 받음으로써 이루어집니다.

빌립보서 3장 20~21절은 지금 우리 안에 있는 나라가 예수 그리스도의 재림에 의해 완성된다고 강력히 확신하고 있습니다.

제 4 주

단원의 주제 : 이 세상 나라들
금주의 주제 : 무엇이 새로운가

이번 주에는, 우리가 '오이코스'라는 헬라어에 대해 알아보게 됩니다. 우리는 셀교회에 대한 것과 어떻게 사람들이 그리스도께로 나아오는지를 이해하기 위한 중요한 개념을 알게 됩니다. 오이코스 원리에 익숙해지는 것은 *새로운 삶 시리즈 3권 『실천』*을 공부하는 가장 중요한 목적 중 하나입니다.

먼저 당신의 오이코스 가족들의 목록을 *준비하십시오* — 당신의 가족, 직장, 또는 학교 친구들 등등. 당신이 한 시간 또는 일 주일 동안 *지속적으로* 직접 연락할 수 있는 사람들을 꼭 포함시키십시오.

각 사람들(비그리스도인, 그리스도인, 아이 등등)의 영적 상태를 알려주면서, 이 목록에 대해 나누십시오. 그런 다음, 피양육인의 오이코스 가족들의 이와 비슷한 목록을 만드십시오. 각 사람들의 영적 상태에 대해 의논하십시오. 다음에는 '오이코노모스'와 '오이코도메오'라는 단어들을 복습하십시오. 이 단어들의 개념이 *새로운 삶 시리즈 3권 『실천』*의 다음 책인 『셀그룹 커리큘럼』에 여러 번 나올 것입니다. 이 일주일 동안 당신은 그 개념을 파악하는 것을 주요 목표로 삼아야 합니다.

1. 당신은 이번 주의 내용 중 무엇이 가장 좋았습니까?

이 질문에 대해 논의하면서 98페이지의 그림을 상기시키십시오. '마음의 감동' 도 없이 계속 서로 만나거나 돌보는 그리스도인들의 위험에 대해 함께 생각해 보십시오. 우리는 셀그룹이 바르게 사는 공동체의 완벽한 모델은 아니라는 것을 항상 기억해야 합니다. 도리어 그것은 인간의 *실수*가 드러나 그것을 직면하여 다루어야 할 장소입니다. 마치 병원이 환자를 모으듯이, 셀그룹은 죄인들을 모읍니다. 전통적인 교회는 종종 이런 사람들을 진단하지 않은 채로 내버려 둡니다. 셀그룹 안에서는, 우리의 문제늘을 숨길 수 없습니다. 서로를 돌보는 것은 셀그룹의 핵심입니다.

2. 당신은 이번 주의 내용 중 무엇이 가장 싫었습니까?

당신이 이 질문의 대답을 들었을 때, 그것이 당신으로 하여금 피양육인의 엄려와 두려움과 미래에 대한 전망을 알게 해 준다는 것을 기억하십시오. 이 질문의 목적은 당신이 이 부분에서 어떻게 돌볼 수 있는지를 더 명확히 알게 해 주는 것입니다. 내답에 대해 겉치레로 대하거나, 논쟁하지 마십시오. 대신, 기도하면서 당신이 그 사실을 '세워줄' 수 있는 호의적이고 객관적인 말을 주님으로부터 구하십시오.

3. 당신은 무엇을 이해하지 못했습니까?

이 질문은 *태도*가 아닌 *정보*에 대한 것입니다. 만약 당신이 이해하지 못한 내용이 있다면, 그것을 누구와 상의할 것인지 결정하십시오 — 아마도 당신의 후원자나 셀리더 또는 셀인턴이 될 것입니다. 함께 그 문제를 푸는 것은 아주 가치 있는 일입니다. 당신의 마음을 나누는 또 다른 방법이 있습니다. 당신이 이해하지 못했던 것을 설명하려 할 때, 당신이 성장하고 있다는 것을 발견하게 될 것입니다.

4. 당신은 하나님에 대해서 무엇을 새로이 알게 되었습니까?

만약 확실하게 대답할 수 없다면, 93페이지의 그림이 이 질문을 잘 설명해 줄 것입니다. 우리의 자원 중의 *원천*인 하나님의 능력 있는 진리는 많은 의미들을 포함하고 있습니다. 그것은 하나님의 나라에 있는 사람들에게 '행운'이라는 말이 없다는 것을 의미합니다. 예를 들어, 복권을 산다는 것은 "나는 하나님이 나에게 필요한 것을 주실 것이라는 사실을 믿지 않아. 차라리 나의 필요를 운에 맡겨 버리겠어."라고 말하는 거나 다름없습니다. 또한 만약 하나님이 우리의 공급자시라면, 우리가 충분히 돌보아지지 않을 거라고 두려워할 필요가 없다는 것을 의미합니다. 인류의 대부분은 돈이 떨어질까 봐 두려워하고 있습니다. 진정한 그리스도인이라면 이 두려움을 당당하게 거부할 수 있어야 합니다! *하나님께서 우리의 공급자가 되십니다.*

5. 당신은 개인적으로 그것에 대해 무엇을 해야 합니까?

이 질문을 다시 논의하면서, 당신은 피양육인을 돌볼 수 있는 기회를 갖게 됩니다. 주님이 당신을 이끄시는 대로, 대답을 잘 살피고 그들이 그리스도와 사는 가치관을 갖도록 하는 약속들을 확신시키십시오.

6. 이번 주의 성경 암송 구절 중 당신의 훈련 과정을 위해서 어떤 것이 가장 중요합니까?

요한일서 4장 13절과 17절은 우리의 구원이 "*그가 그의 영을 우리에게 주었다*"는 사실에 의해 확실해진다고 가르쳐 줍니다. 임신한 여인이 자기 뱃속에 아기가 있는지 없는지를 의심하지 않듯이, 그리스도인의 확신도 성령님의 *임재하심*에 근거합니다. 에베소서 2장 21~22절은 셀그룹을 예수 그리스도께서 성령님에 의해 세운 건물로 묘사합니다.

제 5 주

단원의 주제 : 종의 삶
금주의 주제 : 섬김의 준비

이번 주에는 하나님 나라의 삶에서 가장 중요한 진리들 중, 성령 충만과 영적 은사를 흘려 보내는 것 두 가지를 나눕니다. 지난 주에 다룬 *오이코노모스*와 *오이코도메오*에 대한 일반적인 소개는 이 두 가지의 중요한 주제들을 다루기 위한 것이있습니다.

이 기간 동안, 피양육인과 마음을 함께 하면서, 성령님께서 이 두 가지 주제를 실제로 당신에게 이루어 주시도록 하는 일에 대해 생각해 보십시오. 물론, 우리들 중 누구도 우리의 삶에서 그의 일을 '완수' 했다고 할 수는 없습니다. 당신은 현재 훈련의 어느 위치에 와 있습니까? 이 나눔의 시간 동안, 당신 자신의 훈련 과정에 대해 이야기하고 열린 마음으로 기도할 준비를 하십시오. 264~272페이지에서 '하나님께 다가가기' 등에 대해 언급한 것들을 기억하십시오. 그 내용들을 다시 읽어보는 것이 좋을 것입니다. 이번 주의 당신의 사역은 피양육인이 성령님의 임재를 더 잘 느끼고 그분의 힘을 받을 수 있도록 돕는 것입니다.

1. 당신은 이번 주의 내용 중 무엇이 가장 좋았습니까?

아마도 대답은 "오라, 구하라, 받으라"의 가르침을 언급할 것입니다. 이것은 적용될 뿐만 아니라 이해될 중요한 진리입니다. 당신의 인생에서 어떠한 간증을 나눌 준비가 되어 있습니까? 이 기간들을 함께 지낸 후에는, 둘 사이의 '깊은 신뢰'가 형성되어 있어야 합니다. 피양육인이 '가장 좋아하는 것'이 무엇이든 그것은 성령님께서 다루어 오신 부분들을 가리킵니다. 이 인상들을 확인할 시간을 가지십시오.

2. 당신은 이번 주의 내용 중 무엇이 가장 싫었습니까?

다시 한번, 당신은 쓰여진 내용들에 대해 불평하거나, 동의 또는 반대할 수 있다는 것을 기억하십시오. 당신의 목표는 영적인 필요들을 구분하는 것입니다. 대부분, '가장 싫어했던 것'은 성령님께 낡은 가치관이나 태도들을 드러내는 부분일 것입니다.

3. 당신은 무엇을 이해하지 못했습니까?

여기에서 다루는 성령의 은사들에 대한 가르침은 전체 문제에 대해 많은 질문을 이끌어 낼 것입니다. 성경에서 성령의 은사들에 대해 잘 설명해 주는 부분은 로마서 12장과 고린도전서 12~14장입니다. 성령의 은사들에 대해 피양육인이 이해하지 못하는 것은 당신의 셀그룹 내의 '영적인 아버지' 격인 사람에게 물어 보십시오.

4. 당신은 하나님에 대해서 무엇을 새로이 알게 되었습니까?

당신의 피양육인은 성령이 *거부되고*, 슬퍼하고, 소멸되거나 우리를 채우는 *원천*임을 아는 것을 중요하게 생각했습니까? 종종 우리는 성령님을 인격이 아닌 물체로 생각합니다. 하나님의 영은 단순히 우리가 받는 힘이 아닙니다. 그분은 우리와 관계를 맺고 싶어하시는 인격이십니다.

5. 당신은 개인적으로 그것에 대해 무엇을 해야 합니까?

매주, 이 질문은 당신이 피양육인의 삶을 영적으로 활발하게 보살필 수 있도록 할 것입니다. 때때로 나눔이 매우 격렬할 수도 있습니다. 그럴 경우, 급하게 암송 구절 논의로 넘어가지 마십시오. 만약 피양육인이 성령 충만해지길 원한다면, 그것을 위해 함께 기도하십시오.

6. 이번 주의 성경 암송 구절 중 당신의 훈련 과정을 위해서 어떤 것이 가장 중요합니까?

이번 주의 구절들은 갈라디아서에서 인용한 것입니다. 첫 번째 구절은 우리가 성령 안에서 살며 행할 때, 승리가 우리의 것이 된다는 것과 죄의 본성과 성령이 우리 안에 함께 공존할 때 갈등이 생길 수 있다는 것을 강조합니다. 그 결정이 결국 성령 안에서 *성실하게 살 수* 있도록 만들 때, 그리스도인의 삶에는 중요하고 변하지 않는 비약적인 발전이 있을 것입니다!

두 번째 구절은 바울의 오래된 주장 중 하나이고, 모든 성도들이 암송해야 할 것입니다. 이 구절이 성령의 열매들이 아니라 열매를 말한다는 것에 주목하십시오. 즉, 몇몇의 특성들만 다루는 것이 아니라 모든 것을 다룬다는 것입니다. 그것과 관련하여, 당신은 먼저 암송한 빌립보서 3장 20~21(제3주)과 그것을 연결시키고 싶어할 것입니다. 그것은 그리스도의 능력이 지금 우리 안에 작용하고 있기 때문에 미래의 사건들이 발생한다고 설명하면 됩니다.

당신은 전에 외운 구절들을 꼭 복습해야 합니다. 계속 복습하면, 잊어버리지 않을 것입니다. 무언가를 기억하기 위해서는 여섯 번은 들어야 합니다. 오랜 시간이 지나면 적어도 열 번을 복습해야 합니다. 즉, 만약 구절들을 6일 동안 복습한다면, 아마 그것을 아주 오랫동안 기억할 수 있게 될 것입니다.

제 6 주

단원의 주제 : 종의 삶
금주의 주제 : 하나님을 가까이 함

이번 주의 내용은 피양육인에게 있어서 *새로운 삶 시리즈 3권* 『*실천*』 중에서 결정적으로 중요한 것이 될 것입니다. 당신은 '경청의 방'에 관한 진리들을 표현하기 위해 주의 깊게 기초를 닦아 왔습니다. 대부분의 새신자(그리고 먼저 믿은 사람)들은 기도 중에 우리가 하나님께 말하는 것만큼 하나님도 우리에게 많은 것을 말씀하신다는 것을 이해하지 못합니다. 우리가 더 이상 일방적으로 기도하지 않는다면, 우리 주님과의 교제는 그의 임재와 힘으로 충만해질 것입니다.

그래서 교회 역사가들은 사람들이 하나님께로 담대하게 나아갈 수 있었던 이유는 기도의 삶이었다고 기술해 왔습니다. 우리는 이러한 하나님 나라의 활동을 다음 순위로 여겨서는 안 됩니다. 당신이 피양육인과 만나기 전에, 이 내용들을 묵상하고, 특별히 126페이지의 그림을 복습하는 것이 좋습니다.

1. 당신은 이번 주의 내용 중 무엇이 가장 좋았습니까?

피양육인은 첫째 날에, 우리가 기도할 때 하나님이 우주의 먼 지점에 계시는 것이 아니라 우리 안에 계시다는 내용을 언급할 것입니다. *'가장 높으신 하나님'*을 잊어버리기는 쉽습니다. 하지만 절대 *'가장 가까이에 계신 하나님!'*은 잊지 마십시오. 만약 내용의 어떤 부분이 당신의 이 질문에 대한 대답이 된다면, 그것에 대해 모두 나누십시오. 그리고 나서 이 진리를 언급하십시오. 우리 안에 계시는 그리스도에게 기도할 때는 최고로 투명하고 솔직해야 합니다.

2. 당신은 이번 주의 내용 중 무엇이 가장 싫었습니까?

이 시간에는, 이 질문에 대한 대답들이 피양육인의 마음 속에 있는 필요와 투쟁의 모습을 드러낼 것입니다. 만약 그렇다면, '경청의 방'에서 느끼고 지도를 구한 것을 나누십시오.

당신의 피양육인은 137페이지에서 언급한 성경 탐구(Cover The Bible) 과정에 등록하라는 제안에 대해서 어떻게 반응했습니까? 만약 그가 성경 개관 과정을 실행하시 않으려 하다면 그것이 얼마나 중요한지를 강조하십시오.

3. 당신은 무엇을 이해하지 못했습니까?

하나님의 음성을 듣는 것에 대한 모든 논의는 그것에 대해 읽고 이야기한다고 해서 알 수 있는 것이 아닙니다. 그리스도인의 삶에 있어서 그것을 *체험*하는 것보다 더 중요한 것은 없습니다. 모든 성도들이 *이미* 하나님의 음성을 듣는 체험을 해 왔다는 것을 기억하십시오. 그리스도를 받아들이는 것 자체가 회개하고 순종하라는 그분의 부르심에 응답한 것입니다. 만약 당신이 이 질문을 했을 때 이것이 언급되었다면, 그것을 마음 깊이 간직하십시오.

4. 당신은 하나님에 대해서 무엇을 새로이 알게 되었습니까?

그분이 항상 *말씀하고* 계시다는 것은 사실이었습니까? 그것은 엄청난 진리입니다! 그분은 결코 침묵하시지 않습니다. 단지 우리의 귀가 멀었기 때문에 그렇게 보이는 것입니다.

5. 당신은 개인적으로 그것에 대해 무엇을 해야 합니까?

주님께서 당신에게 말씀하신 시간들에 대해서 설명해 주십시오. 예를 들어, 크리스펜(Crispen)이라는 사람은 셀그룹을 인도하며 주님 안에서 성장해 왔습니다. 그의 기도의 삶에서 최근에 주님은 그에게 구원 받지 못한 남자와 결혼한 그리스도인 여자에 대해서 말씀하셨습니다. 그것은 그녀가 사실 그녀의 남편이 그리스도에게로 나왔다고 확신하는 내용이었습니다. '하나님의 음성을 듣는 것'은 그에게 있어 새로운 경험이었기 때문에, 그는 주님이 말씀하신 것을 그녀에게 말할 것인가 곰곰히 생각했습니다. 결국, 그는 말했습니다. 그리고 그녀가 그의 확신을 위해 기도해 왔다는 것을 알게 되었습니다. 따라서 오이코도메오는 한 사람에게만 발생하지 않고, 그가 하나님의 음성을 듣고 그분의 지도를 따랐기 때문에 두 인생이 축복을 받게 되었습니다.

6. 이번 주의 성경 암송 구절 중 당신의 훈련 과정을 위해서 어떤 것이 가장 중요합니까?

갈라디아서 2장 20절은 많은 사람들이 암송해 온 구절입니다(삶에 있어서 필수적인 성경의 핵심으로 선택된 구절입니다). 그것이 의미하는 엄청난 진리들을 명상해 보십시오. 모든 구절이 깊이 생각해 볼 가치가 있는 것들입니다! 여기에는 그리스도께서 멀리 계신 것이 아니라 *우리 안에 계시다는* 확신이 담겨 있습니다. 당신은 이것이 우리의 기도 생활에 어떠한 영향을 미치는지 의논해야 합니다. 우리는 기도할 때, 그리스도께서 저 구름 위에 멀리 계시다고 생각해서는 안 됩니다. 우리의 영이 *내주하시는 그의 영*과 교제하고 있는 것입니다!

두 번째 구절인 데살로니가전서 5장 23절은 좀 다른 시각에서 같은 주제를 강조하고 있습니다. 우리는 하나님께서 우리 존재의 모든 부분에서 행동하고 세심을 봅니다. 여기에 쓰인 '거룩하게 하다' 라는 단어의 의미를 강조하십시오. 그것은 '구별하다, 거룩하게 만들다' 라는 뜻입니다. 당신은 하나님만이 우리를 *거룩하게* 하실 수 있다고 말해야 합니다. 우리는 자신을 그분께 *헌신할* 수 있지만, 그분만이 우리의 삶을 신성하게 하실 수 있습니다. 또한 이 구절이 '영, 혼, 육' 에 대해 이야기하고 있음을 주목하십시오. 이와 관련하여 126페이지에 있는 그림을 참고하십시오.

제 7 주

단원의 주제 : 나의 삶
금주의 주제 : 견고한 진을 다루는 법

1. 당신은 이번 주의 내용 중 무엇이 가장 좋았습니까?

당신의 후원자가 언급한 견고한 진의 영역을 섬기십시오. 또한 성적으로 순결해야 하는 중요성에 대해 솔직하게 토의하십시오. 이 영역은 대부분 대충 넘어가거나, 아예 언급되지도 않습니다. 나눔의 시간에 이것을 그냥 넘어가지 마십시오.

2. 당신은 이번 주의 내용 중 무엇이 가장 싫었습니까?

기도하는 마음으로 이번 주의 내용에 대한 내적인 투쟁에 대해 답하십시오.

3. 당신은 무엇을 이해하지 못했습니까?

영혼 결합은 사람과의 관계이며 우상 숭배는 물질과의 관계라는 것을 피양육인이 확실히 알도록 하십시오. 영혼 결합과 우상들이 우리 삶에서 하나님의 축복을 방해하는 견고한 진들입니다.

구원의 세 단계에 대한 167페이지의 내용에 대해 토론하십시오. 만약 우리가 특별한 죄를 지으면, '구원을 잃는다' 는 가르침이 그리스도인의 삶의 주변에 많이 떠다닙니다. 성경은 죄의 형벌로부터 자유함을 얻는 것과 그것의 권세로부터 놓임을 받는 것 사이에 큰 차이가 있다고 말합니다. 진리가 때때로 확연히 구분될 수 없다는 것을 이해할 수 없는 사람은, 죄가 자신의 구원의 기초를 약화시킨다고 생각합니다. 그러나 아이가 한 번 불순종을 했다고 해서 그 아이가 더 이상 '아이가 아닌 것' 은 아니지 않습니까? 하나님께서는 육신의 부모보다 훨씬 더 당신의 자녀를 포기하지 않으십니다.

4. 당신은 하나님에 대해서 무엇을 새로이 알게 되었습니까?

하나님은 언제나 우리를 오래 참으시는 분이시며, 또한 그는 우리 삶에서 짓는 죄를 몹시 싫어하시는 분이라는 인식은 이번 주에 논의된 두 가지 중요한 주제입니다.

5. 당신은 개인적으로 그것에 대해 무엇을 해야 합니까?

당신이 다룰 수 있는 것보다 훨씬 더 깊은 필요에 민감해지십시오. 끊임없이 기도할 필요가 있는 견고한 진을 위해 셀리더에게 목록을 넘겨주십시오.

6. 이번 주의 성경 암송 구절 중 당신의 훈련 과정을 위해서 어떤 것이

가장 중요합니까?

다행스럽게도, 피양육인은 이미 두 성경 구절의 첫 구절인 고린도전서 10장 13절을 *새로운 삶 시리즈 3권 『실천』*을 시작하기 전에 제시 받았습니다. 그것은 셀교회의 초신자 성경 공부에서 받은 것이며, 성경 암송의 가장 기본이 되는 부분입니다. 그것의 가치는 유혹이 오는 순간마다 *그곳에 언제나 탈출구가 있기 마련이라는* 확신이 있습니다! 수백만의 신자들은 그들의 삶 속에서 이 성경 구절의 능력을 확인하게 될 것입니다. 유혹에 직면했을 때, 손에 성경책을 들고 있는 사람은 거의 없습니다. 따라서 우리는 가장 중요한 순간에 우리를 보호해 주는 그 구절을 우리의 마음판에 새겨야 하는 것입니다.

두 번째 구절인 누가복음 6장 38절은 부의 사용과 하나님의 일에 투자하는 것의 중요성을 알려 줍니다. 성경은 우리 소득의 십일조가 하나님의 소유인을 분명히 하고 있습니다. 그것을 하나님께 드리지 않는 것은 영적인 도둑질입니다. 당신이 후원하고 있는 그 사람은 하나님께 십일조를 드리고 있습니까? 그렇지 않다면, 이유는 무엇입니까? 이 문제는 반드시 논의되어야 하며, 모두를 위해 바로 지금 이 순간, 마무리 되어야 합니다. 십일조가 당신의 삶에 가져다 준 기쁨에 대해 당신의 개인적인 간증을 나누십시오.

7주 - 부록

당신이 고려해 보아야 할 견고한 진에 관한 특별한 요인들

농부가 새로운 농작물을 위해 토양을 준비할 때, 그가 가장 먼저 하는 일은 토양의 비옥함을 방해하는 돌멩이들과 잔뿌리들, 식물의 그루터기 등을 제거하는 일입니다. 이와 마찬가지로 우리 신자들의 삶 속에서도 견고한 진은 반드시 제거되어야 합니다. 마가복음 4장은 '비옥한 땅' 에 있는 신자들이 하나님의 말씀을 씨로 받아들여 30배, 60배, 100배로 과실을 맺을 수 있다고 말합니다.

만약, 당신의 피양육인이 예수 그리스도께로 나아오고자 모든 우상과 영혼의 끈을 내려놓고, 그가 알고 있는 모든 죄를 자백한다 해도, 진지한 섬김은 아직 불가능합니다. 이 사람이 자유해질 수 있도록 끊임없이 기도하십시오. 예수님은 우리의 재물이 있는 곳에 우리의 마음이 있다고 말씀하셨습니다. 만약 어떤 사람이 하나님보다 누군가를 또는 어떠한 것을 더 소중히 여긴다면, 속박으로부터 벗어날 수 없습니다. 어떤 사람들은 죄의 상태가 그대로 지속되는 것에 대해 죄책감을 느끼지만, 속박의 끈은 너무나 견고해 그들이 악한 것들을 끊을 수 없게 합니다. 그들은 죄로 인한 비난 아래 살아가며, 그것은 곧 절망, 침체, 우울, 분노와 같은 그들의 성품으로 드러나게 됩니다.

반면에, 우리는 그리스도 안에서의 *총체적인* 자유를 경험해야 합니다! 사탄은 율법주의자입니다. 그는 그의 권리를 알고 있습니다. 그리고 우리의 삶에서 영역을 차지하기 위해, 우리가 그에게 준 모든 허용을 이용해 먹을 것입니다. 그의 접근이 금지되면, 그는 달아나야 합니다. 만약 피양육인의 필요가 당신이 다루기에 어려운 것이라면, 도움을 구하십시오. 당신은 자주 기도하며 피양육인을 돌봐야 합니다. 당신 혼자서 그것을 꾸준히 확신해야 할 것입니다. — 그리고 책임을 외칠 것입니다 — 그것은 그 동안 제시된 의견과 약속들에 대한 책임입니다.

제 8 주

단원의 주제 : 나의 삶
금주의 주제 : 태도를 다루는 법

지난 주의 내용은 피양육인의 삶에 있어서 중요한 것이었습니다. 견고한 진에 관한 토의는 7주에 걸쳐 신중히 계획되었습니다. 기초는 놓여졌습니다. 다른 4주는 당신이 커리큘럼을 완성하기 전에 그와 혹은 그녀와 함께 일하도록 남겨졌습니다. 당신의 견고한 진으로부터 해방되기를 혹은, 그것에 저항하기를 갈망하십니까? 이 질문은 당신의 사역에 있어서 지금부터 계속 당신을 강하게 인도할 것입니다.

많은 신자들은 부정적인 태도라는 견고한 진 속에서 살고 있습니다. 그들은 사단의 강력한 간섭에 빠져 있습니다. 진정한 행복은 하나님의 왕국의 가치로 살아가기를 선택하는 데에서 비롯됩니다.

1. 당신은 이번 주의 내용 중 무엇이 가장 좋았습니까?

연약한 형제에 대해 토의하는 것은 어떻습니까? 그것은 다루기를 기피하는 종류의 하나입니까? 당신의 피양육인은 셀그룹 안의 다른 멤버들에 대해 진정으로 책임감을 느끼고 있습니까? 다른 멤버를 꾸준히 사랑하는 것은 참으로 어려운 일입니다. 우리는 자주 우리가 결코 함께 어울릴 수 없는 사람들에 대한 부정적인 감정을 우리 안에서 발견하곤 합니다. 윌 로저스(Will Rogers)는 신실한 그리스도인과는 거리가 먼 사람이지만, 다음과 같은 명언을 남겼습니다. "나는 한 번도 내가 좋아하지 않은 사람을 만난 적이 없어요." 모든 그리스도인은 이렇게 말할 수 있어야 합니다! 타인의 중요성은 그들의 행위에 근거하지 않습니다!

2. 당신은 이번 주의 내용 중 무엇이 가장 싫었습니까?

5일째의 내용은 우리 안에 가장 흔히 발견되는 견고한 진 — 마음의 쓴 뿌리 — 에 관한 것이었습니다. 이 주제에 대한 대답은 무엇이었습니까? 이 주제에 대한 토론이 지금 가능합니까? 당신은 지금 이 기도를 나누기 원할지도 모릅니다.

> 아버지, 주님의 이름으로 제가 저에게 상처를 주었던 이 사람(이름을 넣으세요)을 사랑하지 못했습니다. 제가 그 사람을 이해하고 사랑하고 용서하도록 주님의 도움을 간구합니다. 저는 주님의 이름으로 저의 행위를 이끄시는 그분과 함께하는 삶을 간구합니다. 아멘

3. 당신은 무엇을 이해하지 못했습니까?

우리가 이성과 관련된 방식에 대해 둘째 날 토론한 것을 숨김없이 투명하게 다루십시오. 정욕으로 가득한 세상에서, 인간의 육체에 대한 올바른 관점보다 더 중요한 하나님 나라의 가치관은 없습니다. 청년들을 상담하면서, 그들이 자신들의 아버지가 비밀스럽게 모아 놓은 포르노 사진을 발견한다는 사실을 처음으로 알았습니다. 많은 경우, 그러한 아버지들은 신자일 뿐만 아니라, 교회에서 공직을 담당하고 있었습니다. 정욕은 널리 퍼져 있습니다. 우리는 성경 안에서 분명히 다루고 있는 이 주제에 대해 얼버무리며 감추려 해서는 안 됩니다. 솔직하게 이것을 토론하십시오.

4. 당신은 하나님에 대해서 무엇을 새로이 알게 되었습니까?

하나님의 완전한 용서하심은 우리가 자주 이해하지 못하는 부분입니다.

우리는 하나님이 우리를 용서하시기를 *기대합니다.* 왜냐하면 하나님이 그렇게 약속하셨기 때문입니다. — 그러나 우리는 마치 그분의 용서하심이 우리에게 행복을 가져다 주기에 충분치 않은 것처럼 살고 있습니다. 우리가 이렇게 행할 때마다, 우리는 실제로 하나님보다 우리 자신을 높이고 있는 것입니다. 우리는 다음과 같이 말하고 있습니다. "하나님은 그분이 하나님 이시기 때문에 우리를 용서하셨던 거야. 그러나 *나는 내 자신을 용서할 수 가 없어.*" 이런 생각은 우리 자신에 대한 우리의 용서를 우리에 대한 하나님 의 용서보다 더 높이 두는 것입니다. 이것은 우리가 우리의 삶 속에서 '하나 님을 욕되게' 하는 것입니다. 결국, 우리는 하나님으로부터 왕 중의 왕으로 서의 그분의 합당한 자리를 빼앗는 것과 마찬가지입니다.

5. 당신은 개인적으로 그것에 대해 무엇을 해야 합니까?

사람이 견고한 진으로부터 자유함을 얻을 수 있는 단 한 가지 실은 참회 와 복종 속에서 주님께로 나아가는 것입니다. 믿음의 걸음을 따라가지 않는 한 번뿐인 헌신의 기도는 가치 체계를 조금밖에 바꾸지 못합니다. 이 주간 을 함께 보낸 후에, 우리는 일찍이 했던 약속들을 행위의 영원한 변화로 이 끌어 가고 있는지 아닌지 판단할 수 있습니다. 만약 그렇지 않다면, 기도하 면서 그 약속들을 다시 하십시오. 그리고 당신의 피양육인이 그 약속들에 대해 하나님께 맹세했듯이 신실하도록 권유하십시오. 우리의 셀그룹 관계 들은 서로 서로를 돕는 강력한 방법들입니다.

6. 이번 주의 성경 암송 구절 중 당신의 훈련 과정을 위해서 어떤 것이 가장 중요합니까?

로마서 14장 7~8절은 삶을 영위하는 데 있어 훌륭한 말씀이며, 사망의 음침한 골짜기에서도 적용되기에 좋은 말씀입니다. 영원한 천국이 오기 전에 그것을 암송하는 시간을 당장 가지십시오! 제가 목회했던 어느 셀교회의 유진 리스마이어(Eugene Rissmeyer)라는 귀한 형제를 저는 결코 잊을 수 없습니다. 그는 40대 후반에 암으로 쓰러졌습니다. 제가 매주 그를 방문할 때마다 매우 고통스러워했습니다. 어느 날, 그는 저에게 이렇게 말했습니다. "이것은 당신이 나의 장례식에서 설교할 내용입니다. 그것이 내가 남기고 싶은 마지막 말입니다." 그러면서 그는 로마서 14장의 내용을 요약해 주었습니다.

두 번째 구절은 고린도전서 9장 22~23절 말씀이며, 이것은 우리의 삶 속에서 복음을 접한 적이 없는 사람들에게 증거할 말씀과 관련되어 있습니다. 그것은 다른 이들과 우리 주님에 대해 함께 나누었던 것같이 존재해야 할 제자로서의 정신을 묘사하고 있습니다. 마지막 구절은 *'내가 그것의 축복 가운데 나눔'* 이라는 말씀으로 그것은 하나님 나라의 백성의 가치 체계에 대해 설명합니다. 우리는 죄책감에서 주님을 위해 결코 아무것도 하지 못합니다. 우리는 우리가 결과적으로 축복받을 것을 알기 때문에 그것을 하는 것입니다.

제 9 주

단원의 주제 : 권세를 대면함
금주의 주제 : 영적 전쟁

너무나 자주, 그리스도인들은 하나님 나라의 삶의 형태를 수동적으로, 내성적으로 받아들입니다. 만약 사탄이 악한 행위로 그들을 유혹함으로써 신자들의 증언을 제압할 수 없다면, 그는 영적인 전쟁으로부터 신자들의 주의를 다른 데로 돌리는 선행을 하도록 만듦으로써 제압하는 것을 기뻐합니다. 새로운 삶 시리즈 3권『실천』에서의 마지막 3주는 믿지 않는 사람들에게 다가가는 데 집중할 것입니다. 덧붙여, '셀그룹 커리큘럼'에서 훈련 내용의 나머지 부분은 셀그룹으로서의 복음 전도와 그 멤버들이 잃은 자에게 다가가는 것에 초점을 맞출 것입니다. 9주째의 내용을 복습할 때, 첫날 내용에 주의를 집중하십시오. 그것은 이 책의 나머지 부분에 대한 소개입니다.

1. 당신은 이번 주의 내용 중 무엇이 가장 좋았습니까?

'이루어질 때까지 기도하기'에서의 내용은 '정정의 방 안에서의 질적인 시간을 보내도록 피앙육인의 열망을 강력하게 제공해 줍니다. 만약 이 주제가 처음 실문에 대한 내답 안에 언급된 것이라면, 기도 활동의 가치를 인정하십시오. 당신이 '이루어질 때까지 기도했을 때' 어떤 일이 일어났는가에 대한 내용에 당신 자신의 간증을 덧붙이는 것은 매우 가치가 있습니다. 몸으로 막아서는 것은(204~206페이지) 많은 믿지 않는 사람들을 그리스도께로 인도했습니다. 당신은 믿지 않는 친구들로 이루어진 오이코스에 대해 토론할지도 모르고 그들에게 기도 생활의 형태를 적용시키려 노력할지도 모릅니다. 이들 연결자는 그들을 들어올려 주는 기도의 방패가 없기 때문에 악한 자의 힘으로부터 보호받지 못할까요? 당신 두 사람이 그들을 위해 기도하는 시간을 배분하는 것은 가능합니까?

2. 당신은 이번 주의 내용 중 무엇이 가장 싫었습니까?

이번 주의 생각들을 나누는 데 있어서, 몇몇은 잃은 자의 구원을 개인적으로 책임지는 것에 대해 주저했습니다. 물론, 이것은 사탄의 가장 좋은 무기입니다. 만약 사탄이 병사들을 싸움터로 들어가지 못하도록 설득할 수 있다면, 그는 공격탄 한 번 쏘지 않고 그 싸움에서 이길 수 있습니다.

3. 당신은 무엇을 이해하지 못했습니까?

아버지 하나님과 사탄의 동기에 대한 대립이 이해되었습니까? 사탄이 제공한 어떠한 것도 자비의 영혼으로부터 나온 것이 *없다*는 것을 알게 되었습니까? 만약 이 과정 가운데 원수 사탄의 성질에 대해 인식할 수 있게 된다면, '어린아이' 단계의 믿음은 '*악한 것을 극복한*'(요일 2 : 13~14 참조) '청년' 단계의 믿음으로 성숙할 것입니다.

4. 당신은 하나님에 대해서 무엇을 새로이 알게 되었습니까?

그것은 하나님의 시각에서 우리가 갖는 의미는 그분을 위해 우리가 하는 일과 아무런 관계가 없다는 깨달음입니까? 우리 대부분이, 단순히 우리가 하나님의 자녀이기에 사랑받는다는 사실을 발견하는 것은 정말이지 놀랍도록 감격적인 일입니다. 하나님은 우리가 잘못한 것으로 인해 하나님의 사랑을 결코 보류하지 않으십니다. 우리는 하나님이 우리가 그를 슬프게 했다고 해서 우리를 저버리실 것이라고 결코 두려워할 필요가 없습니다.

5. 당신은 개인적으로 그것에 대해 무엇을 해야 합니까?

원컨대, 당신이 토론할 때 강조할 점 중의 하나는 우리의 주인되시는 주님을 받아들일 필요가 있는 오이코스 밖의 사람들에게 다가가고자 하는 상호간의 열망입니다. 주님께 봉사하는 삶은 그분을 모르는, 우리가 아는 사람들과 계속적으로 접촉하는 것과 관련이 있습니다.

당신은 아마 다음의 214페이지의 말들을 함께 묵상하고 싶을 것입니다.

"종의 의무는 주인에게 순종하는 것이다. 주인의 의무는 종의 필요를 공급하는 것입니다. 그러므로 종은 두려워할 필요가 없다!"

6. 이번 주의 성경 암송 구절 중 당신의 훈련 과정을 위해서 어떤 것이 가장 중요합니까?

이번 주에 진리를 강조한 성경 암송 구절은 당신 안에 내면화되어야 합니다. 하나님이 원하시는 뜻은 *모든 사람*이 회개하는 것, 즉 가치와 사고 방식을 완전히 바꾸는 것입니다. 하나님이 원하시는 것처럼 수신 말씀을 내면화할 수 있도록 미음 속에 담아야 합니다. 우리는 때때로 기도하는 시간, 하나님을 위한 봉사, 또는 성경 공부가 하나님을 기쁘시게 한다고 생각합니다. 사탄은 우리가 많은 일들에 분주해서 성말로 귀하고 '올바른 일'을 하지 못하도록 지금도 놀랍게 역사하고 있습니다. 하나님은 *모든 사람*들이 회개하기를 원하십니다. 모든 *사람!* — 나와 당신, 그밖에 내가 아는 많은 사람들 — 은 정말로 귀하고 올바른 일을 하도록 회개하여 하나님의 뜻을 알고 순종해야 합니다!

성경 구절을 암송하면 하나님이 어떻게 우리의 삶을 바꿀 수 있을 것인가를 생각나게 할 것입니다. 하나님 나라에 들어가는 기회는 모든 사람에게 제공되었습니다. 이 보편적인 진리는 오이코스(관계)로 나누어져 적용되어야 합니다. 이 작은 오이코스 안에 우리가 속해야 합니다. 성경 두 구절을 암송하겠다는 결단과 느낌을 서로 나누십시오.

도중에 지난 주에 암송한 성경 구절을 확인하는 시간을 가지십시오. 당신의 기억에서 사라지지 않도록 하십시오. 피양육인이 암송한 것을 확인할 수 있도록 당신도 큰 소리로 그와 함께 암송하십시오.

제 10 주

단원의 주제 : 권세를 대면함
금주의 주제 : 씨름하기

당신은 질문들에 대해 당신의 피양육인들이 작성한 답변을 꼼꼼히 재검토하십니까? 이런 작업이 이루어지지 않으면 그 영향력의 최소한 60%를 잃게 될 것입니다. 각 질문지들은 당신의 피양육인이 읽은 것들을 이해하도록 도와줄 수 있게 고안되었습니다.

1. 당신은 이번 주의 내용 중 무엇이 가장 좋았습니까?

이번 주는 하나님 나라의 사람들이 전쟁을 연습해야만 하는 전쟁터에 대한 우리의 관심에 초점을 맞추고 있습니다. 다가오는 주에, 당신과 당신의 피양육인은 당신이 『마음을 여는 가이드북』(*Touching Hearts Guidebook*)에서 계속한 것처럼 불신자에게 함께 증언해야 합니다. 당신은 어떤 사람이 그리스도를 받아들일 준비가 된 바로 그 순간에 사탄이 방해할 것이라는 사실을 재빨리 간파할 것입니다. 실제로 일생동안 무수히, 나는 악마가 방해하는 것을 보아 왔습니다! 개가 짖을 것이고, 아기가 역성을 부리고, 사람들이 예기치 않게 찾아올 것입니다. 며칠 전에, 나는 72세의 노인이 그리스도를 영접하도록 돕고 있었는데, 전혀 알지 못하는 사람이 운전하는 중에 갑자기 차를 세우더니 계속해서 경적을 울려댔습니다. 결국 그는 집을 잘못 찾았다는 것을 깨달았습니다. *그것이 우연이었을까요?* 전혀 그렇지 않습니다. 무수히 그런 경우가 발생하였습니다. 그러므로 이번 주의 글들은 당신의 피양육인이 몇 가지 기본적인 전투 원리에 민감해지도록 합니다. 권세자들과 어둠의 세력은 그들의 영역을 위협하지 않는 그리스도인들을 괴롭히지 않습니다. 그러나 '지옥의 문'이 공격 받는 순간, 전투가 일어날 것입니다. 그러므로 전쟁을 위한 갑옷과 무기를 획득하는 것이 중요합니다. 219페이지 하단에 있는 글에 주목하십시오. 그 글은 "우리가 그것을 특별한 때에만 입을 것이 아니라, 평상복처럼 입어야 한다"고 설명하고 있습니다.

2. 당신은 이번 주의 내용 중 무엇이 가장 싫었습니까?

만약 당신의 피양육인이 과학적 세계관을 가졌다면, 천사와 악마에 대한 생각과 주권을 놓떨어지게 여길 수도 있습니다. 이것은 사실입니다. 이러한 창조물들은 극단적입니다. — 그것들은 하나님 나라에는 전혀 존재하지 않습니다. 그러나 분명 그것들은 이 세상에서 그들이 존재한다는 것을 애써 보이고 있습니다. 만약 당신의 피양육인의 생각 속에 이번 주에 배운 모든 것들의 존재에 대한 의심이 있다면, 마가복음 10장의 처음 부분을 재빨리 살펴보십시오. 예수님께서 초자연적인 존재와 직면하셨던 많은 기록들을 검토해 보십시오. 우리에게는 성경의 명백한 가르침에 과학적 세계관을 덧붙일 권리가 있습니다.

3. 당신은 무엇을 이해하지 못했습니까?

영적인 전투에 대한 당신의 이해를 넓히는 데 도움을 줄 수 있는 많은 책들이 있습니다. 1992년에 피터 와그너(Peter Wagner)가 내놓은, 『전투 기도』(Warfare Prayer)를 추천할 만합니다.

4. 당신은 하나님에 대해서 무엇을 새로이 알게 되었습니까?

3일째의 글에서, 예수 그리스도 자신이 우리의 갑옷이라고 설명한 바 있습니다. 그는 우리의 힘의 원천이자, 우리의 보호막이십니다. 우리를 전투에 보내신 이는 우리의 보호막이신 그분이십니다.

5. 당신은 개인적으로 그것에 대해 무엇을 해야 합니까?

영적 전투에 대해 이 책에서 배운 것은 대양(Ocean)이 어떤 것이라는 것을 알기 위해 물에 발을 내딛는 것과 같습니다. 이러한 훈련의 반응은 *변화되지 않은 이들을 향한 실제적 사역이어야 합니다.* 오직 사탄의 영역에서의 마주침 속에서만, 우리는 버려진 영혼을 예수님께로 데려가는 것이 얼마나 큰 노력을 요하는지를 알게 될 것입니다. 버려진 영혼을 주님께로 인도하는 것이 우리의 궁극적인 목표입니다! 내가 이 페이지를 써 나가는데, 전화가 울렸습니다. 관리의 손에 넘겨진 목사가 끔찍하게 구타당한 사실을 이야기하기 위해 인도에 있는 친구가 전화를 한 것입니다. 만약 마을 주민들이 방해하지 않았다면, 그는 살해당했을 것입니다. 이것은 사탄의 역사입니다! *전투 중에는 희생자가 생깁니다.*

6. 이번 주의 성경 암송 구절 중 당신의 훈련 과정을 위해서 어떤 것이 가장 중요합니까?

이번 주의 두 말씀 모두 하나님 나라의 시민들을 위한 끊임없는 활동인 영적 전투에 초점을 맞추고 있습니다. 우리는 우리가 하나님 군대의 일부라는 사실과 우리에게 승리할 수 있는 영적인 자원이 주어졌다는 사실을 결코 잊어서는 안 됩니다. 에베소서 6장 12절에서, 적은 우리를 향한다고 묘사하고 있습니다. 이 적은 '둘째 하늘'에 존재하는데, 그 곳에서 파괴하고 파멸시키려는 악마의 세력이 나옵니다. 우리의 갑옷은 에베소서 6장 17~18절의 두 번째 구절에서 나타납니다.

이 단락에서는 다 함께 진리에 대해 묵상하는 시간을 가져 보십시오. 당신은 당신의 주변에 존재한다고 느끼는 *어두움의 세상 주관자, 정사, 권세들 하늘에 있는 악의 영들의* 강권이 존재한다는 것을 인정할 수 있습니까? 에베소서 6장 18절에서 기도 생활을 '*모든 성자들의 기도*'와 결부시키는 의미는 무엇입니까? 이 구절이 요청하는 의무에 대해 묵상해 보십시오. — 우리는 우리의 셀그룹 내에서 그것들에 대한 책임감을 가져야 합니다.

제 11 주

금주의 주제 . 다음 단계

*새로운 삶 시리즈 3권 『실천』*의 마지막 주에는, '셀그룹 커리큘럼'으로의 다음 단계들 준비해야 합니다. 전의 소책자, *새로운 삶 시리즈 1권 『안내』*는 또한 당신과 당신의 피양육인이 하나님 나라에서 효과적인 시민이 되기 위해 거쳐야 하는 24가지 '역'을 설명하고 있습니다. 이 기간을 끝마치면서, 당신의 셀리더는 *새로운 삶 시리즈 3권 『실천』*이 마무리 되었음을 알리는 309페이지의 양식에 서명해야 합니다. 이번 주는 『마음을 여는 가이드북』을 넘어선 것을 나누도록 계획하십시오.

1. 당신은 이번 주의 내용 중 무엇이 가장 좋았습니까?

하나님의 제사장이 된다는 의미는 어떠한 감동을 주었습니까? 그것은 어둠의 자식 사이에서 주 하나님의 대리자가 되는 영광스러운 일입니다. 성직자의 삶은 종으로서의 가장 위대한 단계입니다. 이것은 250페이지와 함께 재고해 볼 만한 가치가 있습니다.

2. 당신은 이번 주의 내용 중 무엇이 가장 싫었습니까?

이번 주의 글들 중에서 두려움을 주는 것들이 있다면, 그것은 아마도 244~247페이지에서 나타나는 '정거장들'을 재검토해 보는 것과 관련이 있을 것입니다. 필요하다면, 이러한 '정거장들'이 그리스도인들과 함께 일하는 수년 간의 경험의 결과라는 사실을 지시하십시오. 천국 여행을 하는 이들은 장비를 갖추었다는 것이 *그리스도를 사랑한* 결과라는 사실을 진지하게 알고 있습니다. 우리는 의무감으로 — 과다하게 — 일을 할 때 결코 즐거움을 발견하지 못합니다. 주와 함께 동행하는 평범함에 만족하는 신자는 하나님께 '*다가가는*' 단계에 있는 것이 아닙니다. 그렇지만 만약 당신의 피양육인이 철저하게 준비되어지길 바란다면, 당신은 다음 단계로 나아갈 것입니다.

3. 당신은 무엇을 이해하지 못했습니까?

만약 다양한 정거장들의 내용이 충분히 설명된다면, 앞으로 나아가는 여행은 훨씬 파악하기 쉬울 것입니다. 254~255페이지는 그것들을 신속하게 설명하도록 작성되었습니다. 피양육인은 기독교의 가치를 형성하도록 도와주는 *새로운 삶 시리즈 3권『실천』*을 끝마쳤습니다. 다음 단계에서는 'A 유형'의 불신자에게 쉽게 접근하는 방법을 배우게 될 것입니다. 그런 다음에 'B 유형'(접근하기 어려움)의 불신자에게 다가가도록 6개월의 훈련에 들어갑니다. 이 여행에 제공되는 측정 기준은 도표 상의 궤도를 따르는 '정거장들'입니다. 좀 더 깊은 정보를 얻으려면 당신의 셀리더 혹은 구역장에게 상담하십시오.

4. 당신은 하나님에 대해서 무엇을 새로이 알게 되었습니까?

260~261페이지에서는 예수가 *하나님의 모든 자녀에게 제자를 삼으라는*

임무를 부과했다고 진술하였습니까? 사탄은 새신자들이 그 사실을 접하지 못하도록 최선을 다합니다. 잃어버린 자들에게 다가가는 것이 위원회나, 교회의 '보수를 받는 전문가들'에 의해 거절되면, 사탄은 기뻐합니다. 어떤 이도 버려지길 원치 않으시는 하나님은 우리 모두에게 동일한 임무를 부과하셨습니다. 어느 누구도 예외가 될 수 없습니다.

5. 당신은 개인적으로 그것에 대해 무엇을 해야 합니까?

이 질문에 대한 답은 물론, 뒤따르는 훈련으로 나아가는 것입니다. 11주 이상이 지나면, 당신의 피양육인은 백시글 이용하니 요한복음 3장 16절 말씀을 나누는 방법을 배우고, 다른 사람이 그리스도를 받아들이는 것을 보게 될 것입니다. 이렇게 변화된 사람이 당신의 셀그룹에 참여하면, 당신은 하나님이 당신의 순종을 통해 이룬 것을 보고 기뻐할 것입니다. 그러면 당신의 피양육인은 이 새롭게 변화된 사람의 후원자가 될 수 있고, 당신이 지난 몇 주 동안 행했던 것처럼 그들에게 도움이 될 것입니다. 하나님께서 그분을 향한 예배를 위해 당신을 성결하게 하시길 바랍니다!

6. 이번 주의 성경 암송 구절 중 당신의 훈련 과정을 위해서 어떤 것이 가장 중요합니까?

*새로운 삶 시리즈 3권 『실천』*에서 마지막 두 구절은 그리스도 안에서 우리의 위치를 요약해 줍니다. 우리는 '그 안에' 있고, 그는 '우리 안에' 계십니다. 우리의 충성과 믿음 없이는 우리를 향한 그의 반응을 변화시키지 않습니다. 그의 사랑은 우리의 순종에 대한 보상이 아닙니다. '그와 함께 통치하는 것'은 미래의 사건입니다. 그러나 그것은 바로 이 순간에도 일어납니다. 그는 우리 안에 사십니다. 그래서 그의 통치는 우리가 가는 곳마다 그리

고 우리가 영향력을 미치는 이들에서 일어납니다. 우리가 하나님의 소유가 된 후로, *"자신을 자기 것이라 인정할 수 없습니다."*

우리가 디모데후서 2장 15절에서 하나님 나라의 *'일꾼'* 이 되라는 지시를 따르기 위해 생각할 수 있는 더 나은 이유가 있습니까? *'진리의 말씀'* 이라는 용어는 에베소서 1장 13절과 골로새서 1장 5절에서 *'구원의 창'* 으로 설명됩니다. 그러므로 그 용어는 성경 전체를 *'진리의 말씀'* 으로 언급하는 어느 곳에서든 사용됩니다. 여기서는 구원을 가져오는 복음을 말하고 있습니다. 그러므로 *'일꾼'* 의 임무는 말씀 안에 고립된 학생이 되는 것이 아니라, 복음을 나누는 무리의 주위를 회전하는 것입니다.

수료증

(셀그룹 멤버의 이름 :   )
_____의 셀리더로서,

나는 새로운 삶 시리즈 3권 『실천』을 복습하였고,

나는 이 사람이 그 작업을 수행하였음을 증명합니다.

서명 : _____

날짜 : _____

NCD 출간도서 목록

자연적 교회 성장

이 책은 교회가 가지고 있는 8가지 질적 특성들이 개 교회 성장에 어떻게 영향을 미치는가를 알아보기 위해 66개국에 있는 10,000여 교회를 대상으로 4,200만 자료를 통해 국제적으로 연구 조사한 결과를 일목 요연하게 보여주는 책이다. 그동안 기도나 설교, 전도 등을 단편적으로 강조하거나 적용하던 기존의 교회에 대한 패러다임에서 새로운 패러다임으로 전체적인 교회의 건강한 그림을 볼 수 있게 해 준다.

크리스티안 A. 슈바르츠 저 | 정진우 외 역 | 값 15,000원

자연적 교회성장 첫걸음

이 소책자는 『자연적 교회 성장』의 핵심 개념을 알기 쉽게 그리고 흥미롭고 유익하게 편집해 놓은 책이다. 교회 건강을 설문하는 교회와 자연적 교회 성장을 알리는 안내 책자로 사용하도록 고안되었다. 교회의 리더 및 평신도에게 교회에 대한 건강한 환경이란 어떠한 것인가 하는 그림을 그릴 수 있게 해 준다.

크리스티안 A. 슈바르츠 저 | 유수이 역 | 값 1,000원

자연적 교회성장 실행지침서

이 책은 자연적 교회 성장 원리를 활용한 조사를 통해 발견된 각 교회의 최소치 요소를 개선시키는 과정 전반에 대한 이니셔티브이며 NCD 원리를 적용하는 교회의 필독서이다. NCD 설문 컨설팅을 실행할 교회나 이미 실행한 교회들의 약점을 개선시키고 새로운 전략을 세우기 위한 지침서이다.

그리스티안 A. 슈바르츠 외 저 | 이준영 외 역 | 값 8,000원

자연적 교회성장 패러다임

최근 교회 성장에 관련된 주제를 놓고 신학적 논쟁이 벌어지고 있으나 이러한 토론들 속에서 얻어지는 수확은 놀랄 정도로 적다. 많은 경우 사람들은 서로 동문서답하고 있다. 그 이유는 교회 성장을 바라보는 그리고 교회를 해석하는 관섬이 다르기 때문이나. 이 책에서 우리는 새로운 패러다임에 입각하여 교회 성장에 대한 올바른 이해를 얻을 수 있게 될 것이다.

크리스티안 A. 슈바르츠 저 | 임원주 역 | 값 18,000원

사역의 3가지 색깔

영적 은사를 확인하고 계발하기 위한 삼위일체적 접근 방식. 전 세계에 걸쳐 대략 50여 개국 7,000개 이상의 교회에서 수행한 조사 연구의 결과로 저술된 이 책은 삼위일체적인 교회, 곧 사역에 있어서 세 가지 색깔이 서로 조화로 이루고 있는 교회를 이루어가도록 돕는 것이 목적이다.

크리스티안 A. 슈바르츠 저 | 임원주 역 | 값 9,800원

하나님을 경험하는 세 가지 예술

본서는 NCD 패러다임을 쉽게 이해할 수 있도록 그림과 함께 간결하게 정리되어 있다. 특히 이 책에서 저자는 삼위일체의 신비를 총 천연색의 그림을 통해 전하고 있는데, 우리는 이것을 통하여 하나님에 대한 새로운 지식을 얻게 될 뿐 아니라 하나님을 새롭게 경험하게 된다. 우리는 이 책을 통해 창조주, 성령, 예수의 세 가지 측면 등 다양한 관점에서 하나님과 관계를 맺는 방법을 배울 수 있다.

크리스티안 A. 슈바르츠 저 | 임원주 역 | 값 3,000원

1주

(요한 일서 2 : 13)

1주

(에배소서 2 : 19)

3주

(빌립보서 3 : 20~21)

3주

(갈라디아서 3 : 26~28)

5주

(갈라디아서 5 : 22~23)

5주

(갈라디아서 5 : 16~17)

1주

그러므로 이제부터 너희가 외인도 아니요 손도 아니요 오직 성도들과 동일한 시민이요 하나님의 권속이라

1주

아비들아 내가 너희에게 쓰는 것은 너희가 태초부터 계신 이를 앎이요 청년들아 내가 너희에게 쓰는 것은 너희가 악한 자를 이기었음이니라

3주

너희가 다 믿음으로 말미암아 그리스도 예수 안에서 하나님의 아들이 되었으니, 누구든지 그리스도와 합하여 세례를 받은 자는 그리스도로 옷 입었느니라. 너희는 유대인이나 헬라인이나 종이나 자주자나 남자나 여자 없이 다 그리스도 예수 안에서 하나이니라

3주

오직 우리의 시민권은 하늘에 있는지라 거기로서 구원하는 자 곧 주 예수 그리스도를 기다리노니 그가 만물을 자기에게 복종케 하실 수 있는 자의 역사로 우리의 낮은 몸을 자기 영광의 몸의 형체와 같이 변케 하시리라

5주

내가 이르노니 너희는 성령을 좇아 행하라 그리하면 육체의 욕심을 이루지 아니하리라 육체의 소욕은 성령을 거스리고 성령의 소욕은 육체를 거스리나니 이 둘이 서로 대적함으로 너희의 원하는 것을 하지 못하게 하려 함이니라

5주

오직 성령의 열매는 사랑과 희락과 화평과 오래 참음과 자비와 양선과 충성과 온유와 절제니 이같은 것을 금지할 법이 없느니라

2주

(누가복음 17 : 20-21)

2주

(로마서 8 : 38-39)

4주

(에베소서 2 : 21-22)

4주

(요한일서 4 : 13,17)

6주

(데살로니가전서 5 : 23)

6주

(갈라디아서 2 : 20)

2주
내가 확신하노니 사망이나 생명이나 천사들이나 권세자들이나 현재 일이나 장래 일이나 능력이나 높음이나 깊음이나 다른 아무 피조물이라도 우리를 우리 주 그리스도 예수 안에 있는 하나님의 사랑에서 끊을 수 없으리라

2주
바리새인들이 하나님의 나라가 어느 에 임하나이까 묻거늘 예수께서 대답 여 가라사대 하나님의 나라는 볼 수 있 임하는 것이 아니요 또 여기 있다 저 있다고도 못하리니 하나님의 나라는 희 안에 있느니라

4주
그의 성령을 우리에게 주시므로 우리가 그 안에 거하고 그가 우리 안에 거하시는 줄을 아느니라 아버지가 아들을 세상의 구주로 보내신 것을 우리가 보았고 또 증거하노니

4주
그의 안에서 건물마다 서로 연결하여 안에서 성전이 되어 가고 너희도 성령 에서 하나님의 거하실 처소가 되기 위 여 예수 안에서 함께 지어져 가느니라

6주
내가 그리스도와 함께 십자가에 못 박혔나니 그런즉 이제는 내가 산 것이 아니요 오직 내 안에 그리스도께서 사신 것이라 이제 내가 육체 가운데 사는 것은 나를 사랑하사 나를 위하여 자기 몸을 버리신 하나님의 아들을 믿는 믿음 안에서 사는 것이라

6주
평강의 하나님이 친히 너희로 온전히 거 룩하게 하시고 또 너희 온 영과 혼과 몸 이 우리 주 예수 그리스도 강림하실 때에 흠없게 보전되기를 원하노라

7주

(누가복음 6 : 38)

7주

(고전 10 : 13)

9주

(에스겔 18 : 23)

9주

(베드로후서 3 : 9)

11주

(디모데후서 2 : 15)

11주

(디모데후서 2 : 11~13)

7주
사람이 감당할 시험밖에는 너희에게 당한 것이 없나니 오직 하나님은 미쁘사 너희가 감당치 못할 시험당함을 허락지 아니하시고 시험당할 즈음에 또한 피할 길을 내사 너희로 능히 감당하게 하시느니라

7주
주라 그리하면 너희에게 줄 것이니 곧 후히 되어 누르고 흔들어 넘치도록 하여 너희에게 안겨 주리라 너희의 헤아리는 그 헤아림으로 너희도 헤아림을 도로 받을 것이니라

9주
주의 약속은 어떤 이의 더디다고 생각하는 것같이 더딘 것이 아니라 오직 너희를 대하여 오래 참으사 아무도 멸망치 않고 다 회개하기에 이르기를 원하시느니라

9주
나 주 여호와가 말하노라 내가 어찌 악인의 죽는 것을 조금인들 기뻐하랴 그가 돌이켜 그 길에서 떠나서 사는 것을 어찌 기뻐하지 아니하겠느냐

11주
미쁘다 이 말이여, 우리가 주와 함께 죽었으면 또한 함께 살 것이요
참으면 또한 함께 왕 노릇 할 것이요 우리가 주를 부인하면 주도 우리를 부인하실 것이라
우리는 미쁨이 없을지라도 주는 일향 미쁘시니 자기를 부인하실 수 없으시리라

11주
네가 진리의 말씀을 옳게 분변하여 부끄러울 것이 없는 일꾼으로 인정된 자로 자신을 하나님 앞에 드리기를 힘쓰라

8주

(고린도전서 9 : 22-23)

8주

(로마서 14 : 7-8)

10주

(에배소서 6 : 17~18)

10주

(에배소서 6 : 12)

8주

우리 중에 누구든지 자기를 위하여 사는
자가 없고 자기를 위하여 죽는 자도 없도
다 우리가 살아도 주를 위하여 살고 죽어
도 주를 위하여 죽나니 그러므로 사나 죽
으나 우리가 주의 것이로라

8주

약한 자들에게는 내가 약한 자와 같이 된
것은 약한 자들을 얻고자 함이요 여러 사
람에게 내가 여러 모양이 된 것은 아무쪼
록 몇몇 사람들을 구원코자 함이니 내가
복음을 위하여 모든 것을 행함은 복음에
참여하고자 함이라

10주

우리의 씨름은 혈과 육에 대한 것이 아니
요 정사와 권세와 이 어두움의 세상 주관
자들과 하늘에 있는 악의 영들에게 대함
이라

10주

구원의 투구와 성령의 검 곧 하나님의 말
씀을 가질 모든 기도와 간구로 하되 무시
로 성령 안에서 기도하고 이를 위하여 깨
어 구하기를 항상 힘쓰며 여러 성도를 위
하여 구하고